面向21世纪课程教材
Textbook Series for 21st Century

动物卫生法学

陈向前　汪　明　主编

中国农业大学出版社

主　编　陈向前　汪　明

编　委

中国农业大学　汪　明　陈向前　张立波

农业部动物检疫所　王树双　黄保续　蔡丽娟　于丽萍

南京农业大学　陆承平　邹思湘

中国人民解放军军需大学　宣　华

华中农业大学　陈焕春

内蒙古农业大学　马学恩　申子义

西北农林科技大学　张彦明

东北农业大学　魏　平

扬州大学　刘秀梵

通辽大学　马国文

山东农业大学　崔言顺

东北林业大学　贾竞波

吉林农业大学　刘清河

四川农业大学　程安春

华南农业大学　黄青云

东方动物卫生法学研究所　陈向武

广西农业大学　黄维义

河北农业大学　钟秀会

云南农业大学　高　洪

莱阳农学院　王金宝

序

我国的高等教育进入了一个迅速发展的时期。我们要在扩大办学规模、提高办学效益的同时，加快教育教学改革的步伐，培养高质量的人才。

根据教育部关于全面开展教学内容和课程体系改革以及调整专业结构的精神，秉承注重基础知识和基本能力、实践动手能力的优良办学传统，1999 年下半年，中国农业大学开展了以创建“两段式”培养模式和“三平台”课程体系，培养具有创新能力和高综合素质农业人才为目标的本科教学改革。这次改革坚持以研究促教改，通过采取校内立项的方式，调动广大教师投身教学改革的积极性，将转变教师的教育思想观念与教学内容、教学方法改革紧密结合起来，使我校的本科教学从培养目标到培养模式，从课程体系到教学内容方法得到了全面而深刻的变革。

教材建设是教学改革的重要组成部分，专业主干课程的教材建设为本科生的基本质量提供了重要保证。继 2000 年编写出版 14 种基础课系列教材之后，我校积极开展专业主干课程系列教材建设，并将动物医学、动物科学、农业资源与环境、植物保护、环境工程和社会学等 6 个优势专业的主干系列课程教材作为第一批建设项目。这次推出的系列教材，是专业主干课教师长期钻研课程体系和教学内容的重要成果。他们从转变教育思想入手，站在 21 世纪科技、社会发展趋势的高度，以“整体优化”和“内容更新”为出发点，对主要农科专业主干系列课程的教学内容进行“精选”、“重组”和“创新”，注重学生基本知识、基本技能和创新能力的培养，注重现代科学技术与国情相结合，注重理论联系实际，强调学生创新能力和综合素质的培养。

在中国农业出版社、中国农业大学出版社、中国环境出版社的大力支持下，这套专业主干系列教材已陆续与读者见面。它的出版将对农科本科教材建设做出积极的贡献。

江樹人

2001 年 12 月

前　　言

《动物卫生法学》教材坚持理论联系实际，坚持面向动物防疫行政法制建设，紧密结合我国加入 WTO 后动物防疫工作与国际接轨，瞄准培养跨世纪动物卫生法学人才和在动物医学专业本科生中普及动物卫生法学知识而组织编写的。

《动物卫生法学》比较完整、系统地论述了我国动物卫生法学状况，客观地介绍了世界动物卫生组织(OIE)的组织机构、法律体系、标准及相关规则，简要地介绍了世界贸易组织(WTO)运行规则及相关协议。

《动物卫生法学》由中国农业大学和农业部动检所、东方动物卫生法学研究所组织有关专家编写。内容翔实，概念准确，集我国行政管理学、法学基础理论、行政法学、兽医学和国际动物卫生法学于一体，有较强的实际应用价值。适合作为农业高等院校动物医学专业本科生教材，也可作为农业高等院校动物医学专业研究生的选用教材，还可作为动物防疫行政执法和管理人员的培训教材。

为了集思广益，在本书的编写过程中，参阅了国内外有关的法学著作和相关资料，在此一并表示感谢。

尽管编著者力求完整、准确地阐明动物卫生法学的基本概念和基本原理，也吸收了一些国内外优秀学术成果，并在理论与实践相结合的基础上，为达到理论性、实践性和应用性的统一做了很大的努力，但不完善之处仍在所难免，敬请读者批评指正。

目　　录

第一章　动物卫生行政

第一节　动物卫生行政概述

一、行政概述

动物卫生行政是国家行政的一个重要组成部分。因此，在论述动物卫生行政时，有必要首先讨论行政的概念和特点。

（一）行政的概念　目前，国内外学者对行政的含义并无统一的界定。现将几种主要观点介绍如下：

1. 行政是国家意志执行说　这种观点以美国行政学家F·古德诺的政治行政二分说为基础。古德诺认为，政治是国家意志的表达，行政是国家意志的执行。制定政策是政治，执行政策是行政，政治与行政应分立。这种观点虽有其一定的道理，但不能绝对化。在我国，相对于国家权力机关，说行政是国家意志的执行是正确的。但在行政活动范围内，行政可以说既是国家意志的执行，也是国家意志的表达。因为，不同等级的行政机关，都有决策活动，行政决策就是国家意志的表达，只是决策的层次、范围、效力等级有所不同罢了。

2. 排除说　这种观点认为行政是指立法、司法以外的国家职能，或者说除司法、立法以外的所有国家作用。"排除说"以国家的职能分工或国家作用的分类为基础，这种观点就三权分立政体而言，有一定的价值。但是由于现代行政的发展，出现了同一行政机关同时具有行政、立法和司法职能的情况。用这种"排除说"表述行政的含义就比较困难了。

3. 行政是政府事务管理说　美国《社会科学大辞典》解释说："行政为国家事务的管理"。持这种观点的学者均认为，行政是政府事务的管理和指导。这种观点目前在国外比较普遍，与我们所说的行政也比较接近。

4. 我国学者的观点　我国是实行"议行合一"的社会主义国家，从我国当前行政法制建设和行政活动的实际出发，我国学者将行政的定义表述为：行政是国家机关（主要是国家行政机关），依法行使国家权力，对国家事务进行组织与管理的活动。

（二）行政的特征　马克思曾经指出："行政是国家的组织活动"。这一论断正确地揭示了行政活动的由来和本质。从马克思主义的观点出发，可将行政的特征归纳为以下五点：

(1)行政属于国家；

(2)行政是国家活动的一种形式；

(3)行政是国家的管理活动；

(4)行政以宪法、法律和法规、规章为依据；

(5)行政必须是处理公务。

我国行政管理活动的范围是非常广泛的，按其内容可将行政分为：国防行政、外事行政、工商行政、税务行政、动物卫生行政，等等。

二、动物卫生行政的概念和特征

动物卫生行政是指动物卫生行政主体代表国家依法对动物防疫工作进行组织与管理的活动，它是我国行政的组成部分。动物卫生行政具有如下特征：

1. 动物卫生行政的主体必须是动物卫生行政机关　这里所说的动物卫生行政机关是指各级畜牧兽医行政管理部门和县级以上人民政府所属的动物防疫监督机构。

2. 动物卫生行政是代表国家进行的管理活动　动物卫生行政是动物卫生行政主体代表国家进行的管理活动，是国家组织活动的一种表现形式。

3. 动物卫生行政以动物卫生行政法为依据　动物卫生行政活动，必须严格遵守宪法、法律、法规、规章及其他规范性文件的规定。

4. 动物卫生行政活动必须在法律规定的范围内进行　一切动物卫生行政活动都必须受动物卫生行政法律规范的制约。任何超越动物卫生行政法律规范规定所实施的动物卫生行政行为，都是无效的。

由于动物卫生行政的目的在于预防和消灭动物传染病，保护消费者的权益，保障人民身体健康，保证动物防疫工作秩序的正常运转，促进畜牧业生产的发展，为社会主义现代化建设做贡献。因此它的这些特征，既区别于一般的行政，又区别于一般的动物防疫工作，体现了上述独自的特点。

三、动物卫生行政的对象

动物卫生行政的对象是指动物卫生行政主体代表国家，在组织管理动物防疫工作中其行政行为所指向的标的。动物卫生行政的对象是非常广泛的，包括人（公民、法人或其他组织）、动物、仪器设施及环境等。

(一)人是动物卫生行政的对象　凡是国家颁布的动物卫生行政法律、法规、规章和其他规范性文件,全体公民都有遵守的义务。人(包括公民、法人或其他组织)成为动物卫生行政对象的情况有以下几种:

1. 参与动物卫生行政法律关系　因参与动物卫生行政法律关系而成为动物卫生行政管理对象。如公民、法人或其他组织因申请领取《动物防疫合格证》,或者取得《动物检疫证明》,而成为动物卫生行政管理的对象。

2. 违反动物卫生行政法　因违反动物卫生行政法承担法律责任而成为动物卫生行政对象。如公民、法人或其他组织因违反动物防疫法及配套法规、规章的有关规定,而受到动物卫生行政主体的行政处理、处罚等。

3. 从事某种相关活动　因从事或参与饲养、经营、屠宰动物及经营、加工动物产品等活动而成为动物卫生行政对象。如饲养、经营动物和生产、经营动物产品的公民、法人或其他组织,必须接受动物卫生行政主体的监督和管理。

因进行动物诊疗而成为动物卫生行政对象。如有关人员要想进行动物诊疗工作,就必须接受动物卫生行政主体对其所进行的资格考核,取得兽医资格证书后方可申请《动物诊疗许可证》,并须接受年检注册以及技术操作规程执行情况的监督检查。

4. 涉及动物疫情扑灭等特定行为　因其饲养、经营的动物发生了法定动物传染病,或生产经营的动物产品发生染疫,县级以上人民政府所属的动物防疫监督机构为扑灭疫情而采取隔离、封锁、扑杀、销毁、消毒、紧急免疫接种等强制措施时,而成为动物卫生行政管理的对象。

(二)动物及其产品是动物卫生行政的对象　动物卫生行政主体依照法定的动物防疫技术标准、规程和检疫管理办法对饲养、经营的动物(包括野生动物、观赏动物、演艺动物)、动物产品进行检疫、监督和管理。因此,动物、动物产品也是动物卫生行政的对象。

(三)仪器设施、有关物品是动物卫生行政的对象　动物卫生行政主体为了防止草料、饲养器具、屠宰加工设备以及有关物品带有病原体而传播疫病或污染动物产品,而必须对相关用具、设备等物品进行检疫、消毒和动物防疫监督管理。因此,与饲养经营动物和生产经营动物产品有关的物品、设备、用具、仪器、设施也是动物卫生行政的管理对象。

(四)环境是动物卫生行政的对象　环境是指饲养、生产、屠宰、加工、销售动物、动物产品所涉及到的场所及其周围的境况。这些场所、环境要符合法定的动物防疫标准的要求,在发现人畜共患急性、烈性传染病和新发现的危害较大的动物传染病的地区,除对动物采取隔离、封锁、扑杀、销毁等措施外,还要对受污染的环境采取消毒等动物卫生行政处理措施。因此,有时环境也是动物卫生行政的对象。

四、动物卫生行政的范围

动物卫生行政的范围亦十分广泛。按动物卫生行政的具体内容,可将动物卫生行政的范围划分为:兽医医政、兽药药政及相关环境的动物防疫管理,动物、动物产品的卫生管理,饲养、屠宰、运输、购销动物及加工、生产、运输、经营动物产品活动的动物防疫管理,防疫、检疫、消毒管理,动物防疫证章标志的统一管理,动物防疫合格许可证照的管理,动物诊疗许可证及动物防疫组织管理,等等。

第二节　动物卫生行政组织体系

一、动物防疫监督检验机构

(一)动物防疫监督检验机构

1. 动物防疫监督机构的概念　动物防疫监督检验机构是指经法律、法规授权,依法成立并在同级畜牧兽医行政管理部门的领导下,代表国家行使动物防疫监督管理职权的动物卫生行政专业执法机构。动物防疫法规定:"县级以上人民政府所属的动物防疫监督机构实施动物防疫和动物防疫监督。"由此可知,动物防疫监督检验机构虽属事业单位,但是国家把动物卫生行政权通过法律规范授予动物防疫监督机构,由其代表国家实施动物防疫监督管理。因而,动物防疫监督检验机构具备行使动物防疫监督管理行政权的职能。

目前我国动物防疫监督机构的组织形式并不统一。有的设在畜牧兽医行政主管部门内部,有的与动物防疫机构合署办公,也有的独立设置。

2. 动物防疫监督机构的行政主体资格

(1)动物卫生行政法授权。目前,我国对何种规范性文件能够授予非行政机构行政管理职权,还没有明确的规定。但是,从我国立法实践和行政执法的实际出发,一般只有法律、法规才能授予非行政机构行政管理职权。

动物防疫法及其配套法规和有关的动物卫生行政法律规范,对动物防疫监督机构行使动物卫生行政职权的范围、对象、权限、程序以及违法承担责任的形式均作了明确的规定。经动物卫生行政法授权,动物防疫监督机构就具备了动物卫生行政法上的主体资格,按理说是当然的动物卫生行政管理活动的行政主体。但是,它能否以自己的名义对外行使动物卫生行政管理职权,还取决于是否依法成立和能否独立地承担责任。

(2)必须依法成立。所谓"依法成立"是指动物卫生行政主体的成立与组成,必须经同级人民政府人事或编制行政主管部门对其人员配备、机构设置、职能确定进行正式行文批准。这样,动物卫生行政主体才能以自己的名义,独立地行使动物卫生行政管理职权。

根据民法通则第50条的规定,有独立经费的机关,从成立之日起就具有法人资格。但是,目前在我国仍有一些动物防疫监督机构不具有独立的预算经费,故这些机构不是独立的法人,不能以自己的名义独立地行使行政权力和承担法律责任。

(3)独立承担责任。根据我国法律"权利、义务对等"和"职权、责任一致"的原则,有权利者必有义务相随,行使职权者必然承担相应责任。既然动物卫生行政法明确地授予动物防疫监督机构行使动物卫生行政管理的职权,动物防疫监督机构就完全可以以自己的名义对本辖区内的动物卫生行政事务进行监督和管理。当然在行使动物卫生行政管理职权的活动中,造成管理相对人合法权益损害的,动物防疫监督机构也应当以自己的名义,独立地对外承担行政赔偿责任。独立承担赔偿责任,最根本的要求就是,动物防疫监督机构必须具备"法人"资格,即为一个具有独立预算经费的执法机构。

在动物卫生行政活动中,动物防疫监督机构的行政行为可能会出现这样或那样或大或小的违法现象,这些行为只要给管理相对人造成损害的,动物防疫监督机构就要对此承担责任。但是,这些责任有的是属于国家赔偿法中的行政赔偿责任,有的则属于民法调整的民事赔偿责任。然而,无论是行政赔偿责任还是民事赔偿责任,都要求动物防疫监督机构必须能够以自己的名义独立地予以承担。在我国,最主要的赔偿方式就是金钱给付,如果动物防疫监督机构不是一个法人,又没有独立的预算经费,那么,它怎么以自己的名义来承担赔偿责任呢?不难想像,一个不能以自己的名义对外独立地承担责任的机构,又怎么能以自己的名义行使行政管理权力呢?这个道理是显而易见的。

如前所述,国家赔偿法是以行政执法人员所在机关为赔偿义务机关的,根据我国动物卫生行政法的规定,在动物卫生行政活动中,能够发生动物卫生行政侵权行为的只有动物防疫监督机构的工作人员(包括行使动物检疫职权的动物卫生行政执法人员)。这就是说,根据国家赔偿法的归责原则,动物卫生行政工作人员违法行使职权侵犯管理相对人合法权益造成损害的,应当由其所在机关即动物防疫监督机构(或者动物检疫机关)来承担赔偿责任。倘若动物防疫监督机构不是一个独立的法人,它是不能以自己的名义独立地承担赔偿责任的。如果动物防疫监督机构不能独立地承担赔偿责任,就应当由其主管部门即同级畜牧兽医行政管理部门来承担赔偿责任。然而,国家赔偿法对赔偿义务机关的设定是不能上溯的,它只设定工作人员的所在机关即领取工资或档案存放机关为赔偿义务机关，畜牧兽医行政管理部门在一般情况下是不能代替动物防疫监督机构承担国家行政赔偿责任的（除非动物防疫监督机构被撤销，而又没有承受其职权和义务的机关，或其被撤销是畜牧兽医行政管理部门的决定。否则，畜牧兽医行政管理部门是不能代其承担国家赔偿责任的）。那么，根据职权责任一致原则，不能以自己的名义独立地承担责任的机关，就不能以自己的名义独立地行使相应的行政管理职权。这就是说，如果动物防疫监督机构不具有独立承担责任的能力，它代表国家行使动物卫生行政管理职权的资格就必然要被否定。如果是这样，必将影响动物卫生行政法制建设的进程。这亦是我们极力主张动物防疫监督机构行政主体资格必须合法化的一个重要原因。

依法成立、法律授权和独立承担责任，是动物防疫监督机构能否成为合法的动物卫生行政主体的必备要件，三者必须同时具备，缺一不可。

动物防疫监督检验机构受同级人民政府畜牧兽医行政管理部门的领导，受上级监督检验机关的监督。这里所说的“领导”虽然也包含“行政监督”的内容，但这种监督属于隶属关系的行政监督；而上级动物防疫监督机关对下级机关的监督则属于法律意义上的层级监督，它可采用督促、检查、复议等行政手段，纠正、撤销、变更下级机关错误、违法的行政行为，促使下级机关依法行政。这是我国动物卫生行政法规定的动物防疫监督实施“层级管理”的组织原则。

（二）动物防疫监督检验机构的职权　由于动物防疫监督检验机构对动物防疫工作所实施的监督管理，既具有行政强制力，同时又具有技术上的权威性，因此动物防疫监督检验机构是集技术与行政措施为一体的专业执法机构。动物防疫监督机构的行政执法职能决定了它的工作人员必须是熟悉法律知识的兽医专业人员。

动物卫生行政执法活动必须以动物卫生行政法律规范为准绳，以专业技术措施为依托。重大的动物卫生行政执法行为必须以技术鉴定结论或客观事实为依据。

1. 行使职权的有效区域　动物防疫监督检验机构行使职权时遵循的是地域管辖为主，级别管辖为辅的原则。即在同级人民政府所管辖的行政区域内行使动物卫生行政管理职权。例如，甲县王某在乙县经营肉食品，应接受乙县动物防疫监督检验机构的监督管理；乙县李某在甲县加工畜产品应接受甲县动物防疫监督检验机构的监督管理。这就是说，在行政区域管辖范围内，无论任何单位或个人，只要与动物卫生行政法调整范围及对象有关，均须接受管辖区动物防疫监督检验机构的监督管理。

但是，对于那些影响较大的案件，技术层次要求高的案件，也可由上一级动物防疫监督检验机构管辖。

2. 行使职权的种类　动物防疫监督管理机构代表国家行使下列行政管理

职权：

(1)监督管理权。动物防疫监督检验机构对辖区内的有关单位和个人遵守、执行国家动物卫生行政法律规范的情况，具体实施监督检查、监测、评价和管理。这些单位和个人是指：饲养、生产、收购、屠宰、加工、贮藏、运输、销售动物及动物产品的公民、法人或其他组织；动物防疫、检疫、医疗保健、科研教育、技术咨询等动物防疫机构和动物防疫工作人员及兽医从业人员，以及下级动物防疫监督检验机构及其工作人员等。

(2)行政执法权。动物防疫监督检验机构可依法纠正和制裁违反动物卫生行政法律规范的行为，决定和执行动物卫生行政处理及行政处罚。

行政处理包括发现可能扩散病原的动物、动物产品或根据工作的需要，有权按规定无偿采样、封存、留验，有权扣押、没收、销毁和责令追回违禁动物、动物产品及有关物品，并进行无害化处理等。

(3)行政司法权。动物防疫监督检验机构可依法受理动物卫生行政赔偿案件；复议、裁决动物卫生行政纠纷；鉴定裁决动物防疫技术争议。

(4)证照审发权。动物防疫监督检验机构依法承担有关动物防疫证、章、标志的审批、发放及管理。

(5)工程审验权。动物防疫监督检验机构对饲养、经营动物和生产、经营动物产品的场所、设施、建筑等，按动物环境卫生、动物产品卫生、社会公共卫生的要求和动物防疫标准的要求进行审查、批准和验收，以防止动物疫病传播。

(6)监测权。这是指动物防疫监督检验机构依照国家和行业的动物防疫标准或要求，对有关单位和个人饲养、生产、屠宰、加工、贮运的动物或动物产品，及有关物品、环境场所的卫生状况所实施的定期或不定期的技术监测。它与疫情监测有本质的不同。

凡是属于保证国家标准或质量要求而实施的监督、测试均属于动物防疫监督检验机构的行政管理职权。

(7)其他职权。动物防疫监督检验机构监督有权对进入流通环节的动物、动物产品实施监督检查，并按规定分别情况进行抽检、补检和重检，以及采样、取证等职权。

二、动物卫生行政执法人员

(一)动物防疫监督员　动物防疫监督员，经省级畜牧兽医行政管理部门批准，由国务院畜牧兽医行政管理部颁发证件的专业执法人员。

我国的动物防疫监督员是指国家授权，经省级农牧行政部门考核批准，由农业部颁发证书，是国家确认的行使动物卫生行政监督管理、行政处理、行政执法、行政司法职权的动物卫生行政执法人员。

动物防疫监督员是一种职务，它有法定的条件、职责和社会地位。国际上称之为“兽医官员”或“官方兽医”。为此，动物卫生行政法对动物防疫监督员的选拔、考核、任免、职权、守则、奖惩及管理作了严格的规定。

1. 动物防疫监督员必须具备的条件

(1)必须是畜牧兽医行政管理部门所属的国家工作人员；

(2)坚持四项基本原则，遵纪守法，秉公办事，作风正派；

(3)具有兽医专业大专以上学历或相当于同等学力水平，并连续从事兽医工作三年以上；

(4)熟悉动物卫生行政法规，具备法律基本常识；

(5)具备独立从事动物防疫监督工作的实际工作能力。

2. 动物防疫监督员的职权

(1)有权对所辖区域内有关单位和个人以及动物防疫、检疫机构的防疫检疫人员执行动物卫生行政法的情况进行监督检查；

(2)有权对动物及其产品在生产、经营流通各环节进行监督检查。监督检查的方式包括直观检查、取样检验、查阅资料、询问和调查取证等；

(3)有权在证据可能灭失或者以后难以取得的情况下，经本机关负责人批准，可以先行登记保存；

(4)有权对动物检疫员的判定结论、检疫结果、处理情况进行监督检查和裁决，或报畜牧兽医行政管理部门裁决；

(5)有权制止、制裁违反动物卫生行政法的行为，决定和执行警告、没收和罚款(公民 50 元，单位 1 000 元以下)的行政处罚；

(6)承办上级监督检验机关交办的动物防疫监督管理任务。

3. 动物防疫监督员守则　动物防疫监督员执行职务时，应做到：

(1)携带证件、佩戴标志、衣着整洁、风纪严明；

(2)秉公执法，坚持以事实为依据，以法律为准绳，严格执行动物防疫法及有关规定；

(3)尊重当事人的合法权益，对索取、查阅的资料要保守秘密。取样、处罚、没收须出具法定文书，手续必须完备；

(4)不以权谋私，索钱要物；

(5)办案及时，不无故拖延或拒绝；

(6)文明执法，礼貌待人，遵纪守法。

（二）动物防疫检疫人员　动物防疫检疫人员系指经动物卫生行政法授权，由畜牧兽医行政管理部门考核批准，取得动物检疫员资格的，在规定的范围内具体从事动物或动物产品检疫工作的动物卫生行政执法人员。我国动物检疫人员，同属国际动物卫生法上的官方兽医范畴。

只有法定的动物检疫人员才有权实施动物检疫，其出具的检疫证明才具有法律效力。

1. 检疫员的配备及资格要求　动物防疫法第31条规定，动物防疫监督机构设动物检疫员具体实施动物、动物产品检疫。动物检疫员应当具备相应的专业技术，具体资格条件和资格证书颁发办法由国务院畜牧兽医行政管理部门规定。县级以上畜牧兽医行政管理部门应当加强对动物检疫员的培训、考核和管理。动物检疫员取得相应的资格证书后，方可上岗实施检疫。动物检疫员应当按照检疫规程实施检疫，并对检疫结果负责。

动物检疫员由具备兽医中等专业以上学历或同等文化程度的人员担任，经县级以上畜牧兽医行政管理部门考核，由省级畜牧兽医行政管理部门发给检疫员证书。动物检疫员为所在防疫检疫机构的工作人员。

2. 动物检疫员职权

(1)负责实施动物、动物产品的检疫检验，并出具检疫证明；

(2)协助当地动物防疫监督检验机构开展监督检查工作；

(3)检疫中如发现患传染病动物及染疫动物产品，有权制止其上市、出售、运输，责令并监督畜(货)主进行无害化处理。

目前，我国兽医执法人员的任职条件与国际上通行的兽医任职条件相比，任职资格准入条件相差甚大。我国已经加入WTO，在兽医任职资格方面与国际接轨已成为必然。我国必须加快制定兽医从业管理立法步伐，从法律上确立与国际同等水平的兽医任职制度。

第三节　官方兽医制度简介

一、官方兽医和官方兽医制度

世界动物卫生组织(OIE)在《国际动物卫生法典》1.1.0.1条中明确规定，官方兽医(Official Veterinarian)是指由国家兽医行政管理部门(指在全国范围内有绝对权威，执行、监督或审查动物卫生措施和出证过程的国家兽医机关)授权的兽医。官方兽医行使商品(指动物、动物产品、精液、胚胎/卵、生物制品和病料)的动物健康或公共卫生监督,并在适当条件下,对符合条件的商品签发卫生证书。

官方兽医制度是指由国家兽医行政管理部门授权的官方兽医,对动物及动物产品生产全过程行使监督、控制的一种管理制度。其主要特征:一是由国家兽医行政管理部门授权的官方兽医为动物卫生执法主体,官方兽医本人对执法行为负责;二是对官方兽医实行垂直管理,即实施国家或省以下垂直管理;三是官方兽医对动物及动物产品生产实施动物卫生措施进行全过程的、独立的、公正的、权威的卫生监控,保证动物及动物产品符合卫生要求,并在此基础上签发动物卫生证书,切实降低疫病传播风险,确保食品安全,维护人类及动物健康;四是技术体系支持,官方兽医的行政执法行为必须以国家认可的技术支持体系的监测、检验结论为依据。

官方兽医制度是世界各国普遍实行的一种兽医管理制度,据OIE对158个成员国兽医机构的调查,绝大多数的国家实行的是这种兽医管理制度。

二、官方兽医制度的主要类型

尽管世界上大多数国家普遍实行官方兽医制度,但由于各个国家政权体制、法系类型、文化习俗、畜牧业发展水平及地理环境等方面存在差异,故其具体做法也不尽相同,官方兽医的称呼也不完全一致。从世界各国的总体情况看,官方兽医制度大致分为三种类型:欧洲和非洲的多数国家特别是欧盟成员国属于一种类型,其官方兽医制度和OIE规定的完全一致,属于典型的国家垂直管理的官方兽医制度;拉美洲国家如美国和加拿大属于第二种类型,采取的是国家(联邦)垂直管理和各州共管的兽医官(Veterinary Officer)制度;澳大利亚和新西兰等澳洲国家属于第三种类型,采用的则是州垂直管理的政府兽医(Government Veterinarian)制度。现分别以德国、美国和澳大利亚为例概要介绍。

(一)德国——典型的垂直管理官方兽医制度 作为欧盟成员国之一,德国实行的是典型的国家垂直管理的官方兽医制度,即德国最高兽医行政官为首席兽医官(Chief Veterinary Officer),该首席兽医官统一管理全国兽医工作,州和县(市)的兽医官都由国家首席兽医官统一管理,并以县(市)级兽医官为主行使职权,每个县市都设一个地方首席兽医官和三名兽医官,分别负责食品卫生监督、动物保护(健康)和动物流行病等三个方面的工作,兽医官只与当地政府发生业务联系,而不受地方当局领导。

国家在联邦议会设有联邦兽医专业、联邦动物流行病专业、联邦卫生专业和联邦国防医学专业等四个专业委员会,负责动物卫生方面的立法。

(二)美国——联邦垂直管理与各州垂直共管的兽医官(VMO)制度 美国为典型的联邦制国家,其地域辽阔、动物产品发展也不平衡,在动物卫生管理方面既

要维护国家的权益，又要维护各州行使职权的相对独立性，故其管理模式较欧盟成员国有所不同，反映在兽医管理体制上也是如此。美国的官方兽医分为联邦兽医官(Federal Veterinarian)和州立动物卫生官(State Animal Health Officer)，但二者都属于官方兽医。

美国动植物卫生监督局(APHIS)是联邦最高的兽医行政管理部门，APHIS局长为最高兽医行政长官，由农业部副部长兼任。APHIS总部设有若干高级兽医官(Senior Staff Veterinarian)和助理兽医官(Staff Veterinarian)，分别负责全国动物卫生监督、动物及动物产品进出口监督和紧急疫病扑灭三方面的工作。此外，APHIS还在全国设了(东、中、西)三个区域兽医机构，分别管理分布在全国各地的44个APHIS(联邦)地方兽医局(几乎每州都有一个)。APHIS驻在地方的兽医局具体负责当地动物调运的审批、免疫接种的监督、动物登记和突发疫情的扑灭工作。APHIS驻地方兽医局的负责人为地方兽医主管(Area Veterinarian in Charge, AVIC)，AVIC下设3～5个助理兽医官(Staff Veterinarian)，划片负责相关地区的兽医卫生监督工作。APHIS总部的兽医官和驻地方兽医官都属于联邦兽医官(Veterinary Medicine Officer，VMO)。

除APHIS(联邦)驻地方兽医局外，美国每一个州还都设有州的兽医管理机构，属于该州农业部管理。其最高行政首长为州立动物卫生官(State Animal Health Officer)，并下设3～5名州立兽医(State Veterinarian)。在工作方面，APHIS地方兽医局和各州的兽医管理机构通过签订协议明确各自的职责，共同负责该州的动物卫生工作。据统计，美国联邦兽医官共有6 500名。

(三)澳大利亚——联邦负责进出口检疫和州垂直管理的政府兽医制度 澳大利亚属于英联邦国家，在某种程度上带有英属殖民地的遗风。但澳大利亚面积广大、地理环境复杂、人口稀少，与英国存在很大区别。反映在兽医管理体制上，则表现为其动物及其产品的进出口检疫为联邦垂直管理，而动物防疫工作则由州垂直管理，这两个体系的兽医都称为政府兽医(Government Veterinarian)，故澳大利亚将政府兽医定义为联邦、州或行政区的政府兽医官。

在国家层次上，澳大利亚农林渔业部下设了兽医主管机构和澳大利亚检验检疫局(AQIS)两个兽医管理机构。澳大利亚联邦兽医机构主要负责动物卫生方面的国际事务，包括进出口检疫、质量认证和贸易条款的签订以及相关政策的制定。AQIS总部具有20余名政府兽医官，其中设高级兽医执行官(Senior Principal Veterinary Officer)，并在各州分设了家畜出口高级兽医官(Senior Livestock Export Veterinary Officer)，以及若干助理兽医官。共同负责澳大利亚以及各州的家畜出口检疫检验事务。

在动物疫病控制方面，澳大利亚联邦兽医机构主要起协调作用，具体事务则由各州独立执行，如动物卫生方面的立法、动物卫生标准的制定、动物疫病控制以及兽医实验室管理等。为此，澳大利亚设立了一个专门的兽医委员会，该委员会由联邦、各个州和行政区的首席兽医官、联邦科学与工业研究组织(CSIRO)代表和新西兰首席兽医官组成，负责协调全国(包括新西兰)的动物卫生工作。在该委员会协调下，各州的动物卫生工作在州的首席兽医官领导下执行。因此，在动物防疫方面，澳大利亚实行的是州垂直管理下的官方兽医制度。据统计，澳大利亚共有政府兽医603名，私人兽医共有5 600名。

三、官方兽医制度的特征

市场经济条件下，商品的流通是相对自由的，动物及动物产品作为一种能够传播疫病的特殊商品，也不例外。故如何确保动物及动物产品卫生安全，降低动物疫病通过商品流通进行传播的风险，保护人类和动物健康，是世界各国和相关国际组织普遍关注的热点问题。一些发达国家，经过长期的实践和摸索，逐步认识到，要保证动物及动物产品的卫生安全，兽医管理工作起着至关重要的作用。官方兽医作为动物卫生的管理者，只要其能够对动物饲养——动物屠宰——产品流通三个环节进行科学、公正、系统的监督，就可较好地解决这一问题。官方兽医制度就是在这种历史发展过程中逐步形成的，并具有如下明显特征：

1. 官方兽医制度在管理体制上属于一种垂直管理制度，官方兽医由国家兽医行政管理部门任命并授权，对国家兽医行政管理部门负责，从而确保兽医卫生执法的公正性　OIE《法典》明确规定，官方兽医是由国家兽医行政管理部门授权任命，而不是由地方兽医主管机关任命，更不是企业的自检兽医。不难看出，官方兽医代表国家行使兽医卫生行政管理职责，其行为应当属于国家公务范畴。官方兽医由国家兽医行政管理部门垂直领导并提供经费支持和保障，故其在行使职权的过程中自然应对国家直接负责。这就可有效地排除地方或企业不正当的干扰，从而可以避免地方当局或生产企业受利益驱动而设置的障碍或地方保护。特别需要指出的是，官方兽医代表的是国家和公众的利益，这种独立于地方或企业之外的执法模式，可确保其执法的公正性。

2. 在“垂直管理”制度下，官方兽医实施的是动物卫生工作的全过程监督，从而确保兽医卫生执法的系统性和完整性　动物及动物产品卫生安全涉及到三个必要环节，即动物饲养场防疫、动物屠宰场卫生监督和动物流通(包括国际进出口)过程的卫生安全。

第一环节是动物饲养过程中的疫病防制监督工作。动物饲养过程中的无疫病状态是动物产品安全的第一道屏障，为此，各国兽医当局都制定了重大动物疫病的控制和扑灭计划，在计划实施过程中，诸如动物免疫接种、感染动物扑杀、感染群清群、销毁、感染场地的消毒，等等，都需要官方兽医的有效监督。正是由于官方兽医制度的建立和实施，才避免了在这一环节出问题，可以说，动物饲养场的安全问题，只有实施官方兽医制度才能有效地得以解决。第二环节是动物屠宰过程中的卫生监督工作。动物屠宰卫生监督主要涉及到宰前、宰中和宰后的卫生检疫，所有这些工作也只有在代表国家利益的官方兽医监督之下，才可出具科学的结论和公正的结果。

第三环节是动物及动物产品流通过程的卫生监督工作，该过程是第一和第二环节的延续，是对前两个过程的检验和认可。故流通环节动物卫生监督，更应当是一种政府行为，理所当然地需要官方兽医代表国家行使职权。

从以上三个环节可以看出，动物产品整个生产过程，都必须由代表国家和公共利益的官方兽医统一进行监督。如果对此过程任何一个环节予以分割，都将无法保证动物及动物产品的卫生质量。由此可见，只有在实施官方兽医制度的状态下，才可以最大限度地实现动物及动物产品的卫生安全。

官方兽医在监督中发现饲养、屠宰或流通过程存在问题，则有权责令其停止营业，如果企业主对此不服，则可依次通过地方兽医主管、国家首席兽医官等途径举行听证会，在听证会后这这些问题依然未解决时，国家首席兽医官有权撤销企业营业证，并可作为原告向法院提出起诉。

3. 官方兽医制度以动物防疫技术和行政支持体系为后盾，确保官方兽医融技术和行政于一体，维护兽医卫生执法的公正性和科学性　任何一种兽医管理制度，都必然依靠国家的动物防疫技术支持体系，否则就难以保证其执法过程中的公正性和科学性。从发达国家实行的官方兽医制度来看，官方兽医是与国家动物防疫技术支持体系密切相连的，其执法权需要国家法律体系予以明确，其执法能力和过程需要国家防疫技术体系给予支持，其执法行为必须与国家防疫计划相结合，从而确保其执法的科学和公正性。也可以说，官方兽医制度是国家动物防疫技术行政体系支持下的兽医管理制度。

首先，官方兽医的权力需要通过国家立法予以明确，官方兽医管理的不仅仅是动物本身，在某种程度上更是对动物及动物产品管理人即企业主、畜主的管理和监督。因此，国家以其强制力为后盾，这是官方兽医正常行使职权的法律保障。

其次，官方兽医必须经过国家制定的兽医师培训计划，接受法律法规、实验室诊断、流行病学监测、紧急疫病扑灭技术等方面的培训，并经考试合格后，才有资格竞争官方兽医职务。故国家官方兽医培训计划是将官方兽医将技术和行政融于一体的摇篮，这是保障其科学正确执法的知识保障。

其三，官方兽医对动物疫病的诊断必须依赖国家兽医诊断实验室体系，离开国家兽医诊断实验室的检验、诊断、鉴定结果，官方兽医根本无法确定动物疫病的存在与否，也无法签署动物卫生证书。故国家动物疫病诊断实验室体系是官方兽医正确履行职权确保其权威性的技术保障。

其四，官方兽医行使职权必须依赖并服务于国家动物疫病监控和扑灭计划，这是实施官方兽医制度的根本目标之所在，官方兽医只有及时正确地向国家主管部门通报疫情，协助相关部门扑灭动物疫病，防止外来病入侵，并采纳科学的风险评估建议，才可确保动物卫生安全。背离这一点，官方兽医就没有必要存在。也可以说，国家动物疫病监控和扑灭计划是官方兽医行使职权的主要内容。

正是基于上述国家技术行政支持体系，才使官方兽医得以融技术和行政两个方面于一体，保证其执法的权威性、公正性与科学性。

4. 官方兽医权力与责任共存，确保并促使其公正执法　从各国官方兽医制度的实施情况看，各国官方兽医都拥有很大的权力，官方兽医本人即可代表国家签发证书。但从另一个方面讲，如果官方兽医在其执法过程中出现失误，官方兽医同时需承担相应的法律责任。如美国《联邦法典》161 章中就明确规定了官方兽医的“行为规范”和具体处罚措施，如兽医师许可证的吊销、撤销以及民事和刑事处罚措施等。这就迫使官方兽医加强自身修养，以维护执法的公正性。无论实施哪种类型的官方兽医制度，官方兽医在其签发的证书上都要做出声明：“我，签字的官方兽医，保证……”。由此可见一斑。

综合以上四个方面的特征，可以看出，由于官方兽医实行国家垂直管理，确保其独立、统一、公正地执法；由于官方兽医对动物及动物产品生产过程实施全过程卫生监控，并由国家技术行政支持体系作后盾，确保其兽医卫生监督执法的权威性和科学性；由于官方兽医个人为执法主体并对自己的行为承担法律责任，可以促使其公正执法。这种管理制度的实践证明，可以最大限度地降低动物疫病传播风险，确保动物及动物产品卫生安全，维护人类和动物健康。

由此可见，官方兽医制度是市场经济条件下一种有效的兽医管理制度。发达国家在动物疫病控制方面的重大成就也足以说明了这一点。如美国在过去 80 年里已消灭了包括 OIE 规定的 A 类动物疫病在内 40 余种动物疫病；澳大利亚已消灭了 60 余种动物疫病，甚至消灭了世界上最难控制的结核病和布病，可谓成就巨大；欧盟尽管国家众多，但已基本控制了 OIE 规定的 A 类动物疫病。

四、我国实行官方兽医制度的必要性

（一）有利于入世后与国际接轨　目前，全世界绝大多数国家和地区都实行官方兽医制度，并认为这种制度的优势在于其责任体系以个人负责为核心确立，可确保动物卫生法律的贯彻落实，OIE 以《动物卫生法典》的形式，向全世界推荐这种兽医管理制度。实施官方兽医制度，可更好地适用国际公约、国际惯例。WTO 的 SPS 和 TBT 协议承认并鼓励将世界动物卫生组织（OIE）、国际植物保护公约（IPPC）、国际营养标准委员会（CODEX）和国际食品标准委员会（CAC）的标准、规则和建议作为制定动植物卫生措施的根据。OIE、IPPC 和 CAC 制定的所有动植物卫生措施考虑到了官方兽医制度下的组织机构，也就是说 SPS 协议认为，必须是在官方兽医制度的框架下 OIE、IPPC、CODEX 和 CAC 的动植物卫生措施才可能被有效地实施。而进口国对我国出口动物产品考察，其中一个重要的内容就是以官方兽医制度框架来考查我国的兽医管理体制。由此可见，如果在动物卫生措施的实施过程中不实行官方兽医制度，则入世后在适用上述国际规则、惯例和有关协议时，必然会在体制上遇到不可跨越的障碍。

（二）有利于开创兽医工作新局面　实施官方兽医制度必须首先明确统一的国家最高兽医行政管理部门，即农业部应为中央兽医行政管理部门，其在兽医事务的管理中，应当在全国范围内具有绝对的权威性。特别是在动物及动物产品的国际贸易中，国家官方兽医管理部门应当是有完全权威并确保或监督执行国际动物卫生法典推荐的动物卫生措施的中央政府兽医行政机关。实施官方兽医制度，可有效地解决长期困扰兽医工作的“政出多门”、“多头管理”的弊端，有利于理顺兽医管理体制，开创统一、协调、有序、高效的兽医卫生工作新局面。

（三）有利于贯彻落实动物卫生法律规范　目前，我国涉及动物卫生的法律规范包括动物防疫、兽药管理、饲料卫生、屠宰管理、商品检验和出入境检疫等诸方面。由于官方兽医制度强调的是统一、公正和过程控制，所以实施官方兽医制度，可统一、协调动物卫生工作，减少推诿、扯皮、内耗等不良影响，有利于动物卫生法律的贯彻落实。也有利于构建一个完整健全的动物卫生法律体系。

（四）有利于造就公正、廉洁、高效的兽医执法队伍　目前，我国的兽医管理制度不适应市场经济的发展需要，特别是入世后不利于与国际惯例接轨。在“分段管理”体制下，由于部门利益的驱动所产生的疫病控制、食品安全监控脱节，出一部法规多一顶“大盖帽”等现象，导致管理体系混乱、机构重复、职责不清、整体素质低、队伍庞大、国家财政不堪重负；而“地方保护主义”则又导致动物卫生法律规范得不到有效贯彻，某些重大疫情还没有得到有效控制，一些违禁药物的使用还没有根除;由于“责任体系”不尽合理,执法人员素质低、“三乱”现象时有发生,诸如只收费不检疫、发生疫情隐而不报、行政行为与技术行为不分、甚至将执法当做创收手段等现象禁而不止,损害了兽医执法的整体形象。

实施官方兽医制度,可以彻底根除上述弊端,建立一支公正、廉洁、高效的兽医执法队伍。

(五)有利于提高动物产品卫生质量　SPS 协议所定义的动植物卫生措施包括动植物产品从饲养管理(田间生产)直到形成食品全过程所有方面的法律、法规、规定、要求、标准和程序。只有建立一个统一的官方兽医制度,才有可能监控这些措施在生产全过程中有效地实施。发达国家的兽医管理经验表明,高质量的动物产品是靠生产过程形成的,而不是单靠检疫检出来的。提高动物产品卫生质量的惟一途径,就是生产者在饲养生产的全过程中认真贯彻执行国际通行的动物卫生法律、标准和建议。而统一、协调、高效的兽医卫生指导、监督、管理本身就是必不可少的措施,实施官方兽医制度,可以在彻底理顺兽医管理体制的基础上,强化对动物卫生措施的监控力度,可有效控制疫病和食品安全,提高动物产品的卫生质量,从而增强我国动物产品在国际市场上的竞争能力。

第二章　动物卫生行政行为和动物卫生行政法律关系

第一节　动物卫生行政行为

一、动物卫生行政行为概述

（一）动物卫生行政行为的概念　动物卫生行政行为的概念有广义和狭义之分。就广义而言，动物卫生行政行为是指动物卫生行政主体为了完成动物卫生行政组织管理活动所作的一切行为，包括事实上的行为与法律上的行为。狭义的动物卫生行政行为是指动物卫生行政主体依据其法定职权所为的能够发生一定法律效果的行为，又称具体的行政行为。

事实上的行为是指动物卫生行政主体所进行的与其行政职能无直接关系的活动。如调查研究、工作总结、技术交流等活动。法律上的行为是指能产生法律效果的行为，它包括两个方面的行为：一是动物卫生行政主体作为民事主体参与的与其职能无关的民事活动，如订立协作合同、进行民事诉讼等的活动。二是动物卫生行政主体依职权行使的行政行为。

本章所述动物卫生行政行为是指动物卫生行政主体代表国家对动物防疫事务进行管理的行政行为。它包括抽象行政行为、具体的行政行为和相关行为。

（二）动物卫生行政行为的特征

1. 动物卫生行政行为是国家意志的一种外部表现形式　行政的实质是统治阶级为维护其阶级统治所进行的一种国家管理活动。国家意志的表现，是通过抽象和具体的行政行为来加以体现的，我们说动物卫生行政行为是国家意志的外部表现，是因为动物卫生行政行为实质上是动物卫生行政主体代表国家所进行的动物卫生行政方面的组织管理活动。这些活动充分体现了国家的意志，所以说动物卫生行政行为是国家意志的一种外部表现形式。这种国家意志的外部表示，又体现在以下几个方面：

（1）实施动物卫生行政行为的最终目的是维护统治阶级的动物卫生行政的秩序。动物卫生行政秩序和其他行政秩序一样是统治阶级整体行政秩序不可分割的重要组成部分,它与卫生、环保、工商、公安等诸行政秩序有着密切的联系,如果动物卫生行政秩序得不到保障,必将影响整个行政秩序的建立和完善。

(2)动物卫生行政行为必须依法进行。动物卫生行政主体所实施的行政行为,必须依照动物卫生行政法律规范和有关规定进行,否则不产生法律效力。

(3)动物卫生行政行为是单方面的行为。动物卫生行政行为的实施,只要有动物卫生行政主体一方的意思表示即告成立,管理相对人同意与否并不影响动物卫生行政行为发生效力。

2. 动物卫生行政行为是严肃的法律行为　依法行政是现代法治国家的一项重要原则。因此,严格依法实施动物卫生行政行为,是我国社会主义行政法制的基本要求,也是动物卫生行政行为的重要特征之一。所谓依法行政,就是说动物卫生行政主体进行行政立法、行政执法和行政司法时,都必须严格按照法律、法规、规章和其他规范性文件的规定去办。既不允许渎职不为,也不允许越权、滥用职权违法行政。

3. 动物卫生行政行为以国家强制力为后盾　动物卫生行政行为一经依法作出即发生法律效力,并以国家强制力保证其实施。这种强制力从以下两个方面加以体现:

(1)自行强制执行。当动物卫生行政主体或工作人员作出处理、处罚决定时,若管理相对人拒不执行,动物卫生行政主体可以强制执行。如在疫区对被污染的动物产品及其他污染物品强行实施无害化处理措施等。

(2)申请人民法院强制执行。如管理相对人对动物卫生行政主体或其工作人员作出的处理、处罚决定,在法定期限内既不申请复议或起诉,也不履行,动物卫生行政主体即可申请人民法院强制执行。

上述两种强制形式表明,国家以强制力作为动物卫生行政行为的后盾,保障动物卫生行政行为的顺利实施。

二、动物卫生行政行为的构成

(一)动物卫生行政行为构成概述　动物卫生行政主体及其工作人员的行政行为是多种多样的,根据不同的标准可将其作各种不同的分类。为了使动物卫生行政执法人员在工作实践中便于理解行政行为的精神实质,本节将行政行为分为抽象行政行为、具体行政行为和相关行为来进行讲述。

1. 抽象行政行为　动物防疫抽象行政行为是指动物卫生行政主体进行动物卫生行政管理时,以不特定的或一般的事项为对象的行为。如制定行政管理法规、规章和其他规范性文件的立法行为,以及依法发布命令、决定等行为。

2. 具体行政行为　动物防疫具体行政行为是指动物卫生行政主体以特定的或个别的事项为对象，予以具体的处置，并只对特定的对象发生法律效力的动物卫生行政行为。如动物卫生行政主体对违反动物防疫法律、法规、规章和其他规范性文件规定的管理相对人，依法进行的动物卫生行政处理、处罚的行为。

具体的动物卫生行政行为，是动物卫生行政主体及其工作人员所实施的数量最多的行政行为，人们通常所说的行政行为就是指这类行为。为了使广大动物卫生行政执法人员在工作实践中便于理解行政行为的内涵，本节将具体行政行为依其在具体执法实践中的适用情形之不同，又分为羁束性和自由裁量的动物卫生行政行为，依职权和须申请的动物卫生行政行为以及单独的和共同的动物卫生行政行为。

(1)羁束和自由裁量的动物卫生行政行为。羁束动物卫生行政行为是指动物卫生行政主体受法律规定的严格约束，无自由裁量余地的动物卫生行政行为。如动物卫生行政主体给某管理相对人办理动物防疫合格证照，就必须严格按国务院畜牧兽医行政管理部门制定的动物防疫合格证发放管理办法规定的条件去办理，管理相对人只要符合法定条件，并向动物卫生行政主体提出了办理的申请，动物卫生行政主体就必须依法予以办理，没有任何自由裁量的余地。否则，便是违法。自由裁量的动物卫生行政行为是指在动物防疫法律、法规、规章和其他规范性文件规定的范围内，或虽无法律规定，但允许动物卫生行政主体将自己的意见、评价参与其间的动物卫生行政行为。如动物防疫法第 53 条规定：违反本法规定，单位瞒报、谎报或者阻碍他人报告动物疫情的，由动物防疫监督机构给予警告，并处 2 000 元以上 5 000 元以下的罚款，对负有直接责任的主管人员和其他直接责任人员依法给予行政处分。这种规定本身，就给动物卫生行政主体处理此类违反动物卫生行政法律规范案件实施罚款的行政处罚行为时，留下自由裁量的余地，动物卫生行政主体可以根据案件的具体情节，在 2 000～5 000 元之间有选择地做出罚款决定。一般来说，适用自由裁量如有错误，只属于不当行为，并不构成违法。

(2)依职权和须申请的动物卫生行政行为。依职权的动物卫生行政行为是指动物卫生行政主体在法律规定的职权范围内，不需要管理相对人的请求，自行作出的行政行为。如动物卫生行政主体发现个体行医者无“兽药经营许可证”和“动物诊疗许可证”而从事兽药经营及行医活动，即可对其依法实施行政处罚；另外检疫证明的出具，行政处理意见的签发亦属依职权的动物卫生行政行为。须申请的动物卫生行政行为是指动物卫生行政主体按照管理相对人的请求，而被动地作出的行政行为。动物卫生行政许可行为一般均为须申请的行政行为，如经管理相对人申请动物防疫合格证照，动物卫生行政主体为其办理相关批准手续的行为等。

(3)单独和共同的动物卫生行政行为。共同的动物卫生行政行为是指某项行政行为的作出是动物卫生行政主体与其他机关联合作出的,这种行为就是共同行政行为。如动物卫生行政主体和工商行政部门联合作出对违反《兽药管理条例》的管理相对人以行政处罚的决定等。两个以上行政机关作出同一具体行政行为时,如管理相对人不服提起诉讼以共同作出具体行政行为的行政机关为共同被告。单独的动物卫生行政行为是指动物卫生行政主体以自己的名义对违反动物卫生行政法律规范的管理相对人作出的行政处理、处罚则属单独的动物卫生行政行为。

3. 相关行为　相关行为是指动物卫生行政主体在实施行政行为中,所发生的与此相关的行为。相关行为包括准动物卫生行政行为、技术行为和职业行为。虽然,这类行为不是行政行为,但对动物卫生行政行为产生法律效果起一定作用。

(1)准动物卫生行政行为。准动物卫生行政行为是指动物卫生行政主体就某项具体行政行为说明情况、表示意见、做出准备的行为。在动物卫生行政行为中,有一类行为,本身不直接引起法律后果,而只有间接地引起法律后果,它们对另外一些动物卫生行政行为的生效起辅助作用。如动物卫生行政主体就某项具体的行政行为说明情况、表示意见和做出准备的行为。由于这些行为不完全符合动物卫生行政行为的构成要件。因此学理上将这类动物卫生行政行为称之为"准动物卫生行政行为"或"表明行为"。准动物卫生行政行为有下列特点:一是不直接产生法律后果。它只对某些动物卫生行政行为的生效起辅助作用,如通知行为等;二是没有准动物卫生行政行为,某些动物卫生行政行为就不完善,其法律效力就会受到影响,如证明、确认行为;三是准动物卫生行政行为的表达方式为要式行为,即以特殊规定的书面形式进行表达,如受理、调查行为等。

(2)技术行为。这是指动物卫生行政主体按照科学方法或运用先进的仪器、设备等手段为解决动物防疫技术问题而实施的行为。如动物卫生行政主体对有争议的技术措施,判定结果重新进行技术鉴定检验的行为,再如动物防疫检疫人员利用先进的手段和仪器对动物产品进行检查的行为,以及为确定案件事实所作的试验和检验行为等。技术行为与准动物卫生行政行为一样不直接产生法律效果,但是,对动物卫生行政行为产生法律效果起辅助作用,有的兽医技术行为甚至是某些动物卫生行政行为必不可少的分析认定事实依据的手段。因此,技术行为和准动物卫生行政行为与有效的动物卫生行政有着不可分割的联系。我国加入W.TO以后,任何动物卫生行政行为都必须以技术行为作为支持体系,否则行政行为的效力将受到不同的影响。所以,广大动物卫生行政执法人员要充分利用技术手段使每一个具体的行政行为都合法有效。

(3)职业行为。所谓职业行为是指动物防疫机构实施的主要表现其职业特性的行为，如预防接种、疫情普查、临床观察、健康检查、诊断治疗等。

相关行为与具体行政行为有着密切的联系，有些行政行为离开相关行为则不能成立。如：动物检疫行为是由技术行为、职业行为、准行政行为构成的，当使用仪器设备，依科学的方法对动物、动物产品进行检查、定性时，该行为即为技术行为。而检疫员所进行的感观检查、健康检查则为职业行为，检查证件（如免疫证明，产地检疫证明等）则为准行政行为，检查合格，出具检疫证明才属具体行政行为。由此可知，有些具体行政行为须有相关行为辅助才能产生法律效力。

如前所述，公民、法人或其他组织，如对具体的动物卫生行政行为不服，可以向人民法院提起行政诉讼。而对相关行为不服则不能提起行政诉讼。因为这类相关行为自身并不直接产生法律的效力和后果，只是对产生法律效果具有一定影响。因此，管理相对人不能单独就动物卫生行政的相关行为提起诉讼。当然，管理相对人对动物卫生行政主体的技术措施、判定结果有异议的，可以要求上一级动物卫生行政主体鉴定或裁决，也可以在不服动物卫生行政行为的诉讼中一并提出异议。

研究动物卫生行政行为的构成，目的是分清什么是抽象的动物卫生行政行为，什么是具体的动物卫生行政行为及其与之相关行为的联系，以便能正确划分行政行为、技术行为和职业行为的界线，准确地把握依法行政的原则，使每一个具体的行政行为都能做到合法、适当、公正、合理。

（二）动物卫生行政行为的成立与生效

1. 动物卫生行政行为成立要件　动物卫生行政行为成立的要件是指动物防疫法律、法规、规章和其他规范性文件要求动物卫生行政主体及其工作人员，实施具体行政行为所必须遵守的条件。

动物卫生行政主体及其工作人员只有遵守动物防疫法律规范要求的条件，其行为才能成立，或者说才是有效的。否则，该行为是无效行为或者是可撤销的行为。动物卫生行政行为的成立要件包括：主体合法、在职权范围之内、内容合法适当、意思表示真实、程序合法、符合法定形式等。

(1)主体合法。主体即行为机关。具体行政行为的成立，首先要求作出行政行为的主体合法。在动物卫生行政行为中，所谓主体合法是指具体行政行为的实施者须具备主体资格，即动物卫生行政主体的产生、存在及其活动须有合法的依据，即其组织、职权、活动方式程序，动物卫生行政法律规范都有明确的规定。主体合法是动物卫生行政行为成立要件的首要条件。

(2)行为在职权范围之内。动物防疫法律规范明确规定了动物卫生行政主体及其工作人员的职权范围。动物卫生行政主体及其工作人员只有在其法定的职权范围内实施的行政行为才是有效的。其他任何行政机关、单位团体或个人实施了动物卫生行政主体及其工作人员职责范围内的权力，其行为都不能成立，都是无效的。动物卫生行政主体实施行政行为时超越职权范围，则该行政行为也属无效。

(3)行为的内容合法、适当、明确。动物卫生行政行为的内容合法是指该行政行为是根据动物卫生行政法律规范实施的，是符合动物卫生行政法律规范规定的。如动物防疫检疫员对畜主出具的动物检疫证明，其根据是动物防疫法律规范规定的条件。如检疫员给不符合出证条件的动物出具了检疫证明，就属行政行为内容不合法。

动物卫生行政行为的内容适当是指该行为既切实可行、公正合理，又符合法律法规的要求，亦符合社会公德的要求。如动物卫生行政执法人员在动物卫生行政处罚中，对处罚幅度自由裁量的适用必须符合自由裁量权的适用原则，否则就是行政行为内容不适当。

动物卫生行政行为的内容明确是指该行政行为的目的、对象及范围是确定的。针对何人何事，动物卫生行政主体是同意还是不同意，是许可还是不许可，是禁止还是不禁止。如果同意，同意多少(数量)。如果许可，许可多久。如果禁止，禁止多大区域，等等。动物卫生行政行为在所有诸如此类的问题都应该是明确的而不是模棱两可或含糊不清的。否则，在实践中就无法达到行政管理之目的，其效力也就无法实现。

(4)行为是行政主体的真实意思表示。动物卫生行政行为，应该是实施行为的动物卫生行政主体的真实意思表示，即动物卫生行政行为是实施行为的动物卫生行政主体的本意所为，是符合行为机关职能要求的。

(5)符合法定程序。《农业行政处罚程序规定》的所有程序规定，都适用于动物卫生行政处罚行为，动物卫生行政主体在实施行政处罚行为时，必须严格遵守《农业行政处罚程序规定》。违反了程序规定，其行政处罚行为则因不能成立而无效。

(6)行政行为要符合法定形式。动物卫生行政行为绝大多数是要式的行为，即法定的特殊形式。动物卫生行政主体实施行政行为时，必须严格按照法定的形式才能成立。如处罚决定书，要求必须按国务院畜牧兽医行政管理部门统一制作的格式，按要求进行填写制作，否则亦无效。

2. 动物卫生行政行为的生效时间　动物卫生行政行为生效的时间，是指有效的动物卫生行政行为正式发生法律效力的时间。动物卫生行政行为告知相对人(公民、法人、其他组织)并为管理相对人所受领的时间，就是有效成立的动物卫生行政行为发生法律效力的时间。

(1)告知程序。告知程序是指将动物卫生行政行为告知管理相对人的方式和步骤。

(2)受领程序。将动物卫生行政行为告知管理相对人之日,即为管理相对人的受领之时,受领不受管理相对人是否同意的影响,只要行政行为已告知管理相对人,不论其是否同意行为的内容,均视为相对人已受领,受领意味着行为开始生效。

三、动物卫生行政行为的撤销与消灭

(一)动物卫生行政行为的撤销 动物卫生行政行为的撤销,是指对已经生效的动物卫生行政行为因发现该行政行为成立时就具有违法事由,另以其他措施使其效力消灭的行为。

1. 动物卫生行政行为的撤销 撤销动物卫生行政行为的原因是动物卫生行政主体的行政行为存在事实不清、证据不足、适用法律错误,违反法定程序、越权、滥用职权等事实。

有权撤销动物卫生行政行为的机关是:审判机关和上一级动物防疫监督机关,也可以是做出动物卫生行政行为的原机关。

2. 撤销的形式

(1)全部撤销。有权撤销动物卫生行政行为的机关,如认为原行政行为或认定事实错误,或适用法律不当,或严重违反法定程序,则可全部撤销。全部撤销的行政行为完全失去法律效力。

(2)部分撤销。只撤销原行政行为有错的部分,原行政行为除被撤销的部分外,仍然具有法律效力,这种情形在动物卫生行政活动中较为常见。

动物卫生行政行为一旦被撤销,即失去了效力,如果被撤销的行政行为已给管理相对人的合法权益造成损害,管理相对人则有权就损失提出赔偿请求。而动物卫生行政主体则应当承担行政赔偿责任。

(二)动物卫生行政行为的废止 动物卫生行政行为在成立时是合法的。但随着时间的推移,不宜继续存在,或另一行政措施,使其向后消失效力或在特定情况下自行消失效力的,称为动物卫生行政行为的废止。这种形式多见于抽象行政行为中。如动物卫生行政主体为彻底控制和消灭狂犬病的流行而发布的"在狂犬疫区禁止饲养犬类动物的决定"。在该病预防工作切实有效地完成(即经几年的扑杀、消毒、灭源处理,确已认为控制了该病的流行)之后,该决定就失去了效力。如需要作出废止该"决定"的行为,只能由原动物卫生行政主体作出。但是,在一般情况下,行政行为失去效力后,则自行废止。

废止与撤销的区别是:废止的动物卫生行政行为原来是合法的,而被撤销的行政行为则原来就是违法的。

(三)动物卫生行政行为的变更 对动物卫生行政行为内容或效力加以改变的

行为称之为动物卫生行政行为的变更。

1. 变更动物卫生行政行为的条件　引起动物卫生行政行为变更的原因是原行政行为不适当，具体有下列几种：

没有或缺乏可行性、不合理、不公平、违背政策或社会公德。

2. 有权变更的机关　有权变更动物卫生行政行为的机关是上一级动物卫生行政主体和作出决定的原机关，我国行政诉讼法规定，人民法院对显失公正的行政处罚，也可依法判决变更。

（四）动物卫生行政行为的消灭　动物卫生行政行为具有下列原因之一时其效力自行消灭，即对象消失、管理相对人死亡、期限届满、义务已履行。

第二节　动物卫生行政法律关系

一、动物卫生行政法律关系概述

（一）动物卫生行政法律关系的概念　动物卫生行政主体在行使行政职能的过程中，必然要对内对外发生各种关系，这些关系，范围广泛、内容复杂，但都可以通称动物卫生行政关系。动物卫生行政关系经动物卫生行政法律规范确认，具有动物卫生行政法上的权利、义务内容的，就是动物卫生行政法律关系。动物卫生行政法律关系是动物卫生行政法律规范的体现，由国家强制力保障。违反或破坏这种法律关系，就要受法律的追究，承担行政法律责任。

从“依法行政”的原则出发，任何涉及权利义务关系的动物卫生行政都应制度化、法律化。但应当指出的是，并不是所有的动物卫生行政关系都能转化为动物卫生行政法律关系。在现代社会中，动物卫生行政的职能是非常广泛的，实现其职能的方式也各不相同。有些动物卫生行政活动要求管理相对人做出相应的行为，有些行政活动则不要求这样，如在动物卫生行政管理中经常进行的行政指导、行政建议、行政咨询等，就其与管理相对人的关系来讲，就不具有动物卫生行政法律关系的性质。再如畜牧兽医行政管理部门提倡科学养畜，建议科学防疫灭病等行为，虽然属于履行动物卫生行政职能的活动，但不具有权利义务的内容，并不要求管理相对人必须做出相应的行为。因此，这类行政关系不属于动物卫生行政法律关系。

（二）动物卫生行政法律关系的特征

1. 主体特定　行政法律关系一方当事人必须是动物卫生行政主体。没有动物卫生行政主体，则构不成动物卫生行政法律关系。换言之，动物卫生行政法律规范对动物卫生行政主体行政职权的确认，是动物卫生行政法律关系存在的前提，没有行政职权的存在及其行使，也就无所谓动物卫生行政法律关系。

2. 法律地位不平等　动物卫生行政法律关系中当事人地位是不平等的。在动物卫生行政法律关系中，动物卫生行政主体作为一方当事人是代表国家，并以国家名义参与此种关系。因此，动物卫生行政主体在动物卫生行政法律关系中处于主导地位。这种地位不平等性表现为，动物卫生行政主体可以依法增设限制，或剥夺管理相对人的某项权利，亦可依法增设或赦免管理相对人的某项义务，而管理相对人则无此权利。

3. 单方意思表示　动物卫生行政主体可以单方面创设动物卫生行政法律关系，并以国家强制力使对方接受和服从自己的意志。在动物卫生行政法律关系中，动物卫生行政主体可以单方面的意思表示而设立某项法律关系，不需要征得管理相对人的同意。这与民事法律关系的平等性、有偿性和双方意思表示一致性，显然不同。

动物卫生行政主体以单方面意思表示设立的动物卫生行政法律关系是以国家强制力作保障的，它具有强制性。管理相对人必须接受和服从。这种行政法律关系一旦产生，管理相对人就必须履行作为和不作为的义务。如若违反，动物卫生行政主体，在其职权范围内，即可依法采取制裁措施。

4. 由动物卫生行政法规定　动物卫生行政法律关系具有国家先定力，即动物卫生行政法律关系的当事人的权利和义务都是由国家动物卫生行政法律、法规、规章和有关规定预先规定的。如果没有预先规定，就不能发生行政法律关系。例如，经营者依法经营动物、动物产品，就是一种动物卫生行政法律关系，经营者和动物卫生行政主体之间的权利和义务，是由国家的动物卫生行政法及有关规定预先规定的，经营者和动物卫生行政主体双方都不能自由选择。

5. 职权责任交叉重叠　在民法中，当事人权利、义务的界限是十分清楚的。但在动物卫生行政法中，多数情况下，权力和责任是很难截然分开的。例如，动物检疫既是动物卫生行政主体的权力同时又是它的职责。处理动物防疫违章案件既是动物卫生行政主体的权力也是它的职责。申领动物防疫合格（许可）证照既是管理相对人的义务，也是它的权利，等等。权利和义务相互渗透，从一个方面看是权利，从另一个方面看又是义务，这种权利、义务的相对性正是动物卫生行政法律关系的一个特点。恰恰由于这个特点，动物卫生行政主体必须严格依法履行职责，否则就是失职，理所当然受到追究。

二、动物卫生行政法律关系的构成要素

（一）动物卫生行政法律关系的主体　动物卫生行政法律关系主体，即动物卫生行政法主体，又称动物卫生行政法律关系当事人，是指动物卫生行政法律关系中权利、义务的承担者。动物卫生行政法律关系存在于两个以上的主体之间。没有主体，权利、义务就没有承担者，法律关系便不存在。只有一个主体，而没有相对的一方，权利、义务关系也不能构成。

动物卫生行政法律关系由动物卫生行政主体和管理相对人即公民、法人或其他组织以及其他国家机关构成。

1. 动物卫生行政主体　动物卫生行政主体是指依法行使动物卫生行政职权并对其行为承担责任的机关或组织。在我国，目前动物卫生行政主体是指地方人民政府畜牧兽医行政管理部门及其所属的动物防疫卫生监督机构、防疫检疫机构。另外，经有权机关依法委托行使动物卫生行政职能，并对其行为承担一定责任的其他组织，也可以成为动物卫生行政主体。未经授权或委托的其他任何组织均不能成为动物卫生行政主体。在我国担任动物卫生行政执法公职的公民只能以他所属的动物防疫监督机构或委托机关的名义行使动物卫生行政职权，而不能以个人的名义进行公务活动。

动物卫生行政主体必须依法拥有动物卫生行政职权，若没有行政职权，就不能成为动物卫生行政主体。

2. 管理相对人　动物卫生行政法律关系中的管理相对人是指与动物卫生行政主体相对应的当事人。他们可以是国家机关、企事业单位、社会团体、公民和在我国境内的外国组织、外国人以及无国籍人等。

公民、法人或其他组织参与动物卫生行政法律关系，必须具有动物卫生行政法上的权利能力，即必须能够享有动物卫生行政法上的权利和承担动物卫生行政法上的义务，或者说具有动物卫生行政法上的主体地位和资格。否则，就不是所谓的管理相对人。这种权利能力由动物卫生行政法加以规定，如动物防疫法第 44 条规定：动物饲养场、贮存场所、屠宰场、肉类联合加工厂、其他定点屠宰场（点）和动物产品冷藏场所的工程选址和设计，应当符合国务院畜牧兽医行政管理部门规定的动物防疫条件。作为动物卫生行政法律关系主体的管理相对人，必须至少符合下列要求：

（1）屠宰场、肉类联合加工厂的动物卫生要求。①有取得畜牧兽医行政管理部门核发的兽医资格证书，并与检疫工作量相适应的检疫人员；②有必要的检疫设施、仪器和设备；③有病畜禽隔离和专用急宰间，有病畜禽尸体、肉类的无害化处理

专用设施，有污水、污物处理设施；④有符合防疫要求的运载动物、动物产品的工具和容器；⑤有相应的检疫工作制度、管理制度及其保障措施；⑥符合其他相关的动物防疫条件。

(2)其他从事屠宰动物的单位和个体户的防疫要求。其他从事这方面活动的管理相对人也应按动物卫生行政法的有关规定执行。

屠宰场、肉类联合加工厂以及其他从事屠宰动物的单位和个体户，必须具备上述条件才具有动物卫生行政法律关系当事人的权利能力。

动物卫生行政法的作用就是将动物卫生行政活动纳入法制轨道，形成“依法行政”的状态。它既规范管理相对人的行为，也规范动物卫生行政主体的行为。因此，动物卫生行政法律关系的当事人，不论是动物卫生行政主体，还是管理相对人，都依法享有权利和承担义务，都是权利主体。他们在行政关系上，虽然有主动和被动之分，但不是说居于主动地位者只享有权利不承担义务，居于被动地位者只承担义务不享有权利。这正是动物卫生行政法律关系中贯穿始终的一条基本原则。

(二)动物卫生行政法律关系的客体　动物卫生行政法律关系的客体是指主体的权力义务所指向的对象或标的。包括物、行为或与人身相联系的非物质财富。

1. 物　物，即受人控制和利用并可以用货币表示的一切物质财富。物既可以是固定财产，也可以是流动财产；既可以是金钱，也可以是物品。如动物卫生行政法律关系的客体是动物、动物产品，动物防疫有关证、章、标志，以及金钱、有价证券和环境、场所，等等。

2. 行为　行为，包括作为和不作为。动物卫生行政法律关系最主要的客体是行为。特别是动物卫生行政主体行使职务的行为，如采取动物卫生行政措施，决定行政处罚等行为。此外，管理相对人的行为。如动物产品经营加工单位申请领取动物防疫许可证照，违反动物卫生行政法及提起申请复议等行为，也都是动物卫生行政法律关系的客体。

有些动物卫生行政法律关系的客体同时包括物与行为，称之为综合客体。例如，动物卫生行政主体发现出售染疫动物产品时，除责令停止出售外，尚要对染疫动物产品进行无害化处理。这就同时出现了两个客体：一是出售染疫动物产品的行为，二是出售的染疫动物产品。

3. 与人身相联系的非物质财富　非物质财富，也称精神财富，是指动物卫生行政法律关系当事人从事智力活动所取得的成果。包括各种科学发明、理论著作和文艺创作等。例如，动物防疫专业科研成果和具有一定指导意义的动物防疫鉴定新方法等。这里所谓的人身是指自然人、法人或其他组织。非物质财富作为动物卫生行政法律关系的客体，必须以其与动物卫生行政法律关系主体相联系为前提。

(三)动物卫生行政法律关系的内容　动物卫生行政法律关系的内容就是指动物卫生行政法律关系中的权利和义务。一般说来,权利和义务是对应的,一方的权利者,对于另一方即为义务;一方的义务者,对于另一方即是权利。如动物卫生行政主体有依法管理动物经营单位和个人的权力,而管理相对人就负有接受管理的义务。管理相对人有依法申领动物防疫许可证照的权利,动物卫生行政主体则负有依法审验核发动物防疫许可证照的责任。

1. 动物卫生行政主体的主要权力和义务

(1)动物卫生行政主体的权力。动物卫生行政主体的权力在法律上称之为职权,它是法律赋予的实现国家管理使全社会服从自己意志的强制力量,在法律上称为代表国家利益的意志力量。我国动物卫生行政主体拥有的权力比较广泛,现择其要者叙述如下:①行政立法权。根据宪法、法律和行政法规的规定,农业部拥有制定发布行政规章的权力。地方各级畜牧兽医行政管理部门有制定有关动物卫生行政规范性文件的权力。②行政监督管理权。根据动物卫生行政法的有关规定,动物卫生行政主体拥有的行政监督管理权包括:审查验收、核发证照、技术监测、考试考核和技术鉴定等权力。③行政命令权。指动物卫生行政主体依法命令特定的人或不特定的人为一定行为或不为一定行为的权力。命令权具有强制作用,无须征得管理相对人的同意,即具有法律效力,管理相对人负有遵守命令的义务。如果其不履行命令,则会引起行政处罚或强制执行。④行政制裁权。在行政管理中,动物卫生行政主体拥有对不履行法定义务的当事人实施行政制裁的权力。如动物卫生行政主体依据法律、法规规定,拥有对违反动物卫生行政法但情节较轻,尚不够刑事处分的管理相对人以行政处罚的权力。⑤行政司法权。行政司法权是指动物卫生行政主体裁决行政争议并做出决定的权力。例如,上一级动物防疫监督机构裁决下一级动物防疫监督机构与管理相对人之间因动物卫生行政管理引起的行政争议,这就是动物卫生行政复议。以及动物防疫监督机构对动物防、检疫人员执行动物防疫法律、法规和规章情况进行的裁决等。

(2)动物卫生行政主体的义务。动物卫生行政主体的义务是指动物卫生行政主体在行政法律关系中承担的义务,亦称动物卫生行政主体的职责。主要有以下几种:①为人民服务的义务。行政机关及其工作人员是人民的公仆,人民的公仆为人民服务是行政机关的根本使命和职责。也是动物卫生行政主体及其工作人员的基本义务。为人民服务不是抽象的,它要求动物卫生行政主体为自己的管理对象服务,为发展生产和改善人民生活服务,为基层单位服务,为人民群众服务。②执行法律,依法行政的义务。国家行政机关是权力机关的执行机关,是体现广大人民意志的,而这种意志一般都用宪法和法律形式表现和反映出来。因此,动物卫生行政主体及其工作人员的一切管理活动,都要依照宪法、法律、行政法规和行政规章的规定进行,真正做到依法办事。③接受监督的义务。动物卫生行政主体有接受国家机关、社会组织和公民的一般监督,及司法监督和上级机关的监督。④承担行政赔偿的义务。因行使行政职权引起的损害赔偿,由动物卫生行政主体代表国家依法承担行政赔偿的义务。

2. 管理相对人的权利和义务

(1)管理相对人的权利。作为动物卫生行政法律关系的管理相对人,依据我国宪法、法律和行政法规的规定,享有一定的权利。①平等权。这是指管理相对人在法律所规定的同等条件或同一情形下,享有平等待遇,动物卫生行政主体不得有所歧视。例如,凡符合法定条件而申领"许可证"的,动物卫生行政主体都应予以办理,不得厚此薄彼。否则,申请人有权提起申诉和行政诉讼。②申请权。管理相对人有要求动物卫生行政主体履行法定职责的权利。若经申请,动物卫生行政主体拒绝或不予答复,管理相对人就可对这种不作为行为提起行政诉讼。并有权对动物卫生行政主体的行政处理、处罚提出申请复议。③起诉权。管理相对人对上一级动物卫生行政主体做出的行政裁决仍不服时,可依法提起行政诉讼,以保护自己的合法权益。动物卫生行政主体必须依法应诉,并履行人民法院的生效的判决和裁决。④索赔权。管理相对人的合法权益受到动物卫生行政主体及其工作人员做出的具体行政行为侵害并造成损害时,管理相对人有权请求赔偿。例如,动物卫生行政主体及其工作人员在处理违章案件时,所依据的事实不清,适用的法律不当,或程序违法,给管理相对人造成损害的,应承担赔偿责任,并应予以消除影响。

(2)管理相对人的义务。在动物卫生行政法律关系中,管理相对人应履行下列义务:①守法的义务。动物卫生行政法代表的是广大人民群众的意志。动物卫生行政法的立法宗旨体现着国家和人民的整体利益和长远利益。它是动物卫生行政主体与管理相对人均需遵守的行为规则。凡动物卫生行政法规定的权利,管理相对人可以行使;凡动物卫生行政法要求的义务,必须遵照履行;凡动物卫生行政法禁止的活动则不得从事。管理相对人遵守动物卫生行政法,就是服从国家和人民的利益。只有把动物卫生行政主体的依法行政和管理相对人的遵纪守法结合起来,动物卫生行政法制才能得以建立和完善。②接受监督管理的义务。动物防疫法为管理相对人设定了接受监督检查的义务,动物防疫监督机构所实施的监督管理是代表国家进行的。因此,管理相对人必须接受动物卫生行政主体的指导、监督、检查和管理,以使自己的相关活动符合动物卫生行政法的规定和要求。③承担责任的义务。在动物卫生行政法律关系中,管理相对人必须对自己的行为承担责任。

三、动物卫生行政法律关系的产生与消灭

（一）法律事实 法律事实是指在当事人之间引起行政法律关系产生、变更和消灭的客观现象。仅有动物卫生行政法并不能在当事人之间引起动物卫生行政法上的权利和义务关系。动物卫生行政法中所规定的权利义务关系，只表现出当事人享有权利和承担义务的可能性。只有当动物卫生行政法律规范中所规定的法律事实即客观现象出现时，才会引起动物卫生行政法律关系变化的后果。

1. 法律事件 法律事件是指不以人的意志为转移的客观现象。如：经营动物产品的公民死亡；经营单位的倒闭、破产、自然事件、时间因素，等等。由于这些事件的发生，就会引起动物卫生行政法律关系的产生、变更和消灭。例如，发生了动物卫生行政法规定的一类动物传染病，当地人民政府依法对该地区实行封锁并责令动物卫生行政主体进行全权处理，这就引起了动物卫生行政法律关系的产生。

2. 法律行为 法律行为是指人的一种有意识的活动，是行政法律规范规定的依照人的意愿而做出的引起行政法律关系的产生、变更和消灭的行为。它是一种以人的意志为转移的法律事实。法律行为按其性质可分为合法行为和违法行为。合法行为就是符合动物卫生行政法规定的行为，也就是动物卫生行政法所允许的行为。违法行为是违反动物卫生行政法律规范规定的行为。既包括做出了法律所禁止的行为即作为违法，也包括不作法律所要求的行为即不作为违法。法律行为不论是合法的行为，还是违法的行为均能在动物卫生行政法上导致一定的权利、义务关系的产生、变更和消灭。如动物卫生行政主体依法对动物防疫人员进行资格考核、发放动物诊疗许可证，就引起了动物卫生行政主体和管理相对人之间动物卫生行政法律关系的产生。管理相对人的行为也能引起行政法律关系的产生。如经营单位违反动物防疫法的规定，管理相对人对动物卫生行政主体工作人员违法失职行为提出申诉、控告等，均能引起动物卫生行政法律关系的产生。

（二）动物卫生行政法律关系的产生、变更和消灭

1. 动物卫生行政法律关系的产生 动物卫生行政法律关系的产生，一般是由动物卫生行政主体单方面采取行政行为而形成的。如根据动物防疫法令某些单位和个人按照法律的规定出售畜禽产品等。所以，动物卫生行政行为是动物卫生行政法律关系产生的主要原因。此外也有些动物卫生行政法律关系是双方或多方意志表示才成立的。例如，违反动物防疫法规定，调解处理损害赔偿的索赔案件，就必须依法取得双方同意才能成立。

2. 动物卫生行政法律关系的变更 动物卫生行政法律关系的变更有两种情况：一是动物卫生行政法律关系权利义务的变更。如动物卫生行政主体职能的增减

等。二是动物卫生行政法律关系主体的变更，如动物卫生行政主体的合并、分立、撤销，公民的死亡、社会组织的撤销等。

3. 动物卫生行政法律关系的消灭 动物卫生行政法律关系的消灭，是指动物卫生行政法律关系主体间权利义务的完全消灭。包括动物卫生行政法律关系主体的消灭和法律关系内容的消灭两种。例如经营者个人的死亡、经营单位的撤销等。

第三章　动物卫生行政法和动物卫生行政程序法

第一节　动物卫生行政法

一、行政法的基本知识

（一）行政法的概念和特点

1．行政法的概念　动物卫生行政法是我国行政法的重要组成部分，它与公安、卫生、工商、环境保护等行政法之间存在着十分密切的联系，并共同构成我国行政部门法。因此，在论述动物卫生行政法之前，就应首先了解行政法的概念、特点、结构及调整对象。

行政法是国家的重要部门法之一，它是调整国家行政机关在行使其职权过程中发生的各种社会关系的法律规范的总称。

目前，国内外学者由于根据和角度不同，对行政法所下定义差别甚大。有人根据行政法的内容下定义，有人根据行政法的形式下定义，也有人根据行政法的调整对象下定义。这些不同角度的定义虽然差别较大，但都有研究和参考价值。本书倾向于从调整对象上给行政法下定义，因为，区分部门法的最主要依据是调整对象的特殊性。根据行政法调整对象的特殊性，我们可以说，行政法是调整行政关系的法律规范的总称。其中包括行政组织规范、行政行为规范和行政监督规范。所谓行政关系，从本质上讲，就是规定行政关系各方当事人之间的权利义务关系。

2．行政法的特点　行政法与其他部门法比较具有如下显著的特点：

（1）内容广泛、数量繁多。由于国家行政管理的范围非常广泛，包括国防、外事、公安、民政、司法、教育、科技、文化、经济、卫生、体育等各个方面，这就决定了行政法调整对象极为复杂。从行政法的数量和内容上看，它远远超过了其他法律部门的法规。这与我国多层次的行政立法体制密切相关。

（2）表现形式多样化，没有统一的行政法典。行政法的表现形式是多种多样的。法律、行政法规、行政规章、地方性法规、地方政府规章、自治条例、法律解释等都是行政法的表现形式。行政法的这一特点，既不同于宪法，也不同于民法、刑法。

(3)富于变动性。行政法同党和国家制定的各项政策相比，它显然是稳定的。但是，与宪法及民法、刑法相比就显得波动性大一些，这是行政法的一个重要特点。随着国家政治经济的发展，国家行政管理经常处于变化和变更之中，特别是在改革开放的形势下，这种变化更频繁。客观上就要求行政法与行政管理的变动性相适应，及时运用法律手段来调整国家行政管理。因此，行政法总是不断地经历着立、改、废、再立的过程。当然，这种变动不等于朝令夕改，也不与法的相对稳定性相矛盾，它仅仅是与宪法、民法、刑法相比之下才显示此特点。

(二)行政法调整的对象　行政法是调整国家行政关系的法律规范的总称。行政法的调整对象是行政关系。所谓行政关系是指国家行政机关在行使其职权的过程中发生的各种社会关系。作为行政职能承担者的行政机关，在其存在和活动中，一定会与其相对的一方发生各式各样的关系，把这些复杂的、不确定的、不规范的关系用法律加以确定，并使其规范化，是行政法的一项基本任务。

1. 行政关系的类型

(1)行政机关相互之间的关系及行政机关与公务员的关系。这种行政关系的特点是主体间受层级节制，在上下级关系中，命令与服从是其关系的主要形式，在同级关系中，其共同上级的协调往往必不可少。

(2)行政机关与管理相对人之间的关系。这种行政机关与管理相对人即公民、法人或其他组织之间的关系，行政主体处于主导地位，管理相对人处于被管理的地位，双方法律地位不平等，但不存在层级节制。

(3)行政机关与其他国家机关之间的关系。这类关系在一定范围内是监督和被监督的关系，行政机关处于被监督的地位。

上述三种行政关系，都应有法律规范加以调整，而一经法律规定，这种关系就转变为行政法律关系了。

2. 行政关系的特征

(1)特殊的社会关系。行政关系是一种社会关系，是行政机关在行政管理中与管理相对人发生的一种特殊的社会关系。

(2)管理主体特定。行政关系的主体一方必须是国家机关，特定的行政关系的管理主体资格，只能赋予特定的行政机关，这种主体资格不得选择。

(3)单方意思表示。行政关系的发生必须有行政机关的意思表示方能成立。在多数情况下，行政关系的成立往往出于行政机关的单方意思表示。

(4)在行政关系中双方所处的地位是不平等的。行政机关为了使管理相对人的活动服从和接受它所代表的国家意志，就要用强制的或其他的手段作用于管理相对人。因此，在行政法律关系中，管理主体和管理相对人之间的法律地位具有明显的不平等性。

二、动物卫生行政法

(一)动物卫生行政法的概念　动物卫生行政法是指调整动物卫生行政主体在其履行职能过程中发生的各种社会关系的法律规范的总称。或者说是调整动物卫生行政关系,规定动物卫生行政组织体系,行政活动规则以及行政法制监督的行为规范的总称。

动物卫生行政法是我国行政法的重要组成部分,它独立调整动物卫生行政的各种社会关系,与公安行政、卫生行政、环保行政、工商行政等诸多的行政法律规范之间存在着密切的联系,共同构成我国的行政部门法。

(二)动物防疫法的立法宗旨

1. 预防、控制和扑灭动物疫病,促进养殖业发展　动物在人类社会发展过程中起着重要的作用。从原始社会开始,人类就大量猎捕动物以获取食物,并逐步饲养动物,出现了家畜家禽。随着社会的发展与进步,动物的用途逐步多样化,除主要供食用外,还用于役使、观赏、守卫、伴侣、演艺等各个方面,涉及生产、生活、科研、国防等各个领域。动物与人类的关系越来越密切,已成为人类生活和社会发展不可缺少的重要组成部分。我国是一个动物养殖大国,特别是改革开放以来,人民生活水平不断提高,皮、毛、裘、革、肉、禽、蛋、乳的需求量日益增加,与此相适应,作为国民经济重要组成部分的养殖业得到了迅猛发展。肉类产量达6 000多万吨,超过世界总产量的1/4。人均肉类占有量已超过世界平均水平,禽蛋人均占有量超过发达国家的平均水平,水产品人均占有量也超过了世界平均水平。我国的养殖业虽然取得了很大成绩,但动物疫病仍然是影响养殖业发展的重要因素。因此,动物防疫法仍将预防、控制和扑灭动物疫病作为立法宗旨,这对促进养殖业发展具有十分重要的意义。

2. 保护人体健康　搞好动物防疫不仅仅是为了保护动物健康,促进养殖业发展,更重要的一面是为了保护人体健康,因为很多动物疫病可以传染给人。目前世界上已知的人畜共患病包括病毒病、寄生虫病,还有衣原体病、真菌病等达几百种,其中如血吸虫病、狂犬病、布氏杆菌病、结核病、炭疽病等,都曾给人类带来灾难性的危害。现在还有一些新的人畜共患病继续被发现和证实。一些国家发生的动物传染病由于对人体健康有影响,不仅对其经济造成重大损失,也产生了强烈的政治影响,如英国发生的疯牛病就是一例。可见,预防、控制和扑灭动物疫病,使人民群众食肉安全,对保护人体健康具有十分重要的意义。

3. 依法加强对动物防疫工作的管理　动物防疫工作涉及社会生产、生活的许多方面，加强动物防疫工作，可以采用行政办法和经济措施，还可以采用各种科学技术手段，这些都是必要的。但是，最具有权威、最能有效的而又是普遍适用的，则是法律手段。首先，随着社会主义市场经济的发展，养殖业在发展过程中也出现了一些新情况和新问题，其中一个突出的问题是养殖业的生产经营主体多元化。一些经营者为了追求一时的经济利益，忽视了动物防疫工作。加之动物防疫管理工作本身也存在一些薄弱环节，所有这些无疑会加大动物防疫工作的难度，进而影响了养殖业的发展。一些地方甚至有染疫肉食上市，对人民健康危害很大。其次，动物防疫工作涉及很多部门，除畜牧兽医部门外，还涉及内贸、卫生、工商、环保、公安、技术监督等部门，要搞好动物防疫工作，特别需要加强各有关部门的协作和配合。

将动物防疫工作纳入法制化轨道，可以有效地推进科学技术手段的运用，可以使用国家的强制力，保证动物疫病预防、动物疫病的控制和扑灭，以及动物和动物产品检疫等措施的顺利实施，使正当、有效的行政办法和经济措施得到法律保障。还可促进各有关部门各负其责，密切配合，共同把动物防疫工作做好。因此，运用法律手段是加强动物防疫工作最重要、最有力且不可缺少的措施，这也是制定动物防疫法的根本所在。

三、动物卫生行政法的渊源

（一）行政法律规范的结构　行政法是调整行政关系的行为准则。它由国家制定或认可，并由国家强制力保证实施。行政法律规范在逻辑结构上，同其他法律规范一样由法定的条件、行为模式和相应的法律后果（即假定、处理、制裁）三部分组成：

1. 法定条件　法定的条件即假定，是指引起法律关系实现的法律事实，当这种法定事实条件出现时，该行为规则即应得到遵守、执行或适用。

2. 行为模式　行为模式即处理，是指人们在某种条件下的行为准则。根据可以做、应该做和不应做的行为模式，可以把行政法律规范相应地分为授权性规范、义务性规范和禁止性规范三类。

3. 相应的法律后果　相应的法律后果是指国家对人们的合法行为加以保护或给予奖励，对人们的违法行为依法予以惩处即制裁。

行政法律规范的三个组成部分，通常规定在一个法律文件之中，但也有分别规定在不同的法律文件之中的情况。

（二）动物卫生行政法的渊源　动物卫生行政法的法律渊源，从哲学和实质上可以认为是动物卫生行政法律规范的根本来源，即现实的物质的社会关系；从法律和形式上也可以认为是动物卫生行政法律规范借以表现的法律形式。在本书中，我们要阐述的是后一种意义上的动物卫生行政法渊源概念，即动物卫生行政法借以表现的法律形式。

1．动物卫生行政法的一般渊源　我国动物卫生行政法的一般渊源，是指国家权力机关或国务院及其畜牧动物卫生行政管理部门分别独立制定的法律规范，根据制定主体、效力层次以及制定程序的差异可分为以下几种形式：

(1)宪法。宪法作为一个法的部门，是规定我国社会制度、国家制度、公民权力和义务以及国家机关的组织与活动的基本原则等法律规范的总称。是我国社会主义法律体系的核心。是我国的根本大法，是国家的总章程，具有最高的法律效力。是制定其他法律、法规的立法基础和依据。任何与宪法相抵触的法律、法规都是无效的。因此，宪法是制定动物卫生行政法规的基本依据，也是动物卫生行政的根本法律依据。

(2)法律。我国宪法规定，全国人民代表大会有权制定和修改刑事、民事、国家机构和其他基本法律；全国人大常委会有权制定和修改应当由全国人民代表大会制定的基本法律以外的其他法律。如《中华人民共和国动物防疫法》，就是动物卫生行政的直接依据。应当指出，作为动物卫生行政法渊源的某一项法律，可能仅仅包括某一方面的动物卫生行政法律规范。如《进出境动植物检疫法》。作为其他部门法渊源的某一项法律，也可能包含有动物防疫法律规范。如《传染病防治法》、《食品卫生法》等法律中有关动物卫生行政的规定。

(3)行政法规。我国宪法第 89 条第 1 款规定，国务院有权根据宪法和法律，制定行政措施，制定行政法规，发布决定和命令。行政法规就是国务院为贯彻执行宪法和法律而制定、通过或批准颁布的行政行为的规范。有关动物防疫卫生的行政法规也是动物卫生行政的重要依据。如国务院颁发的《进出境动植物检法实施条例》、《兽药管理条例》。

(4)行政规章。行政规章是国务院各部门根据宪法规定和行政法规授权制定的规范性法律文件的总称。如农业部制定颁发的《农业行政处罚程序规定》、《动物疫情管理办法》、《兽药管理条例实施细则》等。这些行政规章都是动物卫生行政的主要依据。

(5)地方性法规和地方政府规章。地方性法规和地方政府规章中有关动物卫生的规定也是动物卫生行政的主要依据。

(6)自治条例和单行条例。自治条例和单行条例中关于动物卫生方面的规定也是动物卫生行政的主要依据。

(7)其他有关动物卫生行政规范。是指县级以上地方人民政府及其畜牧动物卫生行政管理部门依法制定、发布的规范性文件。包括：有关动物防疫方面的规定、决定、命令、通告，等等。这些规范性文件也是动物卫生行政的依据。

2. 动物防疫法的特别渊源　特别渊源是指国家权力机关、国务院及其畜牧动物卫生行政管理部门与其他国家行政机关或社会组织共同制定的法律文件以及法律解释等。

(1)有关法律、法规的解释。根据全国人大常委会《关于加强解释法律工作的决议》的规定，有如下几种与行政法有关的法律解释：①司法解释 。全国人民代表大会授权最高人民法院和最高人民检察院就审判和检察工作中如何具体运用法律问题的解释；②立法解释。凡法律条文本身需要进一步明确界限或补充说明的，由全国人民代表大会常务委员会进行解释或用法令加以规定；③行政解释。不属于审判和检察工作中的其他法律、法令，在实际工作中如何具体运用的问题，由国务院及有关主管部门进行解释。如农业部对《农业行政处罚程序规定》的解释称之为行政解释；④地方性解释 。凡属地方性法规条文本身需要进一步明确界限或做补充规定的，由制定法规的省、自治区、直辖市人民代表大会常务委员会进行解释或补充规定。凡属于地方性法规如何具体应用的问题，由省、自治区、直辖市人民政府主管部门进行解释。

凡符合上述规定所做的司法、立法、行政与地方性解释，涉及动物卫生方面的，也是动物卫生行政法的渊源。因此，这些解释也是动物卫生行政的法律依据。

(2)国际条约。我国加入 WTO 后，世界贸易组织的农业协议、卫生与植物卫生措施实施协议 WTO-SPS 、技术性贸易壁垒协议 TBT 以及 OIE、FAO、CAC 等国际组织的法典等其中涉及动物卫生方面的法律、法规、标准，都是我国动物卫生行政必须遵照执行的法律规范。

经我国批准的国际条约中有关动物卫生方面的规范，除我国声明保留条款外，也是动物卫生行政的法律依据。

四、动物卫生行政法调整的对象及效力

(一)动物卫生行政法调整的对象和范围

1. 调整对象　法律是调整社会关系的工具。每一个部门法都有其特定的调整对象，调整对象是指一个法规要调整什么样的社会关系，要解决一个什么样的问题。动物卫生行政法律规范所调整的对象是：动物及其产品的生产、饲养、经营者，在饲养、生产、经营、流通中及其他相关活动中与动物卫生行政主体所发生的防疫与被防疫，监督管理与被监督管理的社会关系。在管理与被管理的动物卫生行政法关系中，管理者与管理相对人均是法律关系主体，均依法享有一定权利和承担一定的义务，并承担由此而产生的法律后果。

2. 调整范围　所谓调整范围就是动物卫生行政法所适用的范围。从动物防疫法的内容看，凡在中华人民共和国领域内从事饲养、经营动物，生产、经营动物产品活动的公民、法人或其他组织都必须遵守动物防疫法律规范的规定。动物防疫法对动物、动物产品、动物疫病和动物防疫都作了明确规定。

（二）动物卫生行政法的效力

1. 时间效力　动物卫生行政法制定后，何时开始生效，一般都在法律规范中做出明确规定。大致有以下二种情况：一是自法律公布之日起生效，二是公布后经过一定时间后才开始生效。如动物防疫法是1997年7月3日通过并公布，1998年1月1日才开始生效。

2. 空间效力　全国人大及其常委会制定的动物卫生行政法律，国务院及其各部委制定的动物卫生行政法规和规章，在全国范围内有效。地方性法规和地方政府规章，在其地域范围内有效。

3. 对人的效力　动物卫生行政法规对人的效力同空间效力一样，取决于制定该法规机关的管辖权限。一般来讲，动物卫生行政法对我国的公民、法人或其他组织具有约束力，对在我国境内的外国公民、法人、无国籍人，除法律特别规定者外，都有同等的约束力。

第二节　动物卫生行政程序法

一、动物卫生行政程序法概述

（一）动物卫生行政程序法的概念　动物卫生行政程序法是关于动物卫生行政行为的方式、步骤及其所形成的过程的法律规范的总称。这一定义可从以下几方面理解：

1. 动物卫生行政程序　程序，是从行为起始到终结的全过程，构成这一过程的不外是行为的方式和行为的步骤。据此，我们可以把程序定义为：由一定的行为方式和步骤所构成的行为过程。

由此可知，动物卫生行政程序，是指由动物卫生行政行为的方式和步骤构成的动物卫生行政行为的全过程。它与动物卫生行政行为的实体内容相对应，并具有以下主要特点：

(1)动物卫生行政程序是就动物卫生行政主体而言的。只有动物卫生行政主体，而且是在实施行政行为时，即在动物卫生行政法立法、执法、司法行为中才存在着动物卫生行政程序。

(2)动物卫生行政程序由动物卫生行政行为方式和步骤构成。方式是行为过程的空间表现形式。比如要作一个行政决定,就需要进行调查、取证、听取当事人陈述,审查分析证据材料,作出处理决定,把决定告知当事人,等等。这些活动就是行为过程中的一个又一个方式。整个行为过程,就是由一个接一个的方式连接而成的。

步骤则是行为过程中的时间表现形式。各种方式之间的前后顺序,以及每种方式的时间限制。把动物卫生行政行为的各个方式按照一定的步骤串联起来,就形成了动物卫生行政行为的全过程,从而也就构成了动物卫生行政程序。

2. 动物卫生行政程序法调整的对象是动物卫生行政行为　动物卫生行政程序法的调整对象就是动物卫生行政行为。动物卫生行政行为主要是指动物卫生行政主体一方的行为,虽然动物卫生行政程序法也常涉及管理相对人的行为,但是由于管理相对人的活动方式不影响动物卫生行政行为的合法性,也不会导致动物卫生行政行为的无效。因此,管理相对人的行为不在动物卫生行政程序法调整之列。

3. 动物卫生行政程序法是规范动物卫生行政程序的法　目前,除动物卫生行政处罚有程序规定外,我国还没有一部完整的动物卫生行政程序法,许多动物卫生行政程序只分散规定于各个动物卫生行政法律规范之中。在动物卫生行政行为中,只有同当事人权益和行政效率有关的重大动物卫生行政程序,才由法律规范加以规定。动物卫生行政程序只有经法律、法规或规章确定后,才能成为动物卫生行政程序法。

4. 动物卫生行政程序的法律化和科学化　动物卫生行政程序应客观、科学、合理。因为方式和步骤不符合要求时,就会出现动物卫生行政行为上的重复、遗漏、混乱、片面、低效、不当、侵权,甚至完全错误等不良现象。但是,动物卫生行政程序又具有主观性,动物卫生行政执法人员总是要按照主观设置的或习惯形成的程序进行活动。这就应将符合要求的动物卫生行政程序规范化,用法的形式使之固定下来。达到科学合理、主客观相统一,从而使动物卫生行政行为取得最好的效果。这就是制定动物卫生行政程序法的主要目的。

(二)动物卫生行政程序的地位及作用

1. 动物卫生行政程序法在程序法中的地位　程序相对于实体而言,是实体法能否正确、顺利地实施的基本保障。这一点,对于所有的部门法都是相同的。因为,动物卫生行政法主要是通过动物卫生行政主体本身的行政行为,使其得到贯彻和落实。所以,必须有与之相适应的动物卫生行政程序法,才能保证其行政行为顺利、正确地实施。行政诉讼法是作为行政行为终结,法院通过个人或组织的起诉,对行政行为是否合法作出监督和审查时运用的程序法,属于行政行为的事后补救程序。

动物卫生行政程序法则是贯穿于动物卫生行政行为全过程，即动物卫生行政立法、执法和司法行为都必须遵循的程序法。它不仅是动物卫生行政行为的事后补救程序，也是事先、事中所依据的程序。任何动物卫生行政行为都是实体性和程序性的统一。正因如此，动物卫生行政程序的公正、合理与否，就直接影响行政实体内容能否正确、顺利地实施。动物卫生行政程序的这种重要性，必然使其制度化、法律化。这也就是目前动物卫生行政迫切需要制定程序法规的原因所在。因为，动物卫生行政程序经法律确认后，它的各项程序规定，本身又成为动物卫生行政法律关系当事人的权利和义务。这就充分说明动物卫生行政程序法对正确贯彻实施动物卫生行政实体法有重大的现实意义。

2. 动物卫生行政程序法与实体法的关系　动物卫生行政法是行政实体法与行政程序法的有机统一。动物卫生行政实体法只对动物卫生行政关系进行实际调整，即对动物卫生行政法律关系当事人的权利、义务产生影响。由于动物卫生行政关系的特点是动物卫生行政主体有权单方做出意思表示，直接影响管理相对人的权利义务。因此，动物卫生行政实体法主要是在某种条件下，使管理相对人获得某种权利或承担某种义务的行政法律规范。

动物卫生行政程序法是对动物卫生行政法律关系当事人行使或履行实体权利、义务时的方式和步骤做出规定的法律规范。动物卫生行政程序法不改变当事人的实体权利和义务，只规定动物卫生行政主体如何行使职权。动物卫生行政行为的实体性和程序性在理论上和立法上是可以分离的，但在实践中却是统一的。

在动物卫生行政法律关系中，不仅有实体法上的权利、义务关系，而且还有程序法上的权利、义务关系，动物卫生行政主体若不正确行使程序法上的权利或不履行程序法上的义务，管理相对人同样可以申诉或提起诉讼，动物卫生行政主体要承担相应的法律责任。

3. 动物卫生行政程序法的作用

(1)提高行政效率。动物卫生行政实体法须通过一定程序，才能被实施。动物卫生行政程序法的作用，就在于将合理的、简明的程序法律化、制度化，去除不必要的程序或简化繁琐的程序，从而使行政效率得以提高。

(2)约束作用。动物卫生行政程序法能够在程序上直接对动物卫生行政主体起约束作用，防止其失职、越权和滥用职权。这种约束作用主要表现在以下两个方面：①动物卫生行政程序法使动物卫生行政程序成为动物卫生行政行为产生法律效力的必要条件；②健全和完善动物卫生行政程序法，将从法律制度上制止违法现象的产生，保证为政清廉。

(3)保护管理相对人的合法权益。管理相对人的合法权益，不仅要在动物卫生行政实体法中予以规定，而且还要靠程序法予以保障。如在动物卫生行政处罚中，设置立案、调查、听证、决定、送达、执行等顺序性程序，就是要避免或减少滥用职权。

二、动物卫生行政程序法的基本原则

（一）公正原则　公正原则是指动物卫生行政主体在实施动物卫生行政行为时要在程序上平等对待各方当事人。公正原则是现代行政程序的起码原则，是行政民主化的必然要求。因此，动物卫生行政程序法必须贯彻这一原则。公正原则主要由以下程序制度来保障：

1. 立案程序　动物卫生行政主体的工作人员接受案件后，经审查认为属该主体管辖范围，又确有违反动物卫生行政法规的事实，依法需追究责任，而准予立案处理的程序。

2. 回避程序　与当事人有利害关系的动物卫生行政主体的工作人员，应当避免参与有关的动物卫生行政行为，以免造成行为上有偏见的事实或嫌疑。

3. 调查程序　动物卫生行政主体的工作人员须不抱任何偏见，依照动物卫生行政法律规范的规定，向有关人员了解案件事实真相的程序。

4. 审理程序　动物卫生行政主体工作人员在案件的审查处理中，认真查证、核实、分析有关证据材料，查明案件事实真相，分清是非、明确责任。为依法作出处理决定提供事实、理由依据的程序。

5. 听证程序　在作出停产、停业或者数额较大的罚款的行政处罚时，动物卫生行政主体应当告知违法行为人听证的权利，当事人要求听证的，动物卫生行政主体应当组织听证。以确保当事人各方有平等的陈述权利和为自己辩解的权利。

6. 合议程序　影响重大的或动物卫生行政司法中的动物卫生行政决定，应由动物卫生行政主体的工作人员进行合议，经合议后作出处理决定，以充分体现动物卫生行政决定的公正性。

（二）公开原则　公开原则是指某些重大的与管理相对人权利义务直接相关的动物卫生行政行为，要求通过一定的程序让公民了解动物卫生行政的过程，这些动物卫生行政行为主要是指制定动物卫生行政规范、作出动物卫生行政处理决定和处罚决定，实施强制措施以及进行动物卫生行政司法的行为。公开原则是动物卫生行政主体行政活动公开化在行政程序上的具体体现。公开原则的意义在于增加动物卫生行政主体行政执法的透明度，提高公民对动物卫生行政主体的信任度，使广大人民群众能够监督动物卫生行政主体及其工作人员是否依法行政。公开原则体现在下列程序之中：

1. 表明身份程序　动物卫生行政主体工作人员通过着装、佩戴标志及出示证件等方式让当事人了解自己身份的程序。

2. 现场处理简易程序　动物卫生行政主体工作人员在依法行使职权时，对有违法事实的管理相对人，在现场依法进行处理的简易程序。

3. 通知程序　动物卫生行政主体作出行政行为时，将应该让管理相对人了解的事项，通过合理的途径告知当事人。

4. 应答程序　管理相对人有权了解动物卫生行政行为某些内容或申请动物卫生行政主体为一定行政行为时(如申请领取动物防疫合格证、动物诊疗许可证等)，允许他们向动物卫生行政主体提出咨询或请求，动物卫生行政主体应在一定期限内给予答复或说明理由。

5. 告知程序　动物卫生行政主体在使当事人承担某种义务时，应当告知当事人在程序上享有的权利；对于有些行政行为，动物卫生行政主体不但要把结论告知当事人，而且应当说明事实根据，法律依据或其他理由。

(三)听证原则　听证原则是指在动物卫生行政程序上保障管理相对人或公民对动物卫生行政行为发表意见，并使这种意见得到重视的权利。因为听证原则是公民参与政治活动的基本权利之一。所以，听证程序实际是现代行政程序的核心程序制度。从广义上讲，公开原则也是听证原则的一个部分，但二者有明显的区别。公开原则是指公民或管理相对人对动物卫生行政行为“知”的权利；而听证原则是指“为”的权利。实现听证原则的具体形式主要是调查程序和听证程序。在调查程序中，被调查的一般不是当事人自己，被调查人主要提供的是某种事实情况或科学根据。而在听证程序中，主要是当事人自己提出某种观点及其理由。在动物卫生行政司法程序中，听证一般是同时听取争议双方当事人互相对立的观点和理由，然后依法作出决定。

从狭义上讲听证也可单指对单个的或直接的当事人的听证。如行政许可，行政处罚等动物卫生行政行为中的听证。当然，听证原则是有限制的，否则就会造成对动物卫生行政行为的无理干涉。

(四)顺序原则　顺序原则是指动物卫生行政程序的各项制度表现为一定的顺序性。例如：立案程序应在调查程序之前；审理程序应在辩论程序之前；合议程序应在告知结论之前；送达应在执行之前，等等，否则即为程序违法。顺序原则是动物卫生行政程序时间的表现和要求之一。其实质在于保证动物卫生行政程序的合理运行，防止因时间上的差异使行政程序有其名而无其实。

(五)效率原则　效率原则是动物卫生行政程序时间性的又一表现形式。它是指为了保证动物卫生行政活动的高效率，动物卫生行政程序的各个步骤应当有时间上的限制,如超过规定时限就构成违法,即所谓的时效制度。由于动物卫生行政程序方面的立法还在探讨之中,到目前为止,还没有一部比较完整的行政程序法。特别是动物卫生行政,有法可依仅是近几年的事,动物卫生行政程序则处于起步阶段。

三、动物卫生行政程序的分类

(一)内部程序和外部程序　以动物卫生行政行为是否影响管理相对人权利、义务为依据划分,可将动物卫生行政程序划分为内部程序和外部程序。

1. 内部程序　内部程序是动物卫生行政主体内部的工作程序,其中有些也用法律规范加以规定,具有法律效力,动物卫生行政主体必须严格遵守。如动物防疫监督员的审批程序,就是内部程序。

2. 外部程序　外部程序是指影响管理相对人权利、义务的动物卫生行政行为的程序规则。如《农业行政处罚程序规定》中关于行政处罚的规定,就是外部程序。

(二)抽象行为程序和具体行为程序　这是以动物卫生行政行为的分类作为划分依据的。

1. 抽象动物卫生行政行为的程序　这是指动物卫生行政主体制定规范性文件的行为程序,其行为特点是普遍性和后及性。普遍性是指制定规范性文件不针对某一具体的管理相对人,而是针对从事规范所指活动的所有公民、法人或其他组织。后及性是指动物卫生行政法律规范只对其生效以后发生的事件产生法律效力。

2. 具体动物卫生行政行为的程序　这是指动物卫生行政主体作出行政决定等行为,其行为特点是具体性和前溯性。前者是指它必须指向具体的管理相对人,后者是指它对已发生的情况生效。

由此可见,动物防疫抽象行政行为和具体行政行为在程序上是有较大区别的。

(三)动物卫生行政立法、执法、司法程序　以实施动物卫生行政行为时所形成的法律关系作为依据,可将动物卫生行政程序划分为动物卫生行政立法、执法和司法程序。

1. 动物卫生行政立法程序　动物卫生行政立法的法律关系是以行政机关为一方,以不确定的管理相对人为另一方。公民、法人或其他组织,如果具有行政法律规范所规定的条件,就会成为动物卫生行政的管理相对人。因此,在设置行政立法程序时有两个特点必须加以考虑。一是行政立法时利害关系人的广泛性;二是行政立法的正确性。由于动物卫生行政立法带来的影响和后果远比执法、司法行为重大得多,因此行政立法程序的环节要比执行程序更加复杂、严格。在动物防疫立法中,必须严格执行《立法法》和相关的法律规范的规定。

2．动物卫生行政执法程序　行政执法的法律关系，是以动物卫生行政主体为一方，以确定的具体的管理相对人为另一方，是一种双方法律关系。它是动物卫生行政主体行使职权的最主要活动。在动物卫生行政执法程序中一方面强调效率，另一方面强调不侵犯管理相对人的合法权益。这一特点体现了行政效率与保障个人、组织权利的统一。

3．动物卫生行政司法程序　动物卫生行政司法的法律关系是三方关系。动物卫生行政机关以裁判者的身份出现为一方，发生争议的双方当事人各为一方。因此，公正是动物卫生行政司法程序设置的最主要要求。动物卫生行政主体在处理行政复议和行政赔偿的行政司法活动中，主要执行《行政复议法》、《国家赔偿法》和动物防疫法律规范的有关规定。

第四章　动物卫生行政立法

第一节　动物卫生行政立法概述

一、动物卫生行政立法的概念

（一）广义的动物卫生行政立法　指国家机关依照法定权限和程序，制定和发布有关动物卫生行政管理的规范性文件的活动。它既包括国家最高权力机关依法制定有关动物卫生行政管理的各种法律的活动，也包括各级国家行政机关和地方各级权力机关依法制定有关动物卫生行政管理的各种法规、规章的活动。

（二）狭义的动物卫生行政立法　这是指国家行政机关依照法定的权限和程序，制定和发布有关动物防疫管理的各种规范性文件的活动。其含义有三层意思：

1. 立法主体特定　动物卫生行政立法主体主要有：国务院、农业部、省（自治区、直辖市）人民政府、省（自治区）人民政府所在地的市的人民政府、经国务院批准的较大市的人民政府。

这些不同级别和层次的国家行政机关，依其立法权的大小组成有机统一的动物卫生行政立法体系。

2. 内容特定　动物卫生行政的立法内容就是关于动物卫生行政管理的立法，是关于国家动物卫生行政管理活动制度化、法律化的行为。

3. 程序法定　不同级别和层次的国家行政机关，必须在法定职权范围内制定动物卫生行政法律规范，并严格按照《中华人民共和国立法法》、《行政法规制定程序条例》和《规章制定程序条例》规定的程序进行动物卫生行政立法活动。

二、动物卫生行政立法的必要性

动物卫生行政法制建设首先要解决的问题是“有法可依”，也就是立法问题。没有立法，有法必依、违法必究、执法必严的法治原则就无从谈起，法治建设也就成为一句空话。由此可见，强调法制管理和法治建设，首先要讨论研究立法的重要性和意义。动物卫生行政法律、法规、规章及有关规定的制定、颁布和实施，就是国家在动物卫生行政上实行法制管理的具体体现。动物卫生行政的目的就是预防、控制、扑灭动物的传染病，保护畜牧业生产发展，保障动物性食品的安全，维护人民身体健康。加强立法，实行法制管理，是搞好动物卫生行政工作的前提条件。

（一）*是改革开放形势的必然趋势* 从建国以来到1985年，由于种种原因，我国动物防疫工作一直没有一部统一的行政法规，以至在防疫工作中政出多门、各行其是，部门之间扯皮现象屡有发生，许多行之有效的控制动物疫病的措施不能落实到位，严重影响了动物防疫工作的正常进行。十一届三中全会以后，随着对内搞活，对外开放政策的贯彻落实，国家政治体制和经济体制改革的逐步深入，生产经营者的自主权不断扩大，商品流通渠道逐步增多，价格也有计划地实行开放政策，经济成分开始由单一的国营集体经济发展成为以国营经济为主，国营、集体、私营的多种经济成分并存的新格局。在这种形势下，企业的主管部门对企业的管理也由过去的直接管理变为间接管理，对大量涌现出的集体经济与私营经济如何进行管理，也是一个亟待研究解决的问题。总之，过去那种在计划经济模式指导下形成的条块分割并以直接管理为主的管理体制，很难适应改革开放后商品经济迅速发展的客观要求。这就在客观上要求国家必须确立新的、有效的管理机制和运行体制取而代之。而这种管理机制就是“行业管理”。

行业管理是一种跨部门、跨地区面向全社会的统一归口管理。在行业管理中必须明确行业管理的主管部门，并须以法律规范为武器。不难看出，依法进行“行业管理”是改革开放以来客观形势的需要，也是解决动物防疫管理失控问题的有效措施。为此，出于加强动物防疫工作管理的需要，国务院于1985年制定颁布了《家畜家禽防疫条例》。这是符合我国畜牧业发展的客观需要的，也是符合我国国民经济发展的需要的。

《家畜家禽防疫条例》明确规定农业部主管全国的动物防疫工作，县以上农牧部门主管辖区内的动物防疫工作，这就为在新的形势下，统一、协调地开展动物防疫工作奠定了基础。

（二）*防疫检疫工作的特点决定了立法的必要性* 防治动物传染病是和病原微生物作斗争的一门科学。病原微生物分布相当广泛，并可通过动物、动物产品的调运、交易等许多环节进行传播，并给畜牧业生产和人民身体健康造成危害。所以，防治动物传染病是一项社会性工作，必须全国统一计划、统一行动，才能有效地控制动物疫病流行。

在进行动物防疫、检疫和监督管理过程中，为预防疫病的发生和控制传染病的流行，需要及时采取果断措施，尽快扑灭疫情，减少经济损失。动物卫生行政主体往往要实施隔离、封锁、扑杀、销毁等行政措施，因而不可避免地需要饲养、经营动物和生产、经营动物产品的管理相对人承担一定人力、物力的义务。这样，在贯彻执行各项措施的过程中，有可能产生个人利益和社会整体利益、眼前利益和长远利益的矛盾，不可避免地会遇到一些阻力，甚至拒绝执行。

为了防止动物传染病的扩散,保护大多数人民利益,动物防疫监督机构在依法对饲养、经营动物及其产品的管理相对人强制执行动物防疫措施时,需要国家的强制力量做后盾;对违反规定或造成动物疫病传播扩散,使国家和人民遭受损失者,要分别情况予以惩处。

这种统一性和强制性必须用法律加以保障,否则将是一句空话,这就是动物防疫管理工作必须立法的原因所在。

(三)完善立法体制的重要意义　《家畜家禽防疫条例》及其配套的动物卫生行政法律规范的颁布实施,使我国动物防疫工作开始从行政管理向法制管理过渡,从根本上解决了长期以来无法可依、无章可循的被动局面。为动物卫生行政立法、执法、守法形成体系铺垫了道路,使动物卫生行政法制开始走向"有法可依、有法必依、执法必严、违法必究"的轨道。这对于保证各种行之有效的防疫措施得到落实,防止动物疫病传播、蔓延,促进畜牧业生产发展,维护人民身体健康有着非常重要的意义。

以《家畜家禽防疫条例》为核心的动物卫生行政法律体系的确立和完善,使我国动物防疫工作有了法律保障,极大地推动了我国动物防疫工作的进展,有效地控制了动物传染病的发生和流行。在我国,由于千家万户饲养动物,动物及其产品流通日益频繁,经营渠道不断增多。在这种情况下,能取得这样的成绩是不容易的,这不仅保护了畜禽生产者、经营者和消费者的利益,而且对保护畜牧商品生产的发展和人民身体健康起到了积极的作用。

虽然以《家畜家禽防疫条例》为核心的我国动物卫生行政法律体系雏形的建立,为彻底扭转几十年来我国兽医卫生工作无法可依、多头管理、各自为政的被动局面发挥了巨大作用。但是,随着改革开放的不断深入,随着商品经济迅速发展,在国家法制建设日趋完善的形势下和计划经济向市场经济转变的过程中,动物卫生行政法律体系同样也经历着"立、废、改"的更新完善过程。《家畜家禽防疫条例》实施十多年来,为动物卫生行政法律体系的建设积累了丰富的经验,同时也为《动物防疫法》的制定、颁布创造了必要条件,奠定了坚实的基础。

1997 年 7 月 3 日全国人大常委会第二十六次会议通过了《中华人民共和国动物防疫法》,并以第 87 号主席令公布了《中华人民共和国动物防疫法》,从 1998 年 1 月 1 日起实施。

一个以《动物防疫法》为核心的动物卫生行政法律体系必将取代旧的动物卫生行政法律体系。这是动物卫生行政法制建设的规律,也是历史发展的必然。

三、我国的立法体制

我国的立法体制是指立法机关及其立法权限的划分。动物卫生行政立法体制包含于我国的立法体制之中，是整个立法体制的一部分。因此，要研究动物卫生行政立法体制，必须同时研究我国整个立法体制。

（一）纵向立法　我国现行立法体系在纵的方面分为中央立法和地方立法两大层级。

1. 中央立法　中央立法包括：全国人民代表大会立法（制定基本法律）、全国人民代表大会常务委员会立法（制定基本法律以外的其他法律）、国务院立法（制定行政法规）、国务院各部委立法（制定行政规章）。

2. 地方立法　地方立法包括省（自治区、直辖市）人大和人大常委会立法（制定地方性法规）、自治区人民代表大会立法（制定自治条例和单行条例）、省（自治区、直辖市）人民政府的立法（制定地方政府规章）、省（自治区）人民政府所在地的市和国务院批准的较大市的人大和人大常委会立法（制定地方性法规）、自治州人民代表大会立法（制定自治条例和单行条例）、省（自治区）人民政府所在地的市的人民政府及国务院批准的较大的市的人民政府立法（制定地方政府规章）、自治县人民代表大会立法（制定自治条例和单行条例）。

从这个角度出发，可将我国现行纵向立法体系作表 4-1 表示：

表 4-1　中国纵向立法体系表

层次		立法机关	立法形式
中央立法	1	全国人民代表大会	基本法律，如刑法
	2	全国人大常务委员会	基本法律以外的其他法律
	3	国务院	行政法规
	4	国务院各部、委	行政（部门）规章
地方立法	1	省、自治区、直辖市的人大和人大常委会	地方性法规(1)
	2	自治区的人民代表大会	自治条例和单行条例(2)
		省、自治区、直辖市人民政府	地方政府规章
	3	省、自治区人民政府所在地的市和国务院批准的较大市的人大和人大常委会	地方性法规(3)
		自治州的人民代表大会	自治条例和单行条例(3)
	4	省、自治区人民政府所在地的市和国务院批准的较大市的人民政府	地方政府规章
	5	自治县的人民代表大会	自治条例和单行条例(4)

注：(1)报全国人大常委会备案；(2)报上一级人大常委会批准后生效；(3)报上一级人大常委会批准后生效，报全国人大常委会和国务院备案；(4)报上一级人大常委会批准后生效，报全国人大常委会批准。

(二)横向立法体系　中国现行立法体系在横的方面分为权力机关立法(人民代表机关立法)和行政立法(行政机关立法)两大体系。

权力机关立法体系包括:全国人民代表大会立法(制定基本法律);全国人大常委会的立法(制定基本法律以外的其他法律);省、自治区、直辖市人大和人大常委会立法(制定地方性法规);自治区人民代表大会立法(制定自治条例和单行条例);省、自治区人民政府所在地的市和国务院批准的较大的市的人大常委会立法(制定地方性法规);自治州人民代表大会立法(制定自治条例和单行条例);自治县人民代表大会的立法(制定自治条例和单行条例)五个层次。

行政立法系统包括:国务院的立法(制定行政法规);国务院的各部委的立法(制定行政(部门)规章);省、自治区、直辖市人民政府的立法(制定地方政府规章);省、自治区、人民政府所在地的市和国务院批准的较大的市的人民政府的立法(制定地方政府规章)四个层次(见表 4-2)。

表 4-2　中国横向立法体系表

	层　次	立法机关	立法形式
权力机关立法	1	全国人民代表大会	基本法律,如刑法
	2	全国人大常委会	基本法律以外的其他法律
	3	自治区人民代表大会	自治条例和单行条例
		省、自治区、直辖市人大和常委会	地方性法规
		自治州人民代表大会	自治条例和单行条例
	4	省、自治区人民政府所在地的市和国务院批准较大市的人大和常委会	地方性法规
	5	自治县人民代表大会	自治条例和单行条例
行政机关立法	1	国务院	行政法规
	2	国务院的各部、委	行政规章
	3	省、自治区、直辖市人民政府	地方政府规章
	4	省、自治区人民政府所在地的市和国务院批准较大市的人民政府	地方政府规章

第二节　动物卫生行政立法程序

一、动物卫生行政立法程序的概念

动物卫生行政立法程序指立法主体依照法律规定,制定动物卫生行政法规、规章和有关规定的方法和步骤。本节叙述的动物卫生行政立法程序是指行政机关的动物卫生行政立法程序。

动物卫生行政立法的程序必须与其性质相符。动物卫生行政立法首先是一种立法活动,这种活动直接结果是产生具有普遍效力的动物卫生行政管理方面的规范性文件。因此,动物卫生行政立法必须按照立法的一般要求进行。但是动物卫生行政立法是国家行政机关的 种立法活动。它本身意味着同权力机关的立法存在区别。所以,动物卫生行政立法的程序既要符合立法活动的一般要求,又要体现行政活动的特点。准确地说,动物卫生行政立法程序应当是立法活动和行政活动的统一体。

二、动物卫生行政立法程序的主要内容

目前,专门调整立法的法律规范有《中华人民共和国立法法》、《行政法规制定程序条例》、《规章制定程序条例》等统一的行政立法程序法。综合这些法律规范的内容,结合我国的具体情况,动物卫生行政立法是我国行政立法的组成部分,其立法的程序包括下列几个阶段:

(一)立项

1. 行政法规的立项 国务院每年年初编制本年度的立法工作计划。国务院有关部门认为需要制定行政法规的,应当于每年年初编制国务院年度立法计划前,向国务院报请立项。国务院有关部门报送的行政法规立项申请,应当说明立法项目所要解决的主要问题、依据的方针政策和拟确立的主要制度。国务院法制机构应当根据国家总体工作部署对部门报送的行政法规立项申请汇总研究,突出重点,统筹兼顾,拟订国务院年度立法工作计划,报国务院审批。

列入国务院年度立法工作计划的行政法规项目应当符合适应改革、发展、稳定的需要;有关的改革实践经验基本成熟;所要解决的问题属于国务院职权范围并需要国务院制定行政法规事项的要求。

对列入国务院年度立法工作计划的行政法规项目,承担起草任务的部门应当抓紧工作,按照要求上报国务院。国务院年度立法工作计划在执行中可以根据实际情况予以调整。

2. 规章的立项 国务院部门内设机构或者其他机构认为需要制定部门规章的,应当向该部门报请立项。

省、自治区、直辖市和较大的市的人民政府所属工作部门或者下级人民政府认为需要制定地方政府规章的,应当向该省、自治区、直辖市或者较大的市的人民政府报请立项。报送制定规章的立项申请,应当对制定规章的必要性、所要解决的主

要问题、拟确立的主要制度等做出说明。国务院部门法制机构，省、自治区、直辖市和较大的市的人民政府法制机构(以下简称法制机构)，应当对制定规章的立项申请进行汇总研究，拟订本部门、本级人民政府年度规章制定工作计划，报本部门、本级人民政府批准后执行。年度规章制定工作计划应当明确规章的名称、起草单位、完成时间等。国务院的直属部门，省、自治区、直辖市和较大的市的人民政府，应当加强对执行年度规章制定工作计划的领导。对列入年度规章制定工作计划的项目，承担起草工作的单位应当抓紧工作，按照要求上报本部门或者本级人民政府决定。年度规章制定工作计划在执行中，可以根据实际情况予以调整，对拟增加的规章项目应当进行补充论证。

(二)起草

1. 法规起草　行政法规由国务院组织起草。国务院年度立法工作计划确定行政法规由国务院的一个部门或者几个部门具体负责起草工作，也可以确定由国务院法制机构起草或者组织起草。起草行政法规，除应当遵循《立法法》确定的立法原则，并符合宪法和法律的规定外，还应当体现改革精神，科学规范行政行为，促进政府职能向经济调节、社会管理、公共服务转变；符合精简、统一、效能的原则，相同或者相近的职能规定由一个行政机关承担，简化行政管理手续；切实保障公民、法人或其他组织的合法权益，在规定其应当履行的义务的同时，应当规定其相应的权利以及保障该权利实现的途径；体现行政机关的职权与责任相统一的原则，在赋予有关行政机关必要的职权的同时，应当规定其行使职权的条件、程序和应承担的责任。起草行政法规，应当深入调查研究，总结实践经验，广泛听取有关机关、组织和公民的意见。听取意见可以采取召开座谈会、论证会、听证会等多种形式。

起草行政法规，起草部门应当就涉及其他部门的职责或者与其他部门关系紧密的规定，与有关部门协商一致；经过充分协商不能取得一致意见的，应当在上报行政法规草案送审稿(以下简称行政法规送审稿)时说明情况和理由。起草行政法规时，起草部门应当对涉及有关管理体制、方针政策等需要国务院决策的重大问题，需提出解决方案报国务院决定。

起草部门向国务院报送的行政法规送审稿，应当由起草部门主要负责人签署。几个部门共同起草的行政法规送审稿，应当由该几个部门主要负责人共同签署。

起草部门将行政法规送审稿报送国务院审查时，应当一并报送行政法规送审稿的说明和有关材料。行政法规送审稿的说明应当对立法的必要性，确立的主要制度；各方面对送审稿主要问题的不同意见；征求有关机关、组织和公民意见的情况等做出说明。有关材料主要包括国内外的有关立法资料、调研报告、考察报告等。

2. 规章起草　部门规章由国务院部门组织起草，地方政府规章由省、自治区、直辖市和较大的市的人民政府组织起草。

国务院部门可以确定规章由其一个或者几个内设机构或者其他机构具体负责起草工作,也可以确定由其法制机构起草或者组织起草。省、自治区、直辖市和较大的市的人民政府可以确定规章由其一个部门或者几个部门具体负责起草工作,也可以确定由其法制机构起草或者组织起草。

起草规章可以邀请有关专家、组织参加,也可以委托有关专家、组织起草。

起草规章,应当深入调查研究,总结实践经验,广泛听取有关机关、组织和公民的意见。听取意见可以采取书面征求意见、座谈会、论证会、听证会等多种形式,起草的规章直接涉及公民、法人或者其他组织切身利益,有关机关、组织或者公民对其有重大意见分歧的,应当向社会公布,征求社会各界的意见。起草单位也可以举行听证会。听证会依照下列程序组织:

(1)听证会公开举行,起草单位应当在举行听证会的30日前公布听证会的时间、地点和内容;

(2)参加听证会的有关机关、组织和公民对起草的规章,有提问和发表意见的权利;

(3)听证会应当制作笔录,如实记录发言人的主要观点和理由;

(4)起草单位应当认真研究听证会反映的各种意见,起草的规章在报送审查时,应当说明对听证会意见的处理情况及其理由。

起草部门规章,涉及国务院其他部门的职责或者与国务院其他部门关系紧密的,起草单位应当充分征求国务院其他部门的意见。起草地方政府规章,涉及本级人民政府其他部门的职责或者与其他部门关系紧密的,起草单位应当充分征求其他部门的意见。

起草单位与其他部门有不同意见的,应当充分协商,经过充分协商不能取得一致意见的,起草单位应当在上报规章草案送审稿(以下简称规章送审稿)时说明情况和理由。起草单位应当将规章送审稿及其说明、对规章送审稿主要问题的不同意见和其他有关材料按规定报送审查。

报送审查的规章送审稿,应当由起草单位主要负责人签署;几个起草单位共同起草的规章送审稿,应当由该几个起草单位主要负责人共同签署。

规章送审稿的说明应当对制定规章的必要性、规定的主要措施、有关方面的意见等情况做出说明。有关材料主要包括汇总的意见、听证会笔录、调研报告、国内外有关立法资料等。

(三)审查

1. 法规审查　报送国务院的行政法规送审稿,由国务院法制机构负责审查。

国务院法制机构主要从以下方面对行政法规送审稿进行审查：

(1)是否符合宪法、法律的规定和国家的方针政策；

(2)是否符合有关起草的规定；

(3)是否与有关行政法规协调、衔接；

(4)是否正确处理有关机关、组织和公民对送审稿主要问题的意见；

(5)其他需要审查的内容。

行政法规送审稿有下列情形之一的，国务院法制机构可以缓办或者退回起草部门：

(1)制定行政法规的基本条件尚不成熟的；

(2)有关部门对送审稿规定的主要制度存在较大争议，起草部门未与有关部门协商的；

(3)上报送审稿不符合《行政法规制定程序条例》有关起草规定的。

国务院法制机构应当将行政法规送审稿或者行政法规送审稿涉及的主要问题发送国务院有关部门、地方人民政府、有关组织和专家征求意见。国务院有关部门、地方人民政府反馈的书面意见，应当加盖本单位或者本单位办公厅(室)印章。重要的行政法规送审稿，经报国务院同意，向社会公布，征求意见。

国务院法制机构应当就行政法规送审稿涉及的主要问题，深入基层进行实地调查研究，听取基层有关机关、组织和公民的意见。行政法规送审稿涉及重大、疑难问题的，国务院法制机构应当召开由有关单位、专家参加的座谈会、论证会，听取意见，研究论证。行政法规送审稿直接涉及公民、法人或者其他组织的切身利益的，国务院法制机构可以举行听证会，听取有关机关、组织和公民的意见。国务院有关部门对行政法规送审稿涉及的主要制度、方针政策、管理体制、权限分工等有不同意见的，国务院法制机构应当进行协调，力求达成一致意见；不能达成一致意见的，应当将争议的主要问题、有关部门的意见以及国务院法制机构的意见报国务院决定。国务院法制机构应当认真研究各方面的意见，与起草部门协商后，对行政法规送审稿进行修改，形成行政法规草案和对草案的说明。

行政法规草案由国务院法制机构主要负责人提出提请国务院常务会议审议的建议；对调整范围单一、各方面意见一致或者依据法律制定的配套行政法规草案，可以采取传批方式，由国务院法制机构直接提请国务院审批。

2. 规章审查　规章送审稿由法制机构负责统一审查。法制机构主要从以下方面对送审稿进行审查：

(1)是否符合制定规章的有关规定。即一是应当遵循《立法法》确定的立法原则，符合宪法、法律、行政法规和其他上位法的规定。二是制定规章，应当切实保障公民、法人或者其他组织的合法权益，在规定其应当履行义务的同时，应当规定其相应的权利和保障权利实现的途径。三是制定规章，应当体现行政机关的职权与责任相统一的原则，在赋予有关行政机关必要职权的同时，应当规定其行使职权的条件、程序和应承担的责任。四是制定规章，应当体现改革精神，科学规范行政行为，促进政府职能向经济调节、社会管理和公共服务转变。五是制定规章，应当符合精简、统一、效能的原则，相同或者相近的职能应当规定由一个行政机关承担，简化行政管理手续。

(2)是否与有关规章协调、衔接。

(3)是否正确处理有关机关、组织和公民对规章送审稿主要问题的意见。

(4)是否符合立法技术要求。

(5)需要审查的其他内容。

规章送审稿有下列情形之一的，法制机构可以缓办或者退回起草单位：

(1)制定规章的基本条件尚不成熟的；

(2)有关机构或者部门对规章送审稿规定的主要制度存在较大争议，起草单位未与有关机构或者部门协商的；

(3)上报送审稿及说明不符合《规章制定程序条例》规定的。

法制机构应当将规章送审稿或者规章送审稿涉及的主要问题发送有关机关、组织和专家征求意见。法制机构应当就规章送审稿涉及的主要问题，深入基层进行实地调查研究，听取基层有关机关、组织和公民的意见。规章送审稿涉及重大问题的，法制机构应当召开由有关单位、专家参加的座谈会、论证会，听取意见，研究论证。

规章送审稿直接涉及公民、法人或者其他组织切身利益，有关机关、组织或者公民对其有重大意见分歧，起草单位在起草过程中未向社会公布，也未举行听证会的，法制机构经本部门或者本级人民政府批准，可以向社会公布，也可以举行听证会。举行听证会的，应当依照相关规定的程序组织。

有关机构或者部门对规章送审稿涉及的主要措施、管理体制、权限分工等问题有不同意见的，法制机构应当进行协调，达成一致意见；不能达成一致意见的，应当将主要问题、有关机构或者部门的意见和法制机构的意见上报本部门或者本级人民政府决定。法制机构应当认真研究各方面的意见，与起草单位协商后，对规章送审稿进行修改，形成规章草案和对草案的说明。说明应当包括制定规章拟解决的主要问题、确立的主要措施以及与有关部门的协调情况等。

规章草案和说明由法制机构主要负责人签署，提出提请本部门或者本级人民政府有关会议审议的建议。法制机构起草或者组织起草的规章草案，由法制机构主要负责人签署,提出提请本部门或者本级人民政府有关会议审议的建议。

(四)决定与公布

1. 法规的决定与公布　行政法规草案由国务院常务会议审议,或者由国务院审批。国务院常务会议审议行政法规草案时,由国务院法制机构或者起草部门作说明。国务院法制机构应当根据国务院对行政法规草案的审议意见,对行政法规草案进行修改,形成草案修改稿,报请总理签署国务院令公布施行。签署公布行政法规的国务院令载明该行政法规的施行日期。

行政法规签署公布后,及时在国务院公报和在全国范围内发行的报纸上刊登。国务院法制机构应当及时汇编出版行政法规的国家正式版本。在国务院公报上刊登的行政法规文本为标准文本。

2. 规章的决定与公布　部门规章应当经部务会议或者委员会会议决定。地方政府规章应当经政府常务会议或者全体会议决定。审议规章草案时,由法制机构作说明,也可以由起草单位作说明。法制机构应当根据有关会议审议意见对规章草案进行修改,形成草案修改稿,报请本部门首长或者省长、自治区主席、市长签署命令予以公布。公布规章的命令应当载明该规章的制定机关、序号、规章名称、通过日期、施行日期、部门首长或者省长、自治区主席、市长署名以及公布日期。部门联合规章由联合制定的部门首长共同署名公布,使用主办机关的命令序号。部门规章签署公布后,部门公报或者国务院公报和全国范围内发行的有关报纸应当及时予以刊登。地方政府规章签署公布后,本级人民政府公报和本行政区域范围内发行的报纸应当及时刊登。在部门公报或者国务院公报和地方人民政府公报上刊登的规章文本为标准文本。

(五)施行、解释和备案

1. 行政法规的解释、施行和备案

(1)行政法规解释。行政法规条文本身需要进一步明确界限或者做出补充规定的,由国务院解释。国务院法制机构研究拟订行政法规解释草案,报国务院同意后,由国务院公布或者由国务院授权国务院有关部门公布。行政法规的解释与行政法规具有同等效力。

国务院各部门和省、自治区、直辖市人民政府可以向国务院提出行政法规解释要求。

对属于行政工作中具体应用行政法规的问题,省、自治区、直辖市人民政府法制机构以及国务院有关部门法制机构请求国务院法制机构解释的,国务院法制机构可以研究答复;其中涉及重大问题的,由国务院法制机构提出意见,报国务院同意后答复。

(2)行政法规应当自公布之日起30日后施行。但是,涉及国家安全、外汇汇率、货币政策的确定以及公布后不立即施行将有碍行政法规施行的,可以自公布之日起施行。

(3)备案。行政法规在公布后的30日内由国务院办公厅报全国人民代表大会常务委员会备案。

2. 规章的解释、施行和备案

(1)解释。规章解释权属于规章制定机关。规章有下列情况之一的,由制定机关解释:第一,规章的规定需要进一步明确具体含义的;第二,规章制定后出现新的情况,需要明确适用规章依据的。

规章解释由规章制定机关的法制机构参照规章送审稿审查程序提出意见,报请制定机关批准后公布。规章的解释同规章具有同等效力。

(2)施行。规章应当自公布之日起30日后施行。但是,涉及国家安全、外汇汇率、货币政策的确定以及公布后不立即施行将有碍规章施行的,可以自公布之日起施行。

(3)备案。规章应当自公布之日起30日内,由法制机构依照《立法法》和《法规规章备案条例》的规定向有关机关备案。

(4)其他规定。国家机关、社会团体、企业事业组织、公民认为规章同法律、行政法规相抵触的,可以向国务院书面提出审查的建议,由国务院法制机构研究处理。国家机关、社会团体、企业事业组织、公民认为较大的市的人民政府规章同法律、行政法规相抵触或者违反其他上位法的规定的,也可以向本省、自治区人民政府书面提出审查的建议,由省、自治区人民政府法制机构研究处理。

第三节 动物卫生行政立法技术

一、动物卫生行政立法技术的概念

动物卫生行政立法技术是指动物防疫立法活动中有关立法的方法和技巧的总称。

动物卫生行政立法就是由动物卫生行政立法主体运用立法技术,可以制定出确切而又完整的符合立法意图的动物卫生行政法。确保法律与法律、法规与法律、规章与法规以及其他规范性文件之间没有冲突。使动物卫生行政法的结构协调、严谨,条文清楚、确切,文字表述简明、扼要、精练,做到内容和形式相统一。

二、动物卫生行政法的结构

动物卫生行政法的结构是立法技术的内容。根据其组合排列和表现形式，分为内部结构和外部结构。

（一）内部结构　动物卫生行政法的内部结构是指它各个组成部分的排列组合，即它的逻辑结构。一般由法定事实、行为模式、法律后果（即假定、处理、制裁）三个部分组成。在动物卫生行政立法过程中必须对这三个部分予以明确规定。对法定事实即假定，一定要规定得十分明确，以保证动物卫生行政法的正确适用。对于行为模式即处理，要根据法所调整的具体对象和所要达到的目的采取不同的形式和方法，具体规定各主体之间的权利和义务。对于相应的法律后果即制裁，一定要规定得适当，奖惩手段和目的一定要协调一致。

（二）外部结构

动物卫生行政法的外部结构是指它的外部形态或外在的表现形式。

1. 法的名称

（1）法律。是由全国人大常委会制定的有关动物防疫工作的最高行为准则。如《中华人民共和国动物防疫法》、《中华人民共和国进出境动植物检疫法》等。

（2）行政法规的名称。根据《行政法规制定程序条例》第四条的规定，行政法规的名称一般称“条例”，也可以称“规定”、“办法”等。国务院根据全国人民代表大会及其常务委员会授权决定制定的行政法规，称“暂行条例”或者“暂行规定”。

“条例”是对某一方面的行政工作做比较全面的规定，如《兽药管理条例》等。“规定”是对某一方面的行政工作某些部分所做的规定，如国务院关于统一领导屠宰场及场内卫生和动物防疫工作的规定。“办法”是对某一项行政工作做的比较具体的规定。

（3）规章的名称。根据《规章制定程序条例》第六条的规定，规章的名称一般称“规定”、“办法”，但不得称“条例”。

2. 制定机关名称　为了表明动物卫生行政法的合法性和法律效力，应当写明制定机关的名称。全国人大常委会通过的动物卫生行政法律，应当在标题下标明通过的日期和会议届次（×年×月×日第×届全国人民代表大会常务委员会第××次会议通过）；国务院发布的条例在标题之下注明发布日期，即×年×月×日国务院令第××号公布，自×年×月×日起施行；规章也应标明制定机关、公布日期和生效时间。如经上级批准而由农业部发布的规章，应在标题下注明（×年×月×日国务院批准×年×月×日农业部发布）。

3. 正文　行政法规应当备而不繁，逻辑严密，条文明确、具体，用语准确、简洁，具有可操作性。行政法规根据内容需要，可以分章、节、条、款、项、目。章、节、条的序号用中文数字依次表述，款不编序号，项的序号用中文数字加括号依次表述，目的序号用阿拉伯数字依次表述。每章至少有两节，每节至少有两条。条是法律、法规的基本单位，以一事一条为原则。条以下为款，款以下为项，项以下为目。

规章用语应当准确、简洁，条文内容应当明确、具体，具有可操作性。法律、法规已经有规定的内容，规章原则上不作重复规定。除内容复杂的外，规章一般不分章、节。

三、动物卫生行政法的整理

动物卫生行政法的整理是法律规范化的表现形式，对已制定和发布的动物卫生行政法，加以系统的整理。及时修改、废止不适当的法规、规章，适时制定新的法规、规章，调整已经变化了的动物卫生行政法律关系。这是动物卫生行政立法的一项重要内容。

法律规范的整理方式，主要有法规汇编、法规配套和法典编纂。

（一）法规汇编　法规汇编是动物卫生行政立法系统化的一种主要形式。是立法主体将过去发布的经整理认为仍然有效的动物卫生行政法律、法规、规章及有关规定，按照发布的时间和顺序或类别汇编成册，以便于人们查找、应用和执行。

（二）法规配套　法规配套是指动物卫生行政主体在法规整理的基础上，补充制定有关新的法规和规章，为现行有效的法规、规章的实施提供实体上的根据或程序上的规则或有关执行细则等。以消除相应法律、法规、规章在实施中的困难和障碍，保证动物卫生行政法顺利、正确地实施。

法规配套主要包括实体法配套、程序法配套、实施细则配套三种形式。

（三）法典编纂　法典编纂是动物卫生行政立法的形式。是国家权力机关，将过去发布的各类行政法律、法规、规章加以整理、修订，按照一定体系编纂成相应的内部统一的法典。编纂不同于汇编，它是将过去发布的法律、法规、规章分部分解，按照一个新的统一的框架重新构筑体系。因此，它是一种重要的立法形式。

我国的动物卫生行政法，虽暂时还不具备编纂法典的条件，但随着《中华人民共和国动物防疫法》及其配套法规、规章的颁布实施，我国的动物卫生行政法将逐步完善。在这个基础上，即可进行动物卫生行政法的法典编纂，以推动我国动物卫生行政法制建设的进程。

第五章　动物卫生行政执法

第一节　动物卫生行政执法概述

一、动物卫生行政执法的概念

执法是指国家机关执行和适用法律的活动。行政执法是行政机关执行法律的活动,这里的行政执法是指行政主管机关依法采取的具体的、直接影响相对人一方权利和义务的行为。动物卫生行政执法是国家行政执法的组成部分。其定义为:动物卫生行政主体在其职责范围之内为执行和适用动物卫生行政法,依法对特定对象采取的直接产生法律效果的单方面的行政行为。

我国动物卫生行政执法的主要内容包括三个方面,即动物卫生行政处理、动物卫生行政处罚和动物卫生行政强制执行。

动物卫生行政执法具有以下特点:

1. 动物卫生行政执法的主体必须是动物防疫监督机构　动物卫生行政法的贯彻执行主要靠动物防疫监督机构来实施。经动物防疫监督机构依法委托的单位也可以成为动物卫生行政主体。但是,它们只能以动物防疫监督机构的名义在委托的范围、权限、期限内实施执法职能。否则,应视为越权或违法。

2. 动物卫生行政执法必须是具体行政行为　所谓具体行政行为是指有如下特征的行为:

第一,动物卫生行政执法是对管理相对人执行动物卫生行政法的情况依法进行行政处理的具体行政行为。

第二,动物卫生行政执法直接影响和涉及个人、组织的权利和义务。

第三,动物卫生行政执法的对象是特定的、明确的并直接产生法律后果。

3. 动物卫生行政执法是一种双方不平等的行政法律关系　动物卫生行政执法是以动物防疫监督机构单方意思表示为特征。即动物防疫监督机构在行使行政权时,无须征得管理相对人的同意,具有主动行使之特点。

二、动物卫生行政执法的生效要件

动物卫生行政执法行为的生效要件是指使动物卫生行政执法行为产生法律效力的必要条件。这些要件又分为实体要件和程序要件两大类。

(一)实体要件

1. 动物卫生行政执法行为的主体合法　主体合法,即动物防疫主体必须是法律法规授权、依法成立并能独立承担法律责任的执法机构。在我国动物卫生行政执法机构即为动物防疫监督机构。

2. 动物卫生行政执法必须依法进行　动物卫生行政执法必须依法进行,即动物卫生行政执法行为应当符合动物卫生行政法律规范的规定。例如,动物防疫检疫的出证、处理和处罚行为,应当依据动物卫生行政法的有关规定施行。

3. 必须是动物防疫监督机构的真实意思表示　所谓真实意思表示是指动物卫生行政执法人员不是在被胁迫(如被暴力所胁迫)、被欺诈(如被伪造的证明所欺诈)及其他不正常的情况下所作的行为。

4. 管理相对人须有权利能力和行为能力　对未成年人或者限制行为能力人,就不能要求他们承担违反动物卫生行政法的行政责任。

(二)程序要件

1. 动物卫生行政执法行为必须符合法定程序　动物防疫监督机构在实施行政处罚时,必须按照动物防疫法及其配套法规等有关规定的程序进行。

2. 动物卫生行政执法行为必须符合法定形式　动物卫生行政执法行为均属要式行为,因此,必须符合法律规范的要求。例如:证照的发放,必须按法律规范的要求进行制作、发放、管理,对违反动物卫生行政法律规范的当事人实施处理、处罚,也必须按法定程序进行,否则,将视为程序违法。

三、动物卫生行政执法决定的效力

动物卫生行政执法决定一经做出,即发生以下三种效力:

(一)确定力　确定力就是具有不得再行更改的效力。这种确定力表现为:一是动物卫生行政主体所作出的行政执法决定事项,未经法律允许,管理相对人不得要求更改。即使法律允许其更改,管理相对人依法提出申诉或起诉,也受一定时间等条件限制。如当事人不服动物卫生行政主体作出的行政处理,可在接到通知后六十日内提出申请复议,否则将按人民来信处理。二是动物卫生行政主体作出的行政执法决定,其自身也不能随意更改其内容。

(二)拘束力　拘束力是指行政执法决定对动物卫生行政主体和管理相对人的

约束力。具体表现在两个方面：一是对管理相对人的拘束力。当动物卫生行政主体采取的行政决定对特定人发生拘束力时，以不能转移为原则。如颁发给甲某的《动物诊疗许可证》，甲某就不能转移给乙某使用，否则就是违法。二是对动物卫生行政主体的拘束力。在动物卫生行政决定未经废止撤销以前，动物卫生行政主体也有遵守的义务。

（三）强制力　就是动物卫生行政决定生效以后，动物卫生行政主体有权依法采取一定手段，使决定内容得以完全实现的效力。管理相对人如不自觉履行，动物卫生行政主体可依法执行或申请人民法院强制执行。

四、动物卫生行政执法的意义和作用

我国法制建设的全部内涵可以用六个字、四句话加以概括，即立法——执法——守法和“有法可依，有法必依，执法必严，违法必究”。显而易见，“执法”是其中的关键环节，是桥梁和纽带，同时也是法制建设的命脉。没有执法或削弱执法，再好的法律也不能为社会所遵守执行，等于无法；没有执法，守法者的利益就没有保障，正常的社会管理秩序就难以建立，即使建立起来的也会受到干扰和破坏。在阶级社会里，仅靠传统道德规范来约束人们的行为是不客观的，也是不现实的。实践证明，只有绳之以法才是规范人们行为最有效的措施。动物卫生行政执法的主要作用就在于运用执法手段，以法律为武器，教育、强制人们守法。动物卫生行政法中有关行政处理处罚的规定，就是这种强制力与约束力的具体体现。概括起来，动物卫生行政执法的意义和作用有以下几个方面。

（一）保护管理相对人的合法权益　动物卫生行政执法包含两方面内容：一方面是保障公民依法享有的权利得以实现。如：动物饲养、经营动物产品的生产、经营者，可以请求动物卫生行政主体按动物防疫法的有关规定适时的做好防、检、治的技术工作以保证其动物、动物产品正常的流通。再如：“动物防疫许可证照”的审批、发放与管理，这就是对公民依法享有某项权利的认可，并对这种权利依法进行保护。还有通过对违法事件的纠正和处理，使广大人民群众的合法权益免受损害，从而使守法者的利益得到法律保护，等等。

（二）保证动物防疫管理秩序正常运转　动物卫生行政法的执行和适用，使得违法事件能够及时有效地被纠正、制止和处理，这样就可保证动物防疫管理秩序的正常运转，加快动物卫生行政法制建设的进程。另外，通过对违法事件的处理和对违禁动物及其产品的处理，可及时有效地控制、消灭动物疫情，最大限度地控制和消灭动物传染病的发生、流行、蔓延和散播。确保人民群众的身体健康，促进畜牧业的发展。

（三）保障动物卫生行政法的贯彻落实　动物卫生行政法是规范人们在这个领域内的行为的准则。动物卫生行政主体及其执法人员就是要通过行政执法这个强制性手段，使人们都能自觉地依法约束自己的行为。动物卫生行政管理秩序的建立，动物卫生行政法律规范的贯彻实施，都离不开以国家强制力为后盾的动物卫生行政执法活动。所以，我们说动物卫生行政执法是贯彻落实动物卫生行政法的法律保障。

（四）教育公民自觉守法　动物卫生行政机关及其执法人员对动物卫生行政法律规范的宣传、贯彻、执行、适用，其主要目的就是要提高全社会的守法意识，使全体公民都能够自觉地遵守法律，自觉地维护动物卫生行政管理秩序。动物卫生行政执法中的处理及其处罚就是运用国家强制力来约束、惩戒违反动物卫生行政法律规范的人和事，强制违法者守法，惩前毖后，教育公民自觉守法。

由此可见，动物卫生行政执法确实是我国动物卫生行政法制建设的命脉和桥梁，它在我国动物卫生行政法制建设中的作用和意义是极其重要的。

第二节　动物卫生行政处理

一、动物卫生行政处理的概念

动物卫生行政处理是指动物卫生行政主体依照动物卫生行政法，对具体的事件或特定的对象采取的单方面的能直接产生法律后果的具体行政行为。

动物卫生行政处理与动物卫生行政处罚的区别：处理只是对具体事件或特定对象依法进行的非制裁性处置，而处罚则往往是对违法行为进行的制裁；处理不给当事人追加义务，而处罚往往要给当事人追加义务。

二、动物卫生行政处理的内容

动物卫生行政处理的主要作用在于改变动物卫生行政法律关系中管理相对人的法律地位，并对其权利和义务产生法律上的不同后果。主要包括以下几方面：

（一）赋予权利　这种行政处理行为使管理相对人获得一种新的权利和权能。如畜牧兽医行政管理部门颁发的“兽医资格证书”，使管理相对人具有从事动物诊疗职业的工作资格。给持“资格证”的兽医人员颁发了《动物诊疗许可证》就使其获得了从事动物诊疗职业的权能；某管理相对人申请领取了动物防疫合格证照，就获得了从事动物及其产品生产经营的资格，该管理相对人就可以交易、经营经检疫合格的动物及动物产品。

（二）依法履行义务　这是指动物卫生行政主体为了社会和公众的利益，依法责令管理相对人为一定行为或不为一定行为的行政处理行为。这种义务，管理相对人原来是不承担的，但出现了法律规范所规定的情形，动物卫生行政主体则可令其承担此义务。例如，在狂犬病疫点，畜主必须按动物卫生行政主体的指令扑杀、并须无害化处理病犬和可疑病犬等。又如，对染疫动物产品污染的场所、环境及有关物品也必须依法进行无害化处理，等等。

（三）免除义务　这是指动物卫生行政主体对原来承担某种义务的管理相对人，由于某种特殊情况的出现而作出的免除其某种义务的行政处理行为。例如：在疫点免除畜主的无害化处理费用，免收管理相对人因不可抗力造成损害的防疫、消毒费用，等等。

（四）确定认可　这里指动物卫生行政主体对公民、法人或其他组织的法律地位或权利义务关系的确定、认可、证明的行政处理行为。例如：对种、乳用动物饲养场鉴定动物防疫等级的行政处理行为等。

（五）否定驳回　这是指管理相对人请求之后，经动物卫生行政主体审核，不符合动物卫生行政法规定的标准、条件和要求的，不予认可或驳回的具体行政行为。如饲养、生产、加工、屠宰、贮存和运输动物及动物产品的单位和个人申请领取《动物防疫合格证》，动物卫生行政主体经过审查认为不符合条件的，即可驳回其请求，不予发证。

三、动物卫生行政处理的表现形式

（一）颁发证照、签发书证　这是指动物卫生行政主体依照动物卫生行政法的规定，为行使动物卫生行政的社会管理职能，按照法定程序颁发签署证照的行政处理行为。

（二）审查验收，监测评价　这是指动物卫生行政主体对饲养、生产、经营动物或其产品的单位新建、改建、扩建工程的审查验收，以及饲养、经营种用、乳用及其他动物的管理相对人对动物防疫标准、规程要求的执行情况所进行的监测、评价的行政处理行为。

（三）无偿采样、封存、留验　这是指动物卫生行政主体为查明案件的真实情况，对染疫动物或其产品及有关物品采取的行政处理措施。动物卫生行政主体采取这些行政处理行为时，手续必须完备，并须按法定程序进行。

（四）封锁、隔离、扑杀、无害化处理　这是指动物卫生行政主体对一类传染病或新发现的、危害大的、传染病疫点、疫区所采取的行政处理行为，这些处理措施是为消灭传染病的传播、蔓延而实施的紧急处理措施。有关单位和个人必须无条件服从,不得拒绝。

第三节 动物卫生行政处罚

一、动物卫生行政处罚概述

(一)动物卫生行政处罚的概念 动物卫生行政处罚是指依法享有行政处罚权的动物防疫监督机构,根据动物卫生行政法的规定,依照法定程序,对违反动物卫生行政法律规范的单位或个人所实施的行政制裁。

行政处罚是一种行政制裁。动物卫生行政处罚是因个人、组织不履行法定义务或不正当地行使权力,动物防疫监督机构依法令其承担新的义务或使其权利受到相应限制的行政行为。

(二)实施行政处罚的条件

1. 必须违反了动物卫生行政法 动物卫生行政处罚是以违反动物卫生行政管理法律规定为前提,否则就不存在动物卫生行政处罚。

2. 必须由动物卫生行政主体执罚 动物卫生行政处罚必须由法定的动物防疫监督机构根据动物卫生行政法律规范来裁决。动物防疫监督机构只能对他辖区范围内的违法行为进行处罚。

3. 处罚对象是管理相对人 动物卫生行政处罚的对象是违反动物卫生行政法的管理相对人。这里所说的管理相对人是指违反动物卫生行政法的公民、法人或其他组织。

(三)动物卫生行政处罚的特征

1. 双方法律地位不平等 动物防疫监督机构同管理相对人之间的法律地位是不平等的。动物防疫监督机构在这种法律关系中是行使权力的一方,管理相对人是承受义务的一方。动物防疫监督机构的权力,是由动物卫生行政法所赋予的。它对违反动物卫生行政法的当事人所作的处罚,是基于人民和国家整体的利益而采取的。

2. 单方面的意思表示 动物卫生行政处罚是动物防疫监督机构单方面的意思表示。动物防疫监督机构依法对违反动物卫生行政法的管理相对人进行处罚,无需征得管理相对人的同意,只要管理相对人有违法行为就可依职权做出处罚决定。

3. 说服教育与处罚相结合 动物卫生行政法的贯彻实施,应通过广泛的宣传教育,使义务者在自觉自愿的基础上履行其义务。如果违反义务(如情节轻微),一般对其批评教育,只有在教育无效时,才予处罚。因此,动物卫生行政处罚以惩戒而不以实现义务为目的。一次处罚以后，即告结束。实行一事不再罚的原则。

4. 拥有自由裁量权　动物卫生行政处罚是动物防疫监督机构基于行政管理权的单方意思表示，不能调解或协商。它在行政处罚中，依法享有自由裁量权。包括处罚种类的确定，处罚幅度的确定，处罚的变更和处罚撤销等方面的自由裁量权。

(四)动物卫生行政处罚同其他的强制措施的区别

1. 动物卫生行政处罚与强制执行的区别　动物卫生行政处罚是动物防疫监督机构以剥夺违法管理相对人权益的方法使其以后不再违法。而强制执行是对不履行法定义务的个人或组织通过法定强制手段强迫其履行义务。

2. 动物卫生行政处罚与刑罚的区别

(1)适用法律不同。动物卫生行政处罚的依据是动物卫生行政法。刑罚的依据是刑法。

(2)作出处罚决定的机关不同。动物卫生行政处罚是由动物卫生行政主体决定，刑罚则由人民法院判决。

(3)作出处罚决定的程序不同。动物卫生行政处罚根据动物防疫法及有关规定作出。刑罚判决则根据刑事诉讼法的有关规定做出。

(4)处罚的种类不同。刑罚的种类由刑法规定。主要有五种主刑和三种附加刑，动物卫生行政处罚由动物卫生行政法规定，罚则较多。

3. 动物卫生行政处罚与行政处分　行政处罚与行政处分都是因违法引起的法律责任，但有很大的区别：

(1)适用的违法行为不同。行政处分适用的对象是公务员的一般违法失职行为。例如：不服从上级决议、命令，打击报复，包庇坏人，滥用职权，腐化堕落，等等。动物卫生行政处罚适用的是管理相对人违反动物卫生行政法所规定之义务的行为。例如违反动物防疫法及其配套法规和有关规定的行为，违反规程的行为，等等。

(2)处罚的机关不同。行政处分由违法失职行为者所在单位处理。动物卫生行政处罚由动物防疫监督机构处理。

(3)处罚的形式不同。行政处分的形式主要有警告、记过、降级、撤职、留用察看、开除等。行政处罚的形式则主要有警告、罚款、没收、吊销动物防疫证照、停业整顿等。

二、违法行为的构成

(一)行为人违反了动物卫生行政法　这就是说行为人已经实施了违反动物卫生行政法的行为。违反动物卫生行政法包括作为与不作为。例如在市场出售染疫动物产品，此为作为违法，应当在出售前对动物产品进行检疫而未检疫，则为不作为违法。

（二）违法行为侵犯了动物卫生行政管理秩序　大多数违法行为有社会危害后果产生，凡产生社会危害后果的行为，侵犯的是消费者合法权益和受法律保护的社会关系。但又有特殊情况。例如：市场出售未经检疫的肉食品尚未造成中毒或引起疫病流行的，同样构成违反动物卫生行政法行为。这种违法行为侵犯的是受动物卫生行政法所保护的动物卫生行政管理秩序。

（三）违法行为应当处罚　应当处罚说的是动物卫生行政法对违法行为有明确的处罚规定。否则，就不能实施处罚。

（四）行为人有违法的主观故意　行为人明知动物产品运出县境，必须向当地县级以上动物防疫检疫机构报检并进行检疫出具证明后才能启运，而未经检疫运输的，就属主观上故意违法。

（五）行为人应有相应的行为能力　这里主要是指行为人具有承担行政责任的资格。

三、动物卫生行政处罚的种类

（一）警告　这是动物卫生行政主体对违反动物卫生行政法所规定义务的管理相对人的谴责和警戒。它既具有教育性质又具有强制性质，是一种经常使用而又较轻的处罚形式。警告是申诫罚的主要表现形式。申诫罚可以独立处罚，也可作为其他行政处罚的先行程序。

（二）限期改进　这是动物卫生行政主体对违反动物卫生行政法所规定义务的管理相对人，限定其在一定的期限内，必须依照动物卫生行政法的规定承担改进的义务。这是一种具有强制性质的补救措施。行政处罚法没有把限期改进作为处罚的种类，而是规定行政处罚主体实施行政处罚时，必须责令违法行为人改正或者限期改正违法行为。

（三）扣留或吊销有关动物防疫证照　这是对持有某种许可证照，但其活动或行为违反证照的内容和范围的个人或组织进行的处罚。许可证照是动物卫生行政主体准许管理相对人从事某项活动的法律凭据，吊销证照，就意味着行政机关取消了这种法律上的承认，从而剥夺了个人、组织实施某种行为的权利，是一种严厉的行为处罚。吊销动物防疫许可证照，一般适用于：

(1)违法情节恶劣或后果严重的；

(2)环境水源污染、社会公害等非管理相对人所能解决，但管理相对人不愿采取措施或离开这种环境继续营业的；

(3)经停业整顿,改进无效或确定无法改进的;

(4)多次违法、屡教不改的。

(四)罚款　这是动物卫生行政主体对违反动物卫生行政法不履行法定义务的个人、组织所作的一种经济上的处罚,是行政法中适用范围很广的一种财产处罚。但是,罚款只是手段而不是目的,决不能以罚代教,以罚代管。

不论是羁束幅度内的自由裁量,还是无羁束规定的自由裁量,罚款数额的大小都应参照以下原则进行裁量:

(1)以法量罚,不循私情,手续完备,罚款交公;

(2)罚额一般大于非法所得;

(3)根据违法情节,如初犯、累犯,知法违法,执法违法,手段、性质以及认错态度、改进情况等量罚;

(4)审查危害程度,直接的潜在的,严重的或轻微的;

(5)衡量经济价值、社会损失、非法所得、经营规模等;

(6)考虑社会影响,恶劣与一般、面大与面小等;

(7)了解受罚者的实际承受能力等实际情况。

总之,不能以罚款多少论成绩,关键在于罚得得当,罚款兑现,结案率高。这样才能收到惩前毖后、罚一儆百的效果,才能真正维护法律的尊严。正因如此,罚款必须是要式行为,运用时必须遵循一定的程序。动物卫生行政主体必须作出正式书面处罚决定,书面通知当事人,并明确罚款数额和交纳期限,并告知被罚款人申诉和诉讼的权利。

(五)没收　动物卫生行政主体将违法者的非法所得和动物卫生行政法规定的违禁物或违法行为工具进行没收的处罚。它是对生产、经营、保管、加工、运输、销售违禁物品或进行其他营利性违法行为的管理相对人所实施的一种经济上的处罚。如动物卫生行政主体依法没收违法所得和违禁动物、动物产品等。

没收同罚款一样,指向的都是财产,但二者性质不同。罚款是迫使违法者交纳额外负担的金额,它所针对的是管理相对人合法财物的所有权。没收针对的是违法所得、违禁物或违法行为工具,一般不影响管理相对人的合法所有权。

四、动物卫生行政处罚的程序

动物卫生行政处罚程序是指动物卫生行政主体对违反动物卫生行政法的当事人进行行政处罚时所遵循的方式和步骤,它包括普通程序和简易程序。

(一)简易程序

1. 简易程序的概念　简易程序,即当场处罚程序。它是指动物卫生行政执法人员在执行监督检查任务时，当场独立处理简单违法案件所遵循的法定程序。农业部发布的《农业行政处罚程序规定》专门对当场处罚程序作了明确的规定，这对更进一步的规范动物卫生行政处罚行为，必将起到积极的作用。

2. 简易程序的特点

(1)依法做出。当场处罚是由动物卫生行政主体的执法人员依法作出的行政处罚行为。在动物防疫处罚中，当场处罚和其他处罚一样奉行国家追诉原则，只有代表国家行使行政处罚权的动物卫生行政主体才能进行当场处罚。当场处罚是动物卫生行政主体的单方行为，并以国家的强制力作为后盾，管理相对人同意与否不影响处罚的实施。

(2)适用范围特殊。当场处罚一般适用事实清楚、情节简单、后果比较轻微的违法案件。

(3)处罚迅速。当场处罚是发生违法行为后当即给予的行政处罚，体现了当场处罚的迅速(高效)性，更有利于提高动物卫生行政处罚的效率。

3. 简易程序的原则

(1)法定原则。在动物卫生行政处罚中严格遵守法定原则，就是因为当场处罚程序的简化，使之易失公正，容易造成滥用行政处罚权、侵害管理相对人权益的情况发生。当场处罚只是程序简便，而不是没有程序；动物卫生行政主体的执法人员作出当场处罚决定时，必须符合动物卫生行政法律规范规定的必经程序和权限。

(2)不影响原则。实施动物卫生行政处罚的当场处罚，不得使违法行为人的正当权利受到影响。它的具体要求是实施当场处罚的动物卫生行政执法人员应当告知被处罚人违法的事实、处罚的依据和理由，同时给被处罚人以陈述和申辩的权利。不能把被处罚人对动物卫生行政处罚决定提出异议的权利，视为态度不好，更不能作为加重处罚的理由。动物卫生行政现场处罚决定书制作并送达被处罚人时，应当载明被处罚人申请复议或者提起行政诉讼的权利得以实现的途径和期限。

(3)效率原则。当场处罚制度的设立，是动物卫生行政效率原则的一个具体的要求和反映，然而效率原则又是动物卫生行政当场处罚的一个基点。它要求，实施动物卫生行政当场处罚，必须有高素质的行政执法人员，并建立良好的制约机制，以保证动物卫生行政主体高效地完成追究违法行为的使命。

(4)轻微原则。根据我国的立法实践和世界各国的立法经验，当场处罚的适用范围都比较小，大多为案情简单、法律后果不大、易于处理的小案件。我国《行政处罚法》规定："违法事实确凿并有法定依据，对公民五十元以下、对法人或者其他组织一千元以下罚款或者警告的行政处罚的，可以当场做出行政处罚决定。"这就充分体现了处罚轻微的原则。

4. 简易程序的内容

(1)表明身份。表明执法者身份是动物卫生行政当场处罚的第一个步骤,这一行为的目的主要是为了表明动物卫生行政主体实施行政处罚的主体资格合法。为此,动物防疫执法人员执行任务时,应衣着整洁,标志明显,携带证件和齐全的凭据。并主动向管理相对人出示证件。这里所说的证件,必须是能够证明其有行使行政执法权力的证件。

(2)说明理由告知权利。动物卫生行政执法人员在查处案件时应当及时、全面地了解情况,核实证据,并做好笔录。在事实清楚、证据充分的前提下,告诉行为人违反了什么法律的哪一条规定,应当给予什么处罚,以及罚款多少,等等。这样既可使管理相对人接受了行政处罚,又达到了教育管理相对人的目的。执法人员在作出行政处罚之前,应当告诉行为人依法享有的权利。如当事人有权进行申辩和质证,有权依法提起行政复议和行政诉讼等权利。

(3)填写书面决定书。动物卫生行政执法人员必须现场填写"当场处罚决定书",并写明当事人的违法行为、行政处罚的理由和依据,以及当场处罚的种类或者罚款的数额,罚款缴纳的时间、地点以及动物卫生行政主体的名称、执法人员的签名或者盖章等。"当场处罚决定书"填好后应当现场交由当事人签收。同时做好"现场笔录",并由管理相对人、见证人签字后存档,现场处罚案卷应报送所属动物卫生行政执法机构备案。

(4)执行。当场处罚实际上包含着当场执行的内容,因为执法人员当场作出"当场处罚决定书"后,并不意味着处罚的结束,只有执行了才意味着处罚完毕。处以罚款的,也可以在规定的期限内向指定的银行缴纳。

(二)一般程序　动物卫生行政处罚的一般程序又称普通程序,它是指除有特别规定外,动物卫生行政处罚应当遵循的程序。按照行政处罚法的规定,除可以适用简易程序和适用听证程序外,其他动物卫生行政处罚案件均应适用一般程序。需要强调指出的是,可以适用简易程序的违法案件并不等于必须适用简易程序,其中有一部分案件或者部分程序也可以适用一般程序的规定。可以说,一般程序是适用所有动物卫生行政处罚案件的通用程序。

一般程序的要求相对比较严格,它可以使动物卫生行政主体作出的行政处罚公正、合理,当然也有利于保护管理相对人的合法权益。由于一般程序方式步骤较多,就具体案件的处理而言,效率相对受到一些影响。因此,行政处罚法不要求所有的案件都一律适用一般程序,而是允许一部分案件适用简易程序来处理。这样,一般程序和简易程序并行,使行政效率和保护管理相对人的合法权益都得到应有的保障。适用一般程序的范围有以下三个方面,一是处罚的较重的案件,二是情节复杂的案件，三是无法当场作出处罚的案件。一般程序包括立案、取证、审查、决定、送达、执行、结案等七个阶段。

1. 立案　立案是以一般程序审查处理动物卫生行政违法案件的第一道法律步骤，是一般程序的开始。立案是指动物卫生行政主体对控告、检举和揭发材料以及自己发现的违法行为，经过初步审查认为有违法事实，需要给予行政处罚或者有重大嫌疑的，决定进行调查处理的活动。在这里，动物卫生行政主体接受控告检举材料的行为还不能算作是立案，真正的立案必须是经过动物卫生行政主体负责人批准，决定对违法行为进行调查处理。只有立案后，才可进行其他一系列诸如调查、访问、取证、审理、裁决、送达、执行等项行为。否则，即视为程序违法。立案的任务是审查所获得的材料是否具有违法事实，以及是否给予行政处罚。立案的目的是对违法行为进行追究，通过立案后的调查取证工作，揭露和证实违法行为，从而给违法行为人以行政制裁。

根据《农业行政处罚程序规定》第 22 条规定，除依法可以当场作决定行政处罚的外，动物卫生行政执法人员发现公民、法人或者其他组织有依法应当给予行政处罚的，应当填写《行政处罚立案审批表》，报本行政处罚主体负责人批准。符合下列条件的，应在七日内予以立案：有违法行为发生，违法行为依法应当受行政处罚，属于本处罚机关管辖。

立案办理的案件，应指定二名以上的动物防疫监督员负责办理。承办监督员应填写办案记录，并呈报动物防疫监督机构负责人批准后建立办案案卷。在法定期限内调查取证，提出处理或处罚意见。

2. 调查取证阶段　动物卫生行政处罚的证据主要有书证、物证、证人证言、当事人的陈述、视听资料、鉴定结论、现场笔录和勘验笔录。

调查是指动物卫生行政主体的执法人员依照法定程序，向案件的知情人、见证人以及当事人了解案件情况的活动。

(1)询问当事人。对当事人的询问，就查明案件来说具有十分重要的意义。在动物卫生行政处罚实践中，当事人一般均为违法行为人，办案人员可以通过询问当事人了解案件情况、取得证据、查明案件事实。当事人可以在陈述违法事实的同时进行辩解。询问时，可以将当事人通知到执法机关进行，也可以到违法行为人的住所地或者违法行为发生地进行。询问过程中，首先应当查明当事人的身份，接着询问其是否有违法行为，让其陈述违法行为的情节或者没有违法行为的辩解。承办案件的执法人员应当耐心听取，仔细分析每个环节，并要在询问中教育当事人如实地反映问题。在询问的过程中，严禁刑讯逼供、威胁恐吓、引诱欺骗以及其他非法的方式进行询问。当事人有两个或者两个以上的，应当分别进行询问。询问当事人应当制作询问笔录，内容包括：时间、地点、询问人、被询问人，询问的主要内容是违法行为发生的时间、地点、经过、结果以及承担责任的能力和态度等。询问结束后应将询问笔录交由被询问人核对，对没有阅读能力的，应当向其宣读。被询问人提出补充或者更正的，应当允许。确认笔录无误，被询问人应当在笔录上签名或者盖章。被询问人拒绝签名或者盖章的，应当在询问笔录上注明情况。被询问人有书写能力并要求自己书写的，可允许其自行书写。询问笔录属于证据中的当事人的陈述，经查证属实，可以作为定案的依据。

(2)询问证人。证人是对案情有所了解的知情人和见证人。询问证人对查明案件事实具有十分重要的意义。执法人员应当在查处案件之前，尽量地熟悉案情情况和有关材料，了解证人与当事人的关系，理清需要调查的有关问题，拟定调查提纲。询问时，首先应当查明证人的身份，并告知其作证的义务，以及作伪证的法律后果。如果证人为多人时，应当个别进行询问，以免串通或者相互影响。

询问证人时，可以采取一问一答的方式进行。也可以就其所知道的案件情况作连续的详细叙述，然后对某些问题进行发问。但是不能进行引诱，如提示性发问或者暗示其如何回答等，在询问中都是绝对不允许的。一定要给证人一个宽松的提供证言的环境，打消其思想顾虑，让证人如实地反映案件的真实情况。

询问证人应当制作调查笔录，包括被调查人的基本情况，调查的时间、地点，调查人和记录人等。调查笔录的主要内容为案件发生的时间、地点、当事人、经过和结果等。调查笔录写好后应当交由证人核实，对没有阅读能力的，还应当向其宣读，证人认为笔录记载有遗漏和错误的，应当让其进行更正和补充。经核对无误后，由证人签名或者盖章。调查笔录属于证据中的证人证言，经查证属实之后，可以作为定案的依据。

取证是指执法人员提取和索取物证、书证等证据材料的活动。

(1)收集物证。任何违法行为都必然会使客观因素发生变化，或多或少留下各种物质痕迹。如出售未经检疫或者病害的动物产品、逃避检疫监督、无证经营动物产品，涂改、伪造、买卖动物防疫证照，等等。在这种情况下，我们只要能取得有关这方面的物证，就既能证明违法行为的时间、地点、经过和结果的一部分或者全部，又可作为审查证人证言、当事人陈述真实性的重要手段。特别是在动物卫生行政处罚案件中，有时物证的作用更为直接有效。

(2)提取书证。书证也是执法人员在办案中应当收集的一种重要的证据。如涂改、伪造、买卖的动物防疫证书、标志等。

提取和收集证据时，一是要及时，否则一些物证（如痕迹）就容易灭失，或者被违法行为人隐匿、毁弃；二是要细致，不能放过每一个与案件有关的物品与痕迹。必要时，可以采取特殊的、专门的技术手段。如提取实物、拍照、录音、录像等；三是手续要完备，需要开列清单的，应当一式两份，由执法人员、见证人和持有人签名盖章后，一份交持有人一份归档备查；需要拍照、录像的，应当注意方法，使其能够反映案件的真实情况。

除此之外，还可以对与案件有关的场所、物品进行勘验、检查，必要时还可以指派、聘请或者指定有专门知识的人进行鉴定。依照行政处罚法的有关规定，动物卫生行政主体在收集证据时，可以采用抽样取证的方法。在证据可能灭失或者以后难以取得的情况下，经行政机关负责人批准，可以先行登记保存，在此期间当事人或者有关人员不得销毁或者转移证据。

动物卫生行政主体为调查案件需要，有权依法进行现场勘验。对重要的书证，有权进行复制。

执法人员对与案件有关的物品或者场所进行勘验检查时，应当通知当事人到场，制作《勘验检查笔录》，当事人拒不到场的，可以请在场的其他人见证。

动物卫生行政主体的工作人员在收集证据时，对专门性问题，交由法定鉴定部门进行鉴定；当地没有法定鉴定部门的，应当提交公认的鉴定机构进行鉴定。鉴定人进行鉴定后，应当制作《鉴定意见书》。在收集证据时，可以采取抽样取证的方法。在证据可能灭失或者以后难以取得的情况下，经动物卫生行政主体负责人批准，可以先行登记保存。

对先行登记保存的证据，应当在七日内及时作出下列处理决定：需要进行技术检验或者鉴定的，送交有关部门检验或者鉴定；对依法应当予以没收的财物，决定没收；对依法不需要没收的物品，退还当事人；对依法应当移送有关部门处理的，移交有关部门。

动物卫生行政主体对证据进行抽样取证或者登记保存，应当有当事人在场。当事人不在场或拒绝到场的，执法人员可以邀请有关人员参加。

对抽样取证或者登记保存的物品应当制作《抽样取证凭证》和《证据登记保存清单》。登记保存物品时，原地保存可能妨碍公共秩序或者公共安全的，可以异地保存。对异地保存的物品，动物卫生行政主体应妥善保管。

调查、收集证据的基本要求。第一，要有周密的计划。根据案情，应有目的、有计划地进行，事先要拟好调查提纲，防止盲目性。第二，必须依法进行。调查收集证据不得少于二人，告知证人不得做伪证，不得隐匿证据。调查时不得先入为主，不得诱供等。只有严格按法律要求调查收集证据，行政才能切实保证证据的准确性。第三，必须主动、及时。动物卫生行政案件的证据和其他证据一样，时间性很强，承办人员应主动、及时地调查、收集必要的证据。尤其对于一些容易灭失的证据，必要时还得采取保全措施,或申请有关部门采取保全措施。否则会使一些证明力较强的证据灭失,给查明案件造成不必要的麻烦。第四,必须客观、全面。证据的最大特点是它的客观性。所谓客观,就是从实际出发,实事求是地反映和保持证据的原状,既不能夸大,也不能缩小,更不允许带有任何先入为主的主观想像和推断。所谓全面,就是只要能够反映案件情况的一切证据都要收集,不能只注意收集不利于管理相对人或者有利于管理相对人的证据。第五,运用现代的、专门的技术手段调查、收集证据。如使用录音、摄像、电脑等手段。

3. 审查处理阶段　承办人员对收集到的各种证据,必须经过认真、细致的审查判断,以确认其客观性和真实性。只有经审查属实的证据,才能作为认定案情的依据。承办案件的执法人员取得有关证据后,必须进行审查判断,以辨真伪。对证人证言的审查主要从以下几个方面进行:

(1)审查证人是否如实提供证言,排除虚假的可能。如证人与案件有无利害关系,提供证言时是否受到某种压力等。

(2)审查证人证言的来源,核对其真实性。如是直接耳闻目睹的,还是间接听说的等。

(3)审查证人证言的形成情况,查明反映是否准确。如调查笔录的制作是否符合要求,调查是否依法进行等。

(4)综合审查,以确定其可靠性。如与其他证据对证是否相互应证等。

对提取的证据必须进行以下几个方面的审查判断:一是要审查证据的真伪,二是要审查证据的来源,三是要审查证据与案件之间的联系。审查时,可采用以下方法进行:首先,与其他证据联系起来进行对照分析,如若不实,必然发生矛盾,这就需要进一步查证;其次,是把证据交给当事人和有关人员进行辨认;其三,是进行专门的鉴定或者通过有关人员找出新的证据。

总之,承办案件的执法人员取得证据后,必须经过认真地查证、核实、分析有关证据材料,在确实查明事实真相的基础上,准确地界定行为人的违法责任,然后依照动物卫生行政法律规范的有关规定,提出公正、合理的处理意见。一般情况下,案件调查终结后,承办案件的执法人员就所调查的案件材料认真地进行整理后,依法对案件事实作出认定,并以书面报告的形式或者填写固定格式的“案件处理意见表”提出处理意见,呈报主管领导审批。呈报意见表应当包括如下内容:案件的来源、案件的基本情况、案件的性质、违法事实、引起的后果、有关证据材料、处罚的理由和依据、建议处罚的种类与幅度等。

执法人员在调查结束后,认为案件事实基本清楚,主要证据充分,应当制作《案件处理意见书》,报动物卫生行政主体负责人审查。

动物卫生行政主体负责人对《案件处理意见书》审核后，认为应当给予行政处罚的，执法人员应当制作《违法行为处理通知书》，送达当事人，告知拟给予的行政处罚内容及事实、理由和依据，并告知当事人可以在收到通知书之日起三日内，进行陈述和申辩，符合听证条件的，可以要求动物卫生行政主体按照规定组织听证。当事人无正当理由逾期未提出陈述、申辩或者要求组织听证的，视为放弃上述权利。

案件调查完毕后，动物卫生行政主体负责人应当及时审查有关案件调查材料，当事人陈述和申辩材料，听证会笔录和听证会报告书，对违法事实清楚，证据确凿的案件，根据情节轻重，作出处罚决定。案情复杂或者有重大违法行为需要给予较重行政处罚的，应当由动物卫生行政主体负责人集体讨论决定。动物卫生行政主体作出行政处罚决定后，应当制作《行政处罚决定书》。

动物卫生行政处理或处罚决定自立案之日起，应当在一个月内办理完毕；经行政处罚主体负责人批准可以延长，但不得超过三个月；特殊情况下三个月内不能办理完毕的，报经上一级动物卫生行政主体批准，可以延长至一年。

4. 送达阶段　送达是指动物卫生行政主体依照法律规定的程序和方式，将处理或处罚决定书送交管理相对人的行政行为。送达必须按法定的程序和方法进行，才能产生预期的法律后果，保证案件正确、及时地解决。

《行政处罚决定书》应当在宣告后当场交付被处罚人；被处罚人不在场的，应当在七日内送达被处罚人，并由被处罚人在《行政处罚文书送达回证》上签名或者盖章；被处罚人不在的，可以交其成年家属或者所在单位的负责人代收，并在送达回证上签名或者盖章。

被处罚人或者代收人拒绝接收、签名、盖章的，送达人可以邀请其邻居或者单位有关人员到场，说明情况，把《行政处罚决定书》留在其住处或者单位，并在送达回证上记明拒绝的事由、送达的日期，由送达人、见证人签名或者盖章，即视为送达。

直接送达农业行政处罚文书确有困难的，可以委托其他农业行政处罚机关代为送达，也可以邮寄、公告送达。

邮寄送达的，挂号回执上的收件日期为送达日期；公告送达的，自发出公告之日起60日即视为送达。

5. 执行阶段　对生效的动物卫生行政处罚决定，当事人拒不履行的，作出动物卫生行政处罚决定的动物卫生行政主体可以采取下列措施：

(1)到期不缴纳罚款的，每日按罚款数额的百分之三加处罚款；

(2)根据法律规定，将查封、扣押的财物拍卖抵缴罚款；

(3)申请人民法院强制执行,并制作《强制执行申请书》。

当事人确有经济困难,需要延期或者分期缴纳罚款的,当事人应当书面申请,经作出行政处罚决定的机关批准,可以暂缓或者分期缴纳。

除依法应当予以销毁的物品外,依法没收的非法财物必须按照国家规定公开拍卖或者按国家有关规定处理。

罚款、没收违法所得或者没收非法财物拍卖的款项,必须全部上缴国库,任何动物卫生行政主体或者个人不得以任何形式截留、私分或者变相私分。

6. 结案阶段　属下列情况之一的动物卫生行政案件,经动物卫生行政主体负责人核准,方可结案。

(1)处理、处罚决定已经执行的;

(2)行政复议决定已经执行的;

(3)对人民法院的一审判决或裁定在上诉期间内未上诉的,或已经人民法院终审判决或裁定的;

(4)由于管理相对人死亡和不可抗力等原因造成无法追究行政法律责任的。

结案后,承办人员要对案卷进行认真的整理,按顺序填写卷内目录,并按规定进行装订,填写"结案报告表"呈送负责人审批。同意结案后,应当将案卷归档保存。

第四节　动物卫生行政强制执行

一、动物卫生行政强制执行概述

(一)动物卫生行政强制执行的概念　动物卫生行政强制执行是指在动物卫生行政管理活动中对不履行动物卫生行政法规定义务的管理相对人,由人民法院或动物卫生行政主体采用法定的强制手段,强制管理相对人履行义务的行政行为。它是用国家强制力保证动物卫生行政法贯彻落实的重要手段之一。

(二)动物卫生行政强制执行的特点

1. 对象特定　动物卫生行政强制执行的对象是不履行动物卫生行政法规定的义务,经说服教育仍不改正的管理相对人。

2. 主体法定　动物卫生行政强制执行的主体是动物防疫监督检验机构或人民法院。

3. 标的广泛　动物卫生行政强制执行的标的具有广泛性。它可以是物,也可以是行为,还可以是人。需要强调指出的是,行政强制执行必须严格依法进行,要防止滥用职权,以免侵犯管理相对人的合法权益。

4. 强制与教育相结合　在动物卫生行政强制执行中，贯彻强制与说服教育相结合的原则。两者都是保证动物卫生行政管理秩序正常运转的重要手段。

二、动物卫生行政强制执行的种类

（一）对人的权利的强制　对人的权利的强制，主要是指对管理相对人的权利和行为的强制执行。

1. 对人的权利的强制　如非法经营令其停业不听者，便可强制其停业。

2. 对人的行为的强制　如某持照兽医违反了动物防疫法之规定，就可扣留或吊销其《动物诊疗许可证》，或处以罚款，等等。

（二）对非人身的强制　对非人身的强制是指对物品和财产等的强制。动物卫生行政主体为维护社会安定和保障人民生命财产的安全，可依法在封锁区内强行扑杀、无害化处理患病动物。

对进入流通环节的染疫动物产品，动物卫生行政主体亦有权进行无害化处理，费用由畜主承担。

三、动物卫生行政强制执行的程序

动物卫生行政处理与处罚决定一经作出，就必须执行。当事人不履行法定义务时，动物卫生行政主体可采取强制措施，其方法和程序有如下几种：

（一）间接强制　这是指对不履行法定义务的管理相对人，不是直接对其采取强制措施，而是通过其他方式强制其履行义务的行政措施。最常使用的是代执行和执行罚。

1. 代执行　代执行是指管理相对人不履行法定义务而该项义务可由他人代为履行时，动物卫生行政主体有权将该项义务交由他人履行，待义务履行完毕后，应由不履行义务的管理相对人承担一切费用。对饲养、经营的动物不按照动物疫病的强制免疫计划和国家有关规定及时进行免疫接种和消毒的；对动物、动物产品的运载工具、垫料、包装物不按照国家有关规定清洗消毒的；对不按照国家有关规定处置染疫动物及其排泄物、染疫动物产品、病死或者死因不明的动物尸体的均可根据我国《动物防疫法》第46条的规定实施代执行。代执行必须履行下列程序：

(1)通告。又称告诫。就是由动物卫生行政主体按法律规定，事前采用口头或书面等形式通知管理相对人限期履行义务，有时也以警告的形式进行通告。

(2)代执行。在当事人拒不改正或者仍不履行义务的情况下，动物卫生行政主体就可以指派他人实施代执行。

(3)收费。代执行的一切费用由动物卫生行政主体依法确定，并向管理相对人征收。管理相对人如不交纳该项费用，则可申请人民法院强制执行。此外，在紧急情况下也可不经此程序，立即采取代执行之措施。

2. 执行罚　《农业行政处罚程序规定》第 54 条规定：对生效的农业行政处罚决定，当事人拒不履行的，作出农业行政处罚决定的农业行政处罚机关可以采取下列措施，即到期不缴纳罚款的，每日按罚款数额的百分之三加处罚款。

这是指管理相对人不及时履行他人所不能代替履行的义务时，动物卫生行政主体对其采取财产上新的给付义务的措施，也就是再进行一定数量的罚款，直至履行义务为止。

执行罚的程序是先告诫管理相对人，如不按期履行义务，将被处以一定数量的罚款。如在期限内未履行义务，则可依法令其交纳罚款。拒交者，也可按金钱给付义务的强制执行办法，强制征收。

（二）直接强制　它是指动物卫生行政主体对管理相对人不履行义务，实行间接强制后仍未履行义务时，对管理相对人的财产加以直接的强制措施。以促使管理相对人履行义务。直接强制的程序：告诫、执行、收费。

（三）申请人民法院强制执行　当出现下列情形时，动物卫生行政主体即可以申请人民法院强制执行。

1. 采取其他措施未能执行的　动物卫生行政主体采取了其他行政措施，但仍未执行。即可申请人民法院强制执行。

2. 既不起诉也不履行　管理相对人对动物卫生行政主体的生效裁决既不起诉也不履行的，动物卫生行政主体即可申请人民法院强制执行。

3. 拒不执行生效的判决和裁定　管理相对人拒不履行人民法院生效的判决或裁定的，动物卫生行政主体也可申请人民法院强制执行。

第六章　动物卫生行政救济

第一节　动物卫生行政救济概述

一、动物卫生行政救济的概念

所谓救济，就是当事人或某事处于困难与危险环境时，通过采取某一种方法与措施，给予援救与接济，使其摆脱困难，脱离危险。将这一概念运用到法律上，是指当某一不当的法律行为发生后，可能使国家、集体、个人的合法权益受到侵害时，需要采取某种补救措施，以免侵害发生或挽回侵害造成的损失。

行政救济是指当事人受某一国家行政机关的违法或不当处理以致合法权益遭受损害时，依法向有关机关提出申诉的程序。

动物卫生行政救济是行政救济的组成部分。它是指管理相对人即公民、法人或其他组织，对动物卫生行政主体所作的动物卫生行政行为不服，依照动物卫生行政法的规定，在法定期限内向上级动物卫生行政主体或人民法院提出申诉或提起诉讼，要求撤销或变更原来决定的一种程序和制度。提出申诉的叫动物卫生行政复议，提出诉讼的叫动物卫生行政诉讼，提出索赔的是动物卫生行政赔偿。

二、动物卫生行政救济的意义

设立行政救济制度，对于发展社会主义民主，健全社会主义法制，加强国家行政管理，密切行政机关同人民群众的联系以促进社会主义现代化建设，都具有十分重要的意义。动物卫生行政救济是重要的行政救济，其重要意义表现如下：

1. 有利于保护管理相对人的合法权益　动物卫生行政救济制度的确立，意味着管理相对人获得一种权利，即对动物卫生行政主体所作的具体行政行为不服时，可以依法提出申诉或提起诉讼。请求有关国家机关撤销或变更动物卫生行政主体原来的具体行政行为，以维护自己的合法权益免受侵害。

2. 有利于提高动物卫生行政主体及其工作人员的执法水平　动物卫生行政救济制度本身就是对动物卫生行政主体及其工作人员的一种约束和监督。这种制度要求动物卫生行政主体必须严格依法办事，遵守办案程序，保护国家和管理相对人的合法权益。为了避免违法或不当行政处理的发生，动物卫生行政主体就应当认真组织学习法律、增强法制观念。并深入实际、调查研究，正确收集、运用证据，以保证办案质量。长期这样坚持，无疑会提高动物卫生行政主体的工作人员的法律意识和执法水平。

3. 有利于国家行政管理和维护社会主义法制　确立动物卫生行政救济制度，就是为了使动物卫生行政法得到贯彻实施。动物卫生行政救济制度不仅可以纠正和制止违法的、不当的动物卫生行政行为，维护管理相对人的合法权益，而且可以惩戒、制裁违反动物卫生行政法的行为，维护动物卫生行政主体的正确决定，维护法律的尊严。从而使动物卫生行政管理的秩序得到法律的保护。这对于国家的行政管理和法制建设，无疑具有十分重要的意义。

第二节　动物卫生行政争议

一、动物卫生行政争议概述

（一）动物卫生行政争议的概念　动物卫生行政争议又称动物卫生行政纠纷。它是指动物卫生行政主体之间，动物卫生行政主体与社会团体、企事业单位及公民之间，因行政管理而引起的有关动物卫生行政法权利和义务的争执和异议。

（二）动物卫生行政争议的特征　动物卫生行政争议，有其独到的一些特征。

1. 当事人特殊　在动物卫生行政争议的双方当事人中，必有一方是行使行政职能的动物卫生行政主体。

2. 产生在行政管理中　动物卫生行政争议是在动物卫生行政管理过程中产生的，因执行公务进行具体的行政处理而引起。

3. 被告特定　解决动物卫生行政争议无论是复议、诉讼还是赔偿，动物卫生行政主体都是作为被告的。

4. 争议内容广泛　动物卫生行政争议的内容涉及动物卫生行政法上的权利和义务，表现为当事人对动物卫生行政职权及职权行使上的广泛争执与异议。

二、动物卫生行政争议的种类和原因

（一）动物卫生行政争议的种类　从动物卫生行政争议的内容来看，动物卫生行政争议大多是动物卫生行政权限争议。根据动物卫生行政争议的性质，可将其分为以下几种类型：

1. 动物卫生行政主体之间的争议　如对案件管辖的争议。

2. 动物卫生行政主体与其他国家机关之间的争议　如技术争议等。

3. 动物卫生行政主体与管理相对人之间的争议　在动物卫生行政争议中占相当比重的是这类争议。管理相对人只要认为其合法权益受到动物卫生行政主体或其工作人员的侵害，就可引起行政争议的产生。

另外，根据行政争议涉及的范围，还可将动物卫生行政争议划分为内部行政争议和外部行政争议。

（二）动物卫生行政争议产生的原因　动物卫生行政争议产生的原因有以下几种：

1. 动物卫生行政执法人员侵权　动物卫生行政主体工作人员法律意识、法律观念淡薄，执法水平不高，其行政行为违法或不当，侵犯了管理相对人的合法权益。

2. 动物卫生行政执法人员违法　少数动物卫生行政工作人员任意越权、滥用职权，侵犯了管理相对人的合法权益。

3. 管理相对人误解　管理相对人错误地认为动物卫生行政主体或工作人员的行政行为侵犯了其合法权益，而引起行政争议。

4. 管理相对人违法　管理相对人故意不遵守法规、规章，不服从动物卫生行政主体所作出的正确处理，而引起的行政争议。

5. 技术争议　因技术纠纷引起的请求动物卫生行政主体解决的争议。

6. 权限争议　因行政权限划分不明确而引起的行政争议。

三、动物卫生行政争议的解决方法

解决动物卫生行政争议的方法一是行政诉讼，就是人民法院依照司法程序解决动物卫生行政争议。再就是动物卫生行政司法，即动物卫生行政主体运用行政司法程序解决动物卫生行政争议。在动物卫生行政司法中，有下列三种处理争议的方法：

（一）行政复议　这种方法在我国台湾省及国外称之为“诉愿”制度。新中国成立后，20 世纪 50 年代初，我国就规定了行政复议制度，特别是 1990 年 11 月 9 日经国务院第 11 次常务会议通过，1991 年 1 月 1 日起施行的《行政复议条例》使我国的行政复议制度进一步得到发展，1999 年 4 月 29 日第九届全国人民代表大会常务委员会第九次会议通过并于同年 10 月 1 日起施行的《中华人民共和国复议法》使我国的行政复议制度更加完善。

（二）行政调解　调解是中外最古老的解决纠纷的方式之一，尤以我国盛行。动物卫生行政调解更多地适用于解决违反动物卫生行政法，给社会或他人造成损害的赔偿案件。当它适用于解决行政争议时，主要涉及的是行政补偿和行政赔偿的争议。

（三）行政赔偿　行政赔偿即国家赔偿，它是指对国家机关及其工作人员在执行职务、行使国家管理职权的过程中，因违法给公民、法人或其他组织的合法权益造成损害，由国家所承担的赔偿责任。国家赔偿责任，也称国家侵权赔偿责任，简称国家赔偿。

第三节　动物卫生行政救济的途径

一、动物卫生行政救济途径的概念

动物卫生行政救济途径，是保护管理相对人的合法权益，制裁违反动物卫生行政法的行为，保障动物卫生行政管理秩序，而采用的方式和办法。它是动物卫生行政救济目的能否实现的关键所在。动物卫生行政救济途径，使社会主义的民主与法制在动物卫生行政管理活动中得到了具体的体现。因此，动物卫生行政救济途径在动物卫生行政救济中具有十分重要的意义。

二、动物卫生行政救济途径的分类

（一）动物卫生行政复议

1. 动物卫生行政复议的概念和特征

(1)动物卫生行政复议的概念。动物卫生行政复议是动物卫生行政主体内部进行救济的一种途径。这是由上一级动物防疫监督检验机构，根据管理相对人的请求，依据行政复议法和动物卫生行政法的有关规定，对特定的动物卫生行政争议进行审查、处理、裁决的一种行政司法活动。

(2)动物卫生行政复议的特征。①行政救济性。行政救济是指当事人受某一行政机关的违法或不当处分，以致使其合法权益遭受侵害时，依法向有关机关提出申诉，请求给予保护的程序。因行政管理而引起的各类争议大多数具有较强的技术性和专业性，这就使得法院在处理此类案件时面临着一定的困难，自然会影响到解决问题的效率。所以，由行政主体自身建立一套监督机制来解决行政纠纷，无疑具有其现实的合理性和极大的必要性。在司法监控作为最终手段能为管理相对人筑起最后一道防线的情况下，通过作为行政司法形式的动物卫生行政复议制度，来恢复和保障管理相对人合法权益的“行政救济 ”措施，就显得更具现实意义；②自我监督性。动物卫生行政复议是通过对动物防疫监督机构所作出的具体行政行为的审查，来实现自我监督的一种行政司法活动。它是在对行政权力实行有效监督的基础上，建立起来的以权力制约权力的监督机制；③衔接性。我国动物卫生行政复议救济实行的是一种双轨制行政救济模式，即管理相对人不服动物防疫监督机构的行政处理处罚时，可采用行政复议或行政诉讼来获得救济的一种方式。我国对行政复议与行政诉讼的协调原则是：根据《行政诉讼法》的有关规定，既肯定了复议选择原则，同时又提倡复议前置原则。

2. 动物卫生行政复议的原则

(1)不诉不议原则。不诉不议原则是指动物卫生行政复议必须由管理相对人提起。否则，即使具体的动物卫生行政行为确实侵犯了管理相对人的合法权益，管理相对人未提出复议申请的，动物卫生行政复议主体也不得主动进行行政复议。

(2)一级复议原则。一级复议原则是指动物卫生行政复议案件经过某一审级的动物卫生行政复议之后即告结束。根据这一原则，管理相对人仍不服动物卫生行政复议决定的，则只有诉诸于人民法院而不得再行申请复议。

(3)对具体行政行为合法适当审查原则。在动物卫生行政复议中，动物卫生行政复议主体既要对具体的动物卫生行政行为的合法性进行审查，又要对其适当性进行审查。

(4)合法原则。合法原则是指承担复议职责的动物卫生行政复议主体，必须严格按照法律规定的职责权限，以事实为依据以法律为准绳，对管理相对人提出申请复议的具体行政行为按法定程序进行审查。

(5)公正原则。公正原则是指动物卫生行政复议主体在实施动物卫生行政复议行为时要在程序上平等对待当事人各方。公正原则主要由立案、回避、调查情况、听取意见、审查处理、得出处理意见、经负责人同意或经集体讨论决定等方式加以体现。

(6)公开原则。公开原则是指某些重大的与管理相对人权利、义务直接相关的动物卫生行政复议行为，要求通过一定的程序让管理相对人了解动物卫生行政复议的过程。

(7)效率原则。动物卫生行政复议是动物卫生行政内部监督的一种形式，复议决定并非终局裁决，而是还要受到国家的司法监督。因此，动物卫生行政复议既要注意维护公正性，又要注意保证其行政效率。

(8)便民原则。便民原则就是要求行政复议活动要给予管理相对人方便，使其在行政复议活动中在尽量节省费用、时间、精力的情况下，保证充分行使复议申请权。

(二)动物卫生行政诉讼

1. 动物卫生行政诉讼的概念　动物卫生行政诉讼是一种外部救济程序。即由人民法院根据动物卫生行政管理相对人的请求，依据行政诉讼法的规定，依据动物卫生行政法律、法规的规定，对动物卫生行政争议，实行审理、裁判的一种司法审判活动。

2. 动物卫生行政诉讼的特征

(1)行政诉讼中的当事人特定。①原告。是指动物卫生行政活动中的管理相对人，即公民、法人或其他组织；②被告。在动物卫生行政诉讼中，动物卫生行政主体恒定为被告。

(2)动物卫生行政诉讼的标的是法定的。动物卫生行政诉讼的标的就是原告对动物卫生行政主体或其工作人员的具体行政行为不服，而请求法院予以裁决的行政权力义务关系。

(3)多方的动物卫生行政诉讼法律关系。动物卫生行政诉讼和其他诉讼一样，它是在人民法院的主持下并同当事人及其他诉讼参与人的参加下进行的活动。在诉讼中产生了以人民法院为裁判方，以动物卫生行政主体为一方，以管理相对人为另一方的诉讼法律关系。

3. 动物卫生行政诉讼的原则

(1)一般原则。这是指我国所有诉讼活动都必须遵循的基本准则，包括①人民法院依法对动物卫生行政案件独立行使审判权的原则；②以事实为依据，以法律为准绳的原则；③合议原则；④回避原则；⑤公开审判原则；⑥两审终审原则；⑦当事人法律地位平等原则；⑧辩论原则；⑨使用本民族语言文字的原则；⑩人民检察院实行法律监督原则。

(2)特殊原则。这是指人民法院在审理动物卫生行政案件时才适用的基本准则，包括：①特定主管原则；②合法性审查原则；③起诉不停止执行原则；④被告承担举证责任的原则；⑤不适用调解原则；⑥司法变更权有限原则。

4. 兽医卫生行政诉讼的受案范围和管辖

(1)受案范围。我国《行政诉讼法》及最高人民法院关于执行《中华人民共和国行政诉讼法》若干问题的解释的规定，只有列入受案范围的行政争议，管理相对人才有权向人民法院提起诉讼，人民法院才拥有司法审查权，才能立案受理和作出裁判。动物卫生行政诉讼的受案范围，包括：①动物卫生行政处罚；②动物卫生行政强制措施；③侵犯法定经营自主权；④拒绝颁发兽医卫生行政证、章、标志；⑤拒绝履行保护财产权之法定职责；⑥违法要求履行义务。

(2)案件管辖。案件管辖是指各级人民法院之间或同级人民法院之间受理第一审动物卫生行政案件的具体分工和权限。我国《行政诉讼法》规定了三种管辖形式：即级别管辖、地域管辖和指定管辖。前二种是最基本的管辖形式，后一种是对前二种的补充。需要指出的是行政案件只能由最高人民法院和地方各级人民法院受理，专门人民法院、人民法庭则不能受理，也不能审查和执行行政机关申请执行其具体行政行为的案件。《行政诉讼法》在级别管辖中规定，各级人民法院管辖第一审行政案件的范围，除法律明确规定应由上级人民法院管辖的第一审行政案件外，其他第一审行政案件，一律由基层人民法院管辖。中级人民法院管辖的第一审行政案件，包括：①确认发明专利权的案件，海关处理的案件；②对国务院各部门或者省、自治区、直辖市人民政府所作的具体行政行为提起诉讼的行政案件；③本辖区内重大、复杂的案件，对此最高人民法院关于执行《中华人民共和国行政诉讼法》若干问题的解释中何为重大、复杂的案件作出了明确的规定。高级人民法院管辖本辖区范围内重大、复杂的第一审行政案件。最高人民法院管辖全国范围内重大、复杂的第一审行政案件。

（三）动物卫生行政赔偿

1. 动物卫生行政赔偿的概念　动物卫生行政赔偿是国家赔偿在动物卫生行政方面的具体运用。动物卫生行政赔偿是指动物卫生行政主体及其工作人员执行职务、行使国家管理职权的过程中，因违法给公民、法人或其他组织的合法权益造成损害，由国家所承担的赔偿责任。动物卫生行政赔偿属于国家赔偿范畴。动物卫生行政赔偿责任，也称动物卫生行政侵权赔偿责任，简称国家赔偿。

2. 动物卫生行政赔偿的特征

(1)国家赔偿责任的主体是国家。国家赔偿以“国家”为责任主体，这一点不仅是与民事赔偿的重要区别，也是国家赔偿制度的政治意义所在。

(2)引起国家赔偿的原因是行使职权的行为侵权。国家赔偿责任产生于国家机关及其工作人员执行职务的过程之中，即侵权主体是国家机关及其工作人员、侵权的产生是行使职务的违法行为。

(3)动物防疫行政赔偿是国家侵权赔偿责任的一种形式。即返还财产、恢复原状或支付赔偿金。除此之外，还有赔礼道歉、恢复名誉、消除影响等责任形式。

(4)责任主体与侵权主体相分离。国家虽为责任主体，但并不参与具体的赔偿事务，赔偿事务由特定的赔偿义务机关(一般为侵权主体)来负责。但是赔偿是以国家名义进行的，赔偿费用由国库支付。

3. 国家赔偿的构成要件

(1)必须有合法权益受到损害的事实。①损害必须是已经发生的；②受到损害的必须是合法利益；③损害必须是超过了公共生活正常的负担；④损害的必须是自身利益的某些损失。

(2)侵害主体必须是国家机关及其工作人员。国家机关包括行政机关、审判机关、检察机关和部分军事机关，工作人员为行政机关、审判机关、检察机关和部分军事机关中行使国家职权的人员。

(3)侵害行为必须是违法行使职权的行为。产生损害的行为必须是国家机关及其工作人员行使职权的行为，而这种行为又是违法行使职权的行为。

(4)存在因果关系。国家机关及其工作人员的侵权行为与损害事实之间必须存在因果关系。

4. 国家赔偿责任的理论基础

(1)国家赔偿责任理论的发展。国家侵权赔偿责任理论经历了一个由否定到肯定的过程。在此过程中，交织着两种变化，一是政府从免责到负责；二是工作人员从负责到免责。

(2)国家赔偿的思想根源。①合法财产不可侵犯。人们普遍认为财产得到了保护，自由、社会秩序以及其他一些基本价值的连续性才能有所保障；②保护个人自由和财产权利。国家之所以要对国家机关工作人员的侵权行为承担赔偿责任，就在于公共权力机关包括国家存在的基本理论就是要保障个人自由和财产权利不受侵犯；③社会公共负担平等。国家公务活动致使公民、法人或者其组织的权益受到损害时，由国家代表全体成员共同负担赔偿责任，这就是公共负担平等原则在国家赔偿上的体现；④社会福利与社会保险思想。社会保险的思想对国家赔偿制度的建立和完善影响较大，它的着眼之处在于保障和提高全体社会成员的物质生活待遇，促进全社会福利水平的不断提高。

5. 国家赔偿法的基本观念

(1)对人民负责。国家的前途在很大程度上取决于人民对政府的信赖和支持。对人民负责是取得这种信赖和支持的前提，而对其任用并由其监督管理的工作人员违法行使职权造成他人的损害，承担赔偿责任是对人民负责的最基本的要求。对人民负责就必须对公务行为所造成的损害承担责任。

(2)公共负担平等。公共负担平等是国家赔偿法的基石。国家机关工作人员代表国家行使职权一般来说是为了公共利益，这种职务行为造成特定当事人的损害由国家承担赔偿责任，实际上是将这种损害分担于国民头上(因国家的资金是通过赋税取之于民的)，也可以说是由全体国民共同分担个别当事人的不幸。

(3)有错必纠。国家承担赔偿责任，以致害行为违法为前提。如怕承担赔偿责任而坚持错误，则会使无辜受害公民或组织告状无门，这不仅与国家赔偿法的宗旨相悖，而且也会使国家机关的威信受到影响。事实上，人民并不奢望政府秋毫无犯，但要求政府善于知错，又能知错必改。

(4)依法行使职权。根据国家赔偿法的规定，如果国家机关工作人员的职务行为造成他人损害，则应由国家来承担赔偿责任，工作人员个人具有一般过错无须承担赔偿责任。由于行使职权过程中的风险责任由国家予以承担，这就解除了工作人员的后顾之忧。应当说，国家赔偿法的颁布为国家机关工作人员依法行使职权创造了重要的条件。但是，如果工作人员的侵害行为有故意或者重大过失的，赔偿义务机关代表国家赔偿之后应当向该工作人员追偿部分或全部赔偿费用。由此可见，国家赔偿法既有支持工作人员大胆行使职权的一面，又有增强工作人员自我约束的另一面。这样可使工作人员既不至于害怕自己承担赔偿责任而缩手缩脚，又不因国家承担赔偿责任而为所欲为。

（四）动物卫生行政信访接待　动物卫生行政信访接待是广义上的动物卫生行政救济。它既可以在动物卫生行政主体内部进行，也可以在外部进行。它与动物卫生行政复议比较具有如下区别：

1. 当事人不同　申请复议的当事人只能是与具体动物卫生行政行为有利害关系的管理相对人。而来信、来访的当事人不一定都是与其批评、建议、申诉、控告、检举的事实有利害关系的人，有的可能是局外人。

2. 请求事项的范围不同　行政复议，当事人仅对动物卫生行政主体所作的具体行政行为不服，提出复议申请。而来信、来访反映的问题范围特别广，有可能是政策问题、历史积案或违法乱纪问题，等等。

3. 申诉期限不同　行政复议必须在法定期限内提出，无正当理由超过法定期限提出的，动物卫生行政主体可以拒绝受理。而来信、来访反映问题不受期限限制。

4. 法律依据不同　行政复议是当事人依据法律、法规和行政规章的规定请求改变或撤销原行政处理、处罚决定。而来信、来访当事人是依照宪法赋予的民主权利，根据党和国家的政策向有关机关提出申诉或控告，以保护自己或他人的合法权益。

第七章　世界动物卫生组织

第一节　世界动物卫生组织简介

一、OIE 发展简史

19 世纪初，随着科学技术的发展，国家之间的交往和合作已非常频繁，一些国际组织也就应运而生，如较早的国际电报联盟(1865)和世界邮政联盟(1874)等。

世界动物卫生组织就是在这种情况下于 1924 年成立的，世界动物卫生组织虽成立于 1924 年，但该组织的组建至少应追溯到 19 世纪末期。1872 年，欧洲大面积暴发牛瘟，奥地利招集欧洲多个国家在维也纳召开了一个国际会议，协商各国为控制牛瘟应采取统一行动，法国、比利时、德国、英国、意大利、罗马尼亚、俄罗斯、塞尔维亚、瑞士和土耳其参加了会议。可以说，这次会议是多个国家为控制动物疫病而发起的一次重要的国际会议。

1920 年，由于从亚洲往南美运送病牛，中途卸在安特卫港而引起比利时再次发生牛瘟，并引起欧洲各国的极大关注。1921 年 5 月 27 日，法国发起了一个邀请所有国家参加的国际动物流行病学大会，与会代表一致认为，应在巴黎建立一个控制动物传染病的国际机构，从而使 OIE 的建立真正列入了议事日程。

1924 年 1 月 25 日，来自阿根廷、比利时、巴西、保加利亚、丹麦、埃及、西班牙、芬兰、法国、大不列颠、希腊、危地马拉、匈牙利、意大利、卢森堡、摩洛哥、墨西哥、摩纳多、荷兰、秘鲁、波兰、葡萄牙、罗马尼亚、暹罗(泰国)、瑞典、瑞士、捷克斯洛伐克和突尼斯等 28 个国家的代表，再次聚会巴黎，一致认为根据 1921 年 5 月 27 日国际动物流行病学大会通过的决定，有必要建立世界动物卫生组织，并代表各国政府签署了《关于在巴黎建立世界动物卫生组织的国际协议》(简称《国际协议》)，并附带签署了《世界动物卫生组织组织法》(简称《组织法》)。正式宣告了世界动物卫生组织成立。

世界动物卫生组织成立后，一方面不断完善自身机构，先后颁布了《世界动物卫生组织条例》和《世界动物卫生组织通则》等纲领性文件，成立了国际委员会，并在该委员会领导下设立了行政委员会、地区委员会和专业委员会三个分委会，发展了数十个参考实验室和协作中心；另一方面，又紧紧围绕自身三项主要任务，不断拓宽疫病服务范围，从最初牛瘟、口蹄疫、牛传染性胸膜肺炎、等 9 种动物疫病，发展到现在的 15 种 A 类动物疫病和几十种 B 类动物疫病。

目前，世界动物卫生组织已拥有 155 个成员国，并和涉及到动物卫生工作的世界贸易组织（WTO）、世界卫生组织（WHO）、联合国粮农组织（FAO）、美洲农业合作研究所（IICA）、泛美卫生组织（PAHO）、国际植物保护与动物卫生组织（OIRSA）、太平洋地区秘书处（SPC）等 20 多个国际和区域组织签署了合作协议。目前，随着 WTO－SPS 协议对世界动物卫生组织规则、标准和建议的认可，世界动物卫生组织将在人类和动物健康方面发挥更重要的作用。

二、OIE 及其工作语言

（一）OIE 命名及 OIE 总部　OIE 是法语"国际兽疫局""Office International des Epizooties"的缩写，考虑到 OIE 的英文名称是"World Organization for Animal Health"，本书中将其译为"世界动物卫生组织"。同时，这种译法也考虑到了该组织与其他一些国际组织名称的一致性，如世界卫生组织（World Health Organization，WHO）、世界贸易组织（World Trade Organization，WTO）及联合国粮农组织（Food and Agriculture Organization of the United Nations，FAO）。

OIE 总部设在法国巴黎，具体联络方式如下：

地址：12，rue de Prony，75017 Paris，France

电话：33-（0）144151888

传真：33-（0）142670987

Email：oie@oie. int

网址：www. oie. int/

（二）OIE 工作语言　OIE 共有三种官方工作语言，即英语、法语和西班牙语。同时，OIE 国际委员会大会上提供德语和俄语的同声翻译，有时还可能有阿拉伯语。

OIE 的出版物也有英语、法语和西班牙语三种版本，部分重要文本提供俄语、德语和阿拉伯语的翻译本。

三、OIE 的性质及其任务和发展目标

（一）OIE 的性质　OIE 为动物卫生的国际组织，是处理国际动物卫生协作事务的政府间组织。OIE 管理着一个庞大的动物疫情信息系统，负责制定有关动物和产品贸易的卫生标准。

(二)OIE 的主要任务　目前,OIE 的主要任务是:

1. 收集并向各国通报全世界动物疫病的发生发展情况,以及相应的控制措施;

2. 促进并协调各成员国加强对动物疫病监测和控制的研究;

3. 协调各成员国之间动物及动物产品贸易的规定。

(三)OIE 发展目标　为了促进自身的发展,结合目前贸易全球化的总体趋势,并基于以上三方面的任务,OIE 目前的主要发展目标是:

1. 实现动物疫情的透明化　为各国政府兽医机构提供危及人畜安全的动物疫情的发生和发展进程,是 OIE 的首要任务。为此,OIE 组建了疫情应急系统,定期向成员国发布《疫情信息》、OIE《通报》、《世界动物卫生》和《科学技术评论》等。

2. 实现国际贸易中的动物卫生安全　动物及其产品的国际贸易已成为世界经济发展的一个重要方向。为维持这一方向稳定发展,制定合理的兽医法规,防止人畜共患病传播。以及制定合理的贸易协调机制,解决非公平贸易争端,是必不可少的。

世界贸易组织卫生与植物卫生措施实施协议(WTO-SPS 协议)明确推荐使用 OIE 制定的规则、标准和建议。OIE 国际委员会指定的一些常规性工作,就在于发展动物及其产品国际贸易中适用的卫生规则和标准,如《国际动物卫生法典》、《动物疾病诊断试验和疫苗标准手册》、《国际水生动物法典》和《水生动物疾病诊断试验手册》等。

3. 提供动物卫生专业知识　1924 年 1 月 25 日 OIE 成立之初,国际委员会规定 OIE 的首要目标是在世界范围内促进和协调动物疫病监测和控制研究工作。为实现这一任务,OIE 组建了专业委员会(Specialist Commissions)和工作组(Working Groups),并有协作中心(Collaborating Centers)和参考实验室(Reference Laboratories)予以支持。同时,OIE 还就某些科技议题,组织有关专家召开专题会议,并发行科技出版物。

正是基于上述发展目标,OIE 得到其成员国和众多与动物卫生相关的国际和区域性组织的认可,从而也使自身获得了长足的发展。

第二节　OIE 组织结构

一、国际委员会

国际委员会(The International Committee)是 OIE 的最高权力机构,由 OIE 所有代表组成(见图 7-1)。国际委员会大会每年 5 月在巴黎召开一次,一般持续 5

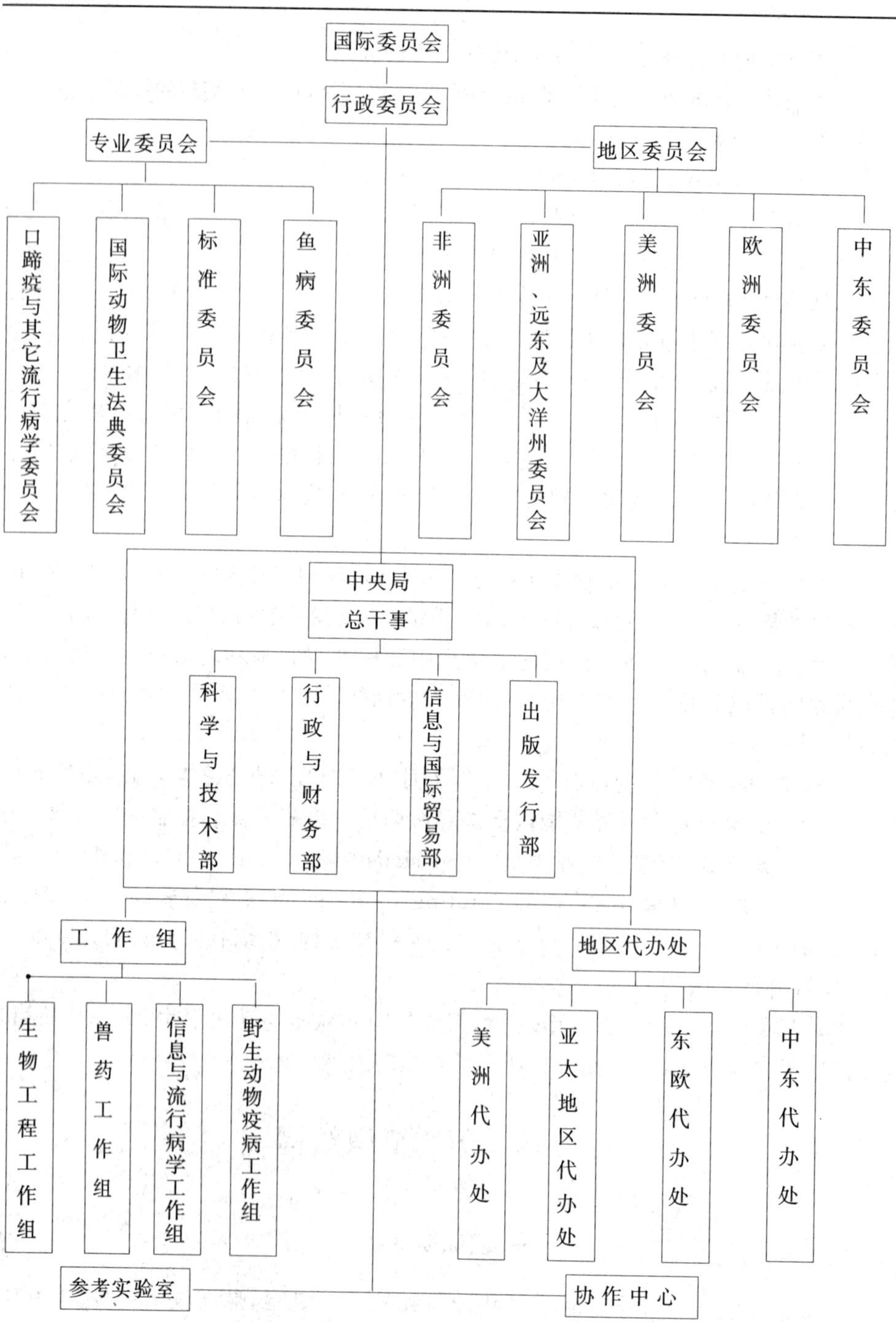

图 7-1 OIE 组织结构图

天左右。国际委员会采取“一国一票”的民主原则。

(一)国际委员会的主要职责

(1)审定通过动物卫生领域,尤其是国际贸易中采用的国际标准;

(2)审定通过重大动物疫病控制方面的决议;

(3)选举 OIE 的管理机构成员,包括 OIE 国际委员会主席、副主席,行政委员会、地区委员会和专业委员会成员;

(4)任命 OIE 总干事;

(5)审查和批准总干事的年度工作和财政报告、以及年度财政预算报告。

此外,国际委员会还有权根据需要,建立 OIE 各类分委员会;并有权与其他国际组织建立合作关系,确保实现自身及各自的目标。国际委员会的工作由行政委员会(The Administative Commission)负责筹备。行政委员会由 9 名代表组成,每年 2 月份和 5 月份在国际委员会主席领导下,召开两次会议。在国际委员会大会期间,各成员国代表可参加各自相应的地区委员会(Regional Commissions),讨论共同关心的问题。

(二)国际委员会全体会议　委员会年度全体(General Session)会议每年 5 月在 OIE 总部举行。在此会议上,OIE 总干事向各成员国及有关国际组织通知委员会各项会议。具体讨论内容包括两个方面:

1. 专业方面

(1)总干事关于过去一年中 OIE 的科学技术活动报告;

(2)代表团关于议程中的各专题报告;

(3)成员国代表和 OIE 理事会关于过去一年中,国家和区域动物流行病变化的报告;

(4)审查并讨论议程中各种疾病的流行病学报告;

(5)听取地区和专业委员会办事处的报告和会议录;

(6)讨论并表决议程中给各成员国政府及给有关国际组织的各项动议、建议和决议;

(7)准备下次全体会议的临时议程。

2. 行政管理

(1)审查批准 OIE 总干事提交的经行政委员会审查备案的行政报告和财务报告;

(2)审查批准前一段时期的财务及下一时期的预计开支和收入;

(3)表决预算;

(4)进行定期的法定提名并选举;

(5)决定下年度全体会议的日期。

(三)国际委员会的活动　在互相信任的大环境下,OIE 在过去十年内取得了快速发展。1990 年 5 月到 1995 年 5 月间,国际委员会召集成员国代表召开了 10 届全体大会,代表团成员从 1989 年的 81 个扩到大 1999 年的 121 个,出会率则从 1989 年的 71%上升到 1999 年的 80%。一些国际组织还派遣观察员参加了这些会议。在地区委员会和专业委员会的大力协助下,管理委员会精心安排,国际委员会全体会议讨论积极,促使各成员国代表在许多方面达成了一致。

1. 国际委员会的管理工作　在成员国代表监督下,国际委员会的管理工作主要是对财政预算和资金使用方面进行年度检查。在这项工作中,委员会通过代表投票,赞成各成员国应稳步增加对 OIE 的财政支持力度,以使该组织能够达到其预期的工作目标。

国际委员会还讨论了将要实施的几个项目,即设立地区办事处、紧急援助方案、2001—2005 年工作策略、无蹄疫国家名单等。

为了使工作更为高效,1990—1999 年间,OIE 决定修订部分文件,并采纳新的规则和协议。1990 年,委员会提议增加财政法有关贮备金的附加条款,该修正案于 1991 年 1 月 1 日生效。1993 年,委员会还表决通过了"工作组和专门工作组的任务和内部纪律"1995 年还通过了"OIE 区域代办处的任务和内部纪律"两项文件。OIE 和其他国际组织(SPC、IICA、OIRSA、WTO 和 PAHO)的协议也获得了通过。

OIE 基本文件新版本汇总了所有文件,以及 1984 年以来修正案,OIE 中央局于 1994 年出版发行。

2. 科技活动　科技活动始终是国际委员会的重要工作。1990—1999 年间,国际委员会审查和表决通过了对公共卫生和经济工作极为重要的一些决议,这些工作包括:新大陆螺旋蝇蛆病、牛海绵状脑病、进口风险分析、动物和动物产品的兽药残留、东南亚口蹄疫、动物的国际运输、国际贸易框架中 OIE 建议和程序的实施、动物产品中微生物学方法的应用、紧急动物疫情的处理、寄生虫抗药性的控制措施,等等。

二、行政委员会

行政委员会(The Administrative Commission)是 OIE 的重要管理机构,主要负责国际委员会工作的筹备工作。OIE《组织通则》和 OIE《组织条例》分别规定了行政委员会的职责和组成。

(一)行政委员会的组成　OIE《通则》和《组织条例》规定,行政委员会共有九人组成,包括 OIE 委员会主席、副主席、前一任主席、二名审计员和委员会根据通则规定选举产生的四名 OIE 成员国代表。提名成员国代表参加行政委员会工作时,应充分考虑地理分布。提名任主席和副主席之职的人选应当是以前没有担当过这类职务成员国的代表。主席、副主席和行政委员会成员由委员会选举产生,任期三年。

(二)行政委员会的主要职责　行政委员会主要负责 OIE 的财务管理和总体发展规划等方面的宏观管理工作,是国际委员会和 OIE 中央局的中间机构,其具体职能包括:

(1)在休会期间代表委员会工作;

(2)在年度全体会议之前,与总干事一道审查 OIE 的财务状况,评估此期间的收支情况和储备及财产状况;

(3)在年度全体会议之前,与总干事一道研究下一时期预算草案、收入和支出情况,建议下一时期各成员国应支付的总费用,以确保 OIE 工作正常开展,并将此建议报告提请委员会批准;

(4)研究并批准总干事的财务报告,在全体会议期间提交委员会批准;

(5)主动向委员会提交建议和提案;

(6)向委员会提交总体工作规划,审查批准并制订当前或将来的计划,为委员会下届全体会议安排议程;

(7)在 OIE 目标和财力范围内,授权总干事在必要时采取紧急行动,要求在委员会休会期间采取紧急工作。

(三)行政委员会的具体工作　行政委员会每年至少开两次会议。在过去十年间,每年 2 月份和 5 月份都召开一次会议,该委员会为国际委员会选好议题,而后提交给 OIE 总干事和中央局。

1. 成员选举　至于该委员会新成员的选举,则根据 OIE 基本文件的建议,并考虑到成员国提议和地理均衡分布原则。

2. OIE 文件审定　从合法性角度考虑,管理委员会是在 OIE 国际法律专家协助下,来对 OIE 管理文本修订草案和新文本草案进行审查的。

3. OIE 选举工作　维护所有选举工作的顺利进行是行政委员会的一项重要工作。

4. 财政预算管理　从预算角度考虑,行政委员会负责分析各机构的财政需求。同时,还将考虑国际委员会的收入额度只能有合理性增长。

5. OIE 远景目标　行政委员会负责提出 OIE 的远景发展目标。

三、OIE 专业委员会

专业委员会(Specialist Commissions)是国际委员会为解决特定问题而建立的,其任务是研究动物疫病流行规律及其控制方案,制定适于各国应用的国际规则,为动物和动物产品的国际自由贸易提供安全保障。1924 年 OIE 创建之初,起草《国际协议》的专家就特别强调,各国政府部门应在边境口岸和边境地区采取可靠的卫生措施,保护人和动物的生命安全。随着国际贸易的迅猛发展,OIE 制定了国际贸易中应该遵守的建议和卫生条件。

最近几年,贸易自由化进程的加快,导致 1995 年乌拉圭回合多边贸易谈判缔结了最终法案。最终法案中形成的卫生与植物卫生措施实施协议(Agreement on the Application of Sanitary and Phytosanitary Measures,SPS),从而构筑了卫生领域争端解决步骤的合法框架。该协议确认了 OIE 在制定与动物疫病有关的国际标准、规则和建议方面的中心任务,从而保证所有国家在该活动中的利益。

WTO－SPS 协议的形成,使 OIE 再次更加强烈地意识到自己正在直接面对通过制定和运用科学可靠的原则与标准,来避免贸易全球化过程出现卫生风险的挑战。为实现这一任务,OIE 在专业决策方面必须依靠专业委员会的支持。

(一)《国际动物卫生法典》委员会　国际动物卫生法典委员会(International Animal Health Code Commission)的任务是制定与动物及动物产品国际贸易有关的卫生规则和建议——《国际动物卫生法典》。

国际委员会通过的《国际动物卫生法典》最新版本,是开展动物和动物产品国际贸易必须遵循的根本性建议。制定《法典》的最初目的就在于通过规定动物和动物产品贸易时的基本卫生要求,避免动物和人类病原微生物的国际间传播,从而确保这些动物(哺乳动物、禽和蜜蜂)和动物产品进行国际贸易时的卫生安全。

为做好这项工作,委员会对每种动物疫病的国际知名专家都要征求意见,并特别注意考虑 OIE 所有成员国兽医机构的建议。

1992 年,OIE 以英、法和西班牙三种文字发行了新版《法典》,1993—1997 年间进行了两次更新,1998 年以后,因每年都有大量的修改性建议,《法典》改为每年一版,同时俄语版本也已发行。目前,2000 版《法典》已正式发行,并可在 OIE 网址上查阅。

我国农业部畜牧兽医局于 1999 年组织翻译了 1998 版《国际动物卫生法典》,并将该版《法典》作为我国首期官方兽医培训的教材,为我国兽医界了解国际准则开辟了窗口,2000 年畜牧兽医局再次组织农业部动物检疫所有关人员翻译了 1999 版《法典》,该版《法典》现已出版发行,并得到了畜牧兽医工作者的欢迎。

（二）口蹄疫和其他流行病学委员会　口蹄疫与其他流行病学委员会(Foot and Mouth Disease and Other Epizootics Commission)的任务是评价和鉴定世界范围内重大动物疫病的流行状况，并制定这些疫病的预防与控制方法。该委员会由许多专家特别是疫病紧急防御方面的专家组成，如口蹄疫、非洲马瘟、牛海绵状脑病等。

该委员会与世界贸易组织(WTO)SPS协议相关的两大责任是：

1. 筹备国际委员会以决议方式宣布某国家或地区无特定动物疫病的意向性决定　如OIE目前宣布的五十多个无口蹄疫国家、八十多个无牛瘟国家都是由该委员会鉴定的。另外，OIE发布的牛海绵状脑病发病情况也由该委员会完成。

2. 制定动物疫病流行病学监测系统，目前已制定完备的只有牛瘟和牛肺疫两个推荐性流行病学监测系统　这两个监测系统不仅规定某个国家或地区宣布无牛瘟和牛肺疫的程序，而且规定了某国家或地区开展这两种疫病流行病学监测的检测方法、抽样规模、抽样范围等。中国目前正在按照该委员会制定的相关标准开展牛瘟、牛肺疫和疯牛病的国际认证工作。

（三）标准委员会　标准委员会(Standards Commission)的任务是组织制定动物疫病的诊断方法，以及控制这些疫病的生物制品的标准。这些动物疫病诊断方法和生物制品标准的制定，恰恰弥补了动物和动物产品国际贸易规则的某些不足，也可以认为是国际贸易规则的补充性文件。WTO-SPS协议中指定的国际标准实际上就是指由OIE标准委员会制定的标准。

1989年起，标准委员会组织了90种哺乳动物、禽和蜜蜂疫病的国际知名专家，共同编写诊断试验和疫苗标准手册，旨在促进主要动物疫病诊断和控制的一体化进程。《诊断试验和疫苗标准手册》的编写，实际上也弥补了《国际动物卫生法典》的技术措施，二者可谓是相辅相成。

《手册》为动物和动物产品国际贸易的安全化提供了科学的技术基础，也是主要动物传染病诊断和监测的基础性国际参考书，体现了各成员国间在科技和规则方面的一致性，同时也体现了OIE和世贸组织SPS协议所标示的一致性原则。

OIE标准委员会除制定和出版发行《手册》外，还参与其他一些国际协调活动，如对国际参考实验室，包括动物疫病标准化诊断试剂的国标认证工作在内的协调活动。

我国农业部畜牧兽医局组织翻译的《手册》为1996年版，目前2000版《手册》可以在OIE网址上查阅到。

（四）鱼病委员会　鱼病委员会(Fish Diseases Commission)的任务是收集所有鱼、软体动物和甲壳类动物疫病控制方面的信息。该委员会还协调水产品国际贸易中有关规则的制定，特别是在疫病的诊断和控制方面。同时，该委员会还定期组织这类议题的科技会议。

20 世纪 90 年代，随着水产养殖业的快速发展，鱼病委员会在软体动物和甲壳类动物疫病方面投入的精力逐步加大，有些疫病已增补为 OIE“法定报告疫病”和“其他重要疫病”。

1994 年签署的马拉喀什协议(The Marrakesh Agreement)，以及 WTO-SPS 协议的建立，使许多官员清醒地意识到水生动物的国际贸易在 OIE 内部已越来越为重要，1989—1990 年间，国际委员会决定开展本项工作，并于 1995 年出版了第一版《国际水生动物法典》和《水生动物疾病诊断手册》。和陆生动物一样，这两项工作的原则和目标也在于消除烈性疾病的传播，促进水生动物的国际贸易。

水生动物疫病的研究进展十分迅速，现在 OIE 的参考实验室已向各成员国通报疫情信息及有关疫病的必要控制措施。OIE 还在英国设立了一个负责提供水生动物疫情信息的协作中心，从而使获得相应的疫情信息和科技资料更为方便。

该委员会对水生动物日常消费和国际贸易额较大的部分地区，即亚洲和大洋洲地区投入了重要精力。以水生动物《法典》和《手册》为基础，亚洲地区实施了检疫和卫生认证措施。在与世界粮农组织(FAO)和亚太地区水生动物中心网络(NACA)密切合作下，该区域目前已建成先进的疫病报告系统。在定期召开的国际大会上，OIE 向所有成员国提出建议，以使其充分意识到水生动物疾病对本行业可能造成的危害，并号召切实维护全球食品规则。

四、地区委员会

根据行政委员会或委员会成员的建议，为在世界某一地区或多个地区促进 OIE 国际委员会目标的实现，国际委员会先后建立了非洲(Africa)、美洲(Americas)、亚洲、远东和大洋洲(Asia, Far East and Oceania)、欧洲(Europe)和中东(Middle East)四个地区(区域)委员会(Regional Commissions)。其中中东委员会于 1989 年成立，1990 年正式运作。

(一)地区委员会的职责　地区委员会是为实现国际委员会的目标，加强该地区成员国兽医机构之间的合作，并解决该地区遇到的特定问题而成立的。其主要职责是：组织召开地区委员会大会，讨论与动物疫病控制有关的技术议题和地区合作事宜。在相关地区，特别是设立地区代办处(Regional Representation)的地区，协商制定重大动物疫病监测和控制的区域计划。

地区委员会大会讨论的问题对世界某一区域的针对性更强，比国际委员会全体会议的议题更为具体。这些会议均邀请国际知名专家就某一地区的热点问题作简要报告。

(二)地区委员会组成 OIE《通则》规定,每个地区委员会设一个办事处,其组成有一名主任、两名副主任和一名秘书长,他们是根据行政委员会或国际委员会成员的提议,由国际委员会从委员会相关成员中选出,任期三年,办事处的所有成员必须依法再选。目前,亚洲、远东和大洋洲地区委员会主任为澳大利亚 J. G. Murray 博士,副主任分别为日本的 K. Matsubara 博士和马来西亚的 M. N. Mohd Nor 博士,秘书长为新喀里多尼亚的 D. Carton 博士。

五、OIE 中央局

OIE 中央局(Central Bureau)位于巴黎,由 OIE 总干事(Director General)领导,OIE 总干事由国际委员会任命。从职责上讲,中央局是使 OIE 能够贯彻执行已通过的决议的技术行政管理机关,下设科学与技术部、行政与财务部、信息与国际贸易部以及出版发行部四个部门,共有 35 个成员。现将 OIE 总部、OIE 总干事及人力资源、OIE 职责及其财政管理等方面的情况作一简单介绍。

(一)OIE 总部 OIE 总部位于巴黎第 17 区 Prony 路 12 号,总占地面积 702.45 平方米。1939 年,OIE 经过慎重考虑,选择了一幢具有典型拿破仑三世风格的私人住宅作为 OIE 总部(《法国政府和 OIE 关于 OIE 总部及其在法国领土上特权和豁免权的协定》之附件 A),并一直延续至今。几十年来,该建筑物为 OIE 中央局提供了良好的工作条件,无数次重大会议如国际委员会大会、专业委员会和工作组会议以及科技年会等都是在这里召开的。过去十年内,OIE 对该幢建筑进行了局部装修,原先一直闲置的部分房间经过装修已成为款式新颖的办公室。

(二)OIE 总干事 按《组织法》及《通则》和《条例》的规定,OIE 总干事经行政委员会提议,根据国际委员会规定的条件,通过无记名投票,由委员会任命,任期 5 年。

根据规定,OIE 总干事的主要职责和任务包括:

(1)征收成员国的财务会费,并就此作报告;

(2)以国际委员会主席的名义召开委员会全体会议和行政委员会会议;以顾问的身份参加委员会会议及行政委员会会议;

(3)每年向行政委员会提交一份 OIE 管理、业绩和行政工作的报告,以及一份包括预算和会计的财务报告,报告经行政委员会认可后提交委员会批准;

(4)根据委员会规定的指令,OIE 总干事召集地区委员会和专业委员会分别同中央局联合筹备和组织的地区和专业会议。OIE 总干事应确保主办国政府要准备接待参加会议的所有代表、报告人、观察员及 OIE 秘书处成员,授予必要的豁免权，以利与会人员按有关会议要求独立开展工作。

(5)并负责聘用及解聘中央局各类雇员并向委员会报告这方面的活动。

(6)OIE 总干事负责接收成员国派 OIE 新任常驻代表的任命书。

1990 年，国际委员会任命 Jean Blancou 博士为 OIE 总干事，任期五年，1995 年 5 月第 63 届全体会议上，Jean Blancou 再次被任命为总干事，任期至 2000 年底。从 2001 年 1 月起，Bernard Vallat 博士出任总干事。

（三）OIE 人力资源　面对 OIE 任务的高度专业化，OIE 中央局在人力资源方面积极进行了质和量的调整。

中央局行政工作的首要任务是保证人力资源与工作任务之间的平衡，如《诊断试验和疫苗标准手册》和《国际动物卫生法典》的制定工作、技术培训和技术合作的组织工作等。同时，中央局还配备了新型专业技术人才如计算机管理方面的人员。

中央局人员的聘用和辞退工作是由其工作方向规定的。考虑到个人能力和地理分布两方面因素，中央局工作人员尽可能从多个国家选聘，且临时工作人员数量相对减少，首期合同工人员相对增加。目前，按全日制计算，中央局共有工作人员 30 余人，分别来自 16 个国家。OIE 中央局十分重视这些人员的培训工作，以充分发挥其现有人员的工作积极性，在这些人员的培训过程中，新型信息工程工具和语言方面是两个重要培训方面。

（四）职责任务　OIE 中央局主要从事疫情信息和科技协作方面的工作，是国际委员会的技术行政支持机构。此外，中央局还承担以下几方面的任务：为国际委员会年度大会承担秘书工作、组织各分委会技术会议。不同区域选出的区域代表能够帮助该区域的相关国家贯彻实施某些决议。

（五）财政管理　近年来，随着贸易全球化进程的加快，OIE 成员国在提高自身的服务方面不断受到挑战。为此，中央局做出了非凡的努力，力争更好地实现其在动物疫情管理、动物和动物产品国际贸易标准制定以及促进国际合作三个方面的总体目标。

为实现这些目标，并将财政开支维持在 OIE 国际委员会规定的预算额度内，中央局在人力资源和寻求额外财政资源方面加强了管理。

1. 财政收入　过去十年内，随着 OIE 成员国要求服务领域的扩大，OIE 也不得不向各成员国征收或通过其他途径获得更多的财政支持，OIE 财政收入主要有成员国会费和其他来源（投资性收入、出版物销售收入和会议赞助）两个途径（表 7-1）。

表 7-1 成员国会费等级选择情况

等级	会费单位	国家数量	等级	会费单位	国家数量
1 等	25	9	4 等	10	15
2 等	20	7	5 等	5	30
3 等	15	5	6 等	3	89

会费等级成立之初为 500 法郎，1989 年调整为 2 751 欧元，1999 年又调整为 3 095欧元。会费等级由各成员自愿选择，各成员可以提高或降低会费等级，也可以向 OIE 捐助。

目前，尽管尽量降低财政预算为一总体趋势，但面对各成员国日益拓宽的服务要求，OIE 还是不得不有限度地扩大财政预算，OIE 成员国也同意尽最大努力提供开展 OIE 各项任务所需的开支。

2. 财政支出　支出预算额的变化实质上反映的是 OIE 业务工作的发展。近期，尽管 OIE 服务范围扩大，但由于支出控制较为严格，在过去十年内上升只有一成，如 1989 年为 236 万欧元，1999 年为 298 万欧元。但是，应当意识到，随着各分委会会议数量的增加，OIE 参与其他国际组织活动的增加，以及成员国索取资料的增多，OIE 预算已越来越紧张，开支范围也将予以更为严格的控制。

第三节　OIE 工作组

一、工作组主要职责

为探讨特定的技术或科学论题，在特定时期内，OIE 设立相关工作组。OIE 目前共有四个工作组，国际委员会于 1993 年对其责任进行了重新委任，其主要职责包括：

(1)在定期召开的 OIE 年会期间，开展其专业领域内相关知识的所有收集、分析、发布和评估工作。

(2)其专业领域内，协助解决成员国遇到的难题，提高成员国兽医机构水平，并向 OIE 总干事通报结果。

二、工作组分类

(一)动物流行病学工作组　1994 年以前，动物流行病学工作组(The Working Group on Informatics and Epidemiology)曾称为“人兽共患病卫生信息系统工作组(The Working Group on Zoo-sanitary Information Systems)"或"动物卫生信息系统工作组(The Working Group on Animal Health Information System)",该工作组一直在动物卫生信息系统的改进方面起着主导作用。

过去十年内,动物流行病学工作组在增强 OIE 专家的计算机水平、提高疫情数据收集质量(本工作组曾促使 FAO/WHO 的动物卫生状况年度问卷作了新的调整)、实现动物卫生报告方式计算机化、以及实现动物疫情信息的自动收发等方面为 OIE 中央局提供了大量的有益建议。该工作组还致力于制定动物疫病流行病学监测导则,并提出了动物疫病区域化管理的概念。同时,该工作组还为《法典》进口风险分析方面有关规定的修订做出了贡献。另外,该工作组还竭力主张各国际组织应加强在动物疫情信息收集、流行病学监测和风险分析培训方面的合作。为了促进培训工作的协作性,以充分交流经验,本工作组与流行病学研究领域的协作中心(如美国动物流行病学研究中心)建立了良好关系。

(二)兽药认证工作组　过去十年来,在兽药认证工作组(The Working Group on Veterinary Drug Registration)成员的帮助下,世界各地召开了多次培训班和研讨会。该工作组还与 OIE 兽药协作中心密切合作,对 OIE 成员国提供了大量技术支持,并承担了国际兽药认证技术咨询中心(ITCVMP)的秘书处工作。

1994 年,OIE 发起了制定兽药认证技术规则的国际合作项目(VICH),OIE 兽药协作中心主任在此活动中被选举为技术负责人。VICH 为欧盟、日本和美国在制定共同规则方面作了大量工作。

(三)生物工程工作组　生物工程工作组(The Working Group on Biotechnology)始建于 1989 年。自成立以来,该工作组在动物传染病诊断和控制的生物工程领域,为 OIE 成员国传递了大量信息。《兽医生物工程通讯》为兽医生物工程数据库提供了大量资料,该数据库对相关组织和国际科学联合会来说是一个非常可靠的数据库,目前在 OIE 网址上可以查到。国际兽医实验室诊断师协会(WAVLD)每两年召开一次学会,在此期间,OIE 兽医生物工程专题讨论定期召开一次。

(四)野生动物疾病工作组　1994 年 5 月份,野生动物疾病工作组(The Working Group on Wildlife Diseases)正式成立,此前,该工作组仅作为一个专门工作组(Ad Hoc Group)存在。自此时起,该工作组参与一切与野生动物疾病有关的工作,不论是野生还是捕获的野生动物。同时,该工作组始终向 OIE 各成员国随时通报疫情信息。

该工作组与各成员国密切联系,借助于广泛的顾问网络,制定了野生动物疫病名录,并予以监测,以获取野生动物的重大疫情信息。基于这一工作,该工作组为这类动物疫病的诊断和控制工作提出了大量有益建议。

基于大量的研究工作，该工作组还提出一项新的建议，即某国家或地区报告发生野生动物疫情时，不应引发对该国家或地区相关家养动物的贸易限制，因为这是两个完全不同的群体。

（五）专门工作组　从20世纪80年代末至今，OIE各成员国对动物卫生信息和国际标准的需要程度越来越为强烈。消费者和公共机构对食入污染动物产品的卫生风险的担心程度越来越高，近期出现的“疯牛病”风波更使这种担心加剧；风险分析这一概念逐步为公众接受，从而为获得可靠食品和生物制品而进行风险评估提供了方法；国际贸易全球化和人群流动的加快，使一些国家和国际机构越来越担心，一旦某一国家发生动物疫情，很可能会导致该病在全球的发生；通过国际互联网可以使疫情信息迅速传遍全球，提高了动物卫生状况的透明度，但同时也带来原始动物疫情失真的风险。

基于以上四方面原因，OIE越来越清楚地认识到，提高自身的专家水平，更为有效地为各成员国服务，是一项十分迫切的任务。为此，OIE认为，仅靠原有工作组和专业委员会还是远远不够的，应当建立专门工作组，协助各专业委员会开展工作。

专门工作组（Ad Hoc Groups）就是为在短期内处理某一专门问题而设立的。OIE非采采蝇传播锥虫病专门工作组是一最为长久的专门工作组，专门从事该病的研究工作。其他大多数专门工作组都是应专业委员会要求成立的，以获取尽可能科学的建议，修订《法典》和《手册》的某些章节。目前，这些专门工作组主要集中在牛海绵状脑病、沙门氏菌病、口蹄疫风险分析、狂犬病、兽医机构评价、马病毒性动脉炎、牛传染性胸膜肺炎、动物国际运输中的保护、动物疫病分类、非人类灵长目动物传染病、伪狂犬病、进口风险分析、痒病、蓝舌病、《法典》中的定义，以及兽用生动物制品的风险分析等方面。

其他一些专门工作组则主要集中在OIE培训计划或信息管理方面，如培训计划的准备和管理工作、兽医机构的管理工作、信息系统规划等。

1990—1999年期间，OIE专门工作组在OIE总部共组织了54次专门会议，涉及26个议题。这些工作对于OIE国际委员会决议的科学制定奠定了基础。

第四节　地区代办处

一、亚太地区代办处

亚太地区代办处的任务主要有五个方面：改善动物卫生信息系统；提高东南亚

口蹄疫的控制水平；增强紧急动物疫情的监测能力；开发标准化兽药制剂；提高水生动物疫病的监测能力。

该代办处的协调员为 Teruchide Fujita 博士，代办处地址及联系方式为：

地址：East 311，Shin Aoyama Bldg

1-1-1 Minamiaoyama，Minato-Ku，Tokyo 107-0062，JAPAN

电话：(81-3)5411 0520

传真：(81-3)5411 0526

E-mail：rr. asiapacific@oie. int

网址：http：//www. rr-asia. oie. int/

二、美洲代办处

较其他地区代办处而言，美洲代办处的工作力度较大，主要体现在流行病学分析和监测、动物卫生认证和实验室研究三个方面，具体包括八个目标：协调和改进动物流行病学监测系统；建立国家风险分析方案；提高跟踪系统能力；建立兽医机构的质量认证；促进动物卫生认证工作；协调兽药的控制和注册认证；加强实验室合作；深入开展水生动物疫病的研究。

该代办处的协调员为 Emilio J. Gimeno 博士，代办处地址及联系方式为：

地址：Cervil 3101，1425 Buenos ARGENTINA

电话：(54-1)803 4877

传真：(54-1)803 3688

E-mail：rr. americas@oit. int

三、东欧代办处

东欧代办处的主要工作任务是：改善动物卫生信息系统；建立标准化动物卫生监测系统；加大兽医机构对动物疫病的协作控制力度。

该代办处的协调员为 Nikola T. Belev 博士，代办处地址及联系方式为：

地址：Bld Wasil Lewski 110，1527 Sofia，BULGARIA

电话：(359-5)944 1514

传真：(359-2)946 2910

E-mail：rr. easteurope@oit. int

四、中东代办处

和其他代办处一样，中东代办处的主要任务也是加强该地区的流行病学监测。

该代办处协调员为 Ghazi Yehya 博士，其地址和联系方式为：

地址：Ancienne Route de Sara，Kfarchima－B. P. 6220/268 Hazmieh－Beyrouth，LIBAN

电话：(961-5)430 741

传真：(359-2)946 2910

E-mail：rr. meaoie@intracom.

五、东南亚口蹄疫控制协调处(RCU-SEAFMD)

RCU-SEAFMD 的长远目标是在东南亚地区永久性消灭口蹄疫，该组织由 OIE 与一些国家和国际机构协作组建。目前，该协调处制定了近期、中期和长期的三阶段目标。其近期目标是提高参与国兽医机构的水准；中期目标是通过控制 FMD 提高动物产品的产量，增加养殖业主的收入；远期目标是通过在东南亚建立无 FMD 区，促进动物及动物产品的国际贸易。

该协调处的协调员为 Laurence J. Gleeson 博士，项目组地址及联系方式为：

地址：c/o Faculty of Veterinary Medicine，Kasetsart University，

Bangkok 10 903，THAILAND

电话：(66-22)940 7491

传真：(66-2)940 6570

E-mail：rcu. seafmd@oie. int

从以上内容可以看出，在贸易日益全球化的今天，无论是 OIE 这一国际组织，还是其某一区域性组织，都已把动物流行病学监测系统(包括动物卫生信息系统)工作纳入一个十分重要的地位。另外，动物卫生领域包括兽医机构的认证工作也将成为不久以后的热门话题，因为兽医机构的设置和管理水平是否能与国际接轨，直接决定着该国家动物疫病的控制策略是否能与国际接轨，能否与其他国家或地区组织有效协作，以共同控制重大动物疾病的区域性发生。这对我国兽医制度的改革是非常具有借鉴意义的。

第五节　OIE 协作中心

一、OIE 协作中心的主要职责

(1)在其能力范围内，履行技术研究、技术专家、技术标准化和技术传播中心的职责；

(2)提议或发展任何有助于协作中心动物疫病监测和控制的国际规则的程序；

(3)安排专家顾问以便OIE随时调遣；

(4)在其能力范围内，为OIE成员国的工作人员提供科技培训；

(5)代表OIE组织学术会议；

(6)同其他实验室或组织合作开展科技研究；

(7)其权力范围内出版发布对OIE各成员国有用的信息。

二、与我国有联系的协作中心

OIE协作中心目前已发展到11个，活动范围涉及到疫病诊断和监测、风险分析、流行病学、疫苗评价以及水生动物疫情信息等多个方面。

在上述十一个中心中，目前和我国联系较为密切是美国的三个中心，我国也曾组团考察过这三个中心。尤其值得提出的是美国动物流行病学研究中心，其工作任务以疫病流行病学监测、风险分析、紧急疫情反应等多个方面见长，为美国扑灭和即将扑灭30余种重大动物疫病提供了大量前瞻性信息，堪称世界动物流行病学研究水平最高的中心，非常值得发展中国家学习和借鉴。目前，我国农业部动物检疫所已经和该中心建立了良好联系。

第六节 OIE参考实验室

一、OIE参考实验室的主要职责

(1)在其专业技术领域内，行使专家和标准化中心职能；

(2)储存和分配用于诊断和控制A类和B类动物疫病的参考性生物制品和其他试剂；

(3)为来自OIE成员国的人员进行科技培训；

(4)代表OIE组织科技会议；

(5)与其他实验室或组织进行科学技术合作研究；

(6)公布和传播其技术能力范围内有助于OIE成员国的任何信息。

二、参考实验室及其专家和顾问

OIE参考实验室工作始于1991年，每个实验室都有一名国际水平的专家负责。至1999年底，重大动物疫病的参考实验室已达到135个。

过去十年内，OIE还任命了水生动物疫病诊断实验室，其职责在于标准化疫病诊断方法，寻求控制办法。同时，这些实验室还提供动物和动物产品国际贸易中规定重要疫病的，经过国际认证的标准化诊断试剂。

OIE 参考实验室任命的专家是 OIE 成员国的一个重要信息源。他们可以应 OIE 邀请以 OIE 专家或 OIE 代表参加会议，同时，还可作为 OIE 专业委员会和 OIE 中央局的专家，如他们通常是《手册》的作者。参考实验室所从事的国际活动年度报告要递交给所有成员国和其他参考实验室。

由于参考实验室的专家们经常应邀去各成员国从事咨询工作，故 OIE 有时还聘请其他一些专家顾问。在过去的十年内，这些顾问就帮助 OIE 解决了许多动物卫生问题（如在非洲、美洲、亚洲，以及中欧和东欧），举办了多期培训班（在非洲、美洲和欧洲），并组织了扑灭计划（如在非洲和中东等地）。

三、OIE 指定的国际标准血清

国际标准血清所提供的是基础标准，它代表着标准血清，用于比较和标定所有其他血清（次要标准）。次要标准可代表国家标准，或诊断实验室日常使用的工作标准。次要标准虽不是国际标准，但常用于日常的标准试验中。

第七节　OIE 成员国与成员国代表

一、OIE 成员国

随着 OIE 各项工作的开展，特别是其与动物卫生工作有关的国际和地区性组织的业务往来，OIE 的影响力已越来越大。本着自愿加盟的原则，OIE 成员国已由建立之初的 28 个成员国发展到目前的 155 个成员国。

（一）加入 OIE 的程序　某一政府希望加入 OIE 时，必须通过外交途径通知法国外交部，OIE 1924 年《国际协议》对此作出了规定。也就是说，某一政府需要加入 OIE 时，不需与 OIE 直接交涉，也不需要直接与 OIE 签订任何特别协议。

（二）成员国的权利　具有 OIE 成员国资格的国家享有下列权利：

（1）对于世界范围内的动物卫生变化状况，成员可优先直接获得通知。

（2）积极参与制定与动物和动物产品国际贸易相关的卫生标准。

（3）定期地以个人身份会见其他国家首席兽医官。

（4）获得国际知名专家的技术和知识，尤其是那些专家委员会、工作组、专门工作组，OIE 合作中心和参考实验室的专家。

（5）在疫病流行时获得帮助。

(6)应邀参加OIE组织的科学会议。

(7)取得所有的OIE出版物。

二、成员国代表的权利和义务

每一个成员国由一个代表代表这个国家,这个代表是由其政府指定的。该代表通常为国内在动物卫生方面的首席公务员,并应为负责该国动物卫生事务的资深兽医。

(一)代表的权利 OIE成员国代表享有的主要权利是:

(1)参与OIE最高机构即国际委员会的全体会议,并有投票权;

(2)获得由另一些成员国发送到OIE的动物卫生信息;

(3)获得科学和技术信息,特别是OIE地区委员会、专家委员会、工作组和专门工作组的报告;

(4)参与OIE地区代表组织的地区性活动。

(二)代表的主要义务 OIE成员国代表的主要义务是:

(1)按照已制定的规则,保证OIE获得代表所在国家动物卫生方面的信息;

(2)保证其所在国政府将年度会费寄到OIE。

(三)OIE代表的任务

1. 在代表自己国家方面的任务

(1)动物卫生信息。成员国代表必须承担的第一项义务是向OIE发送有关其国家的最新动物卫生状况信息。这与OIE的第一项义务是类似的。代表必须保证其国家的信息的发送程序与所有成员国采用的程序是一致的,《国际动物卫生法典》1.2.0.3条和《OIE动物疾病报告手册》对此均做了详细规定。

成员国代表是惟一被OIE认为有资格报告某种动物疾病在其国家存在或消失的人选。该代表是OIE出版物信息的惟一提供者,即使所发布文件为代表代理人的签字。

但同时,OIE中央局有权发布来自OIE国际参考实验室关于某一国家的口蹄疫(Pirbright实验室,英国)信息,或发布来自某一和OIE签署技术合作协议的国际组织(FAO、IICA、PAHO、WHO、SPC和OIRSA)的信息。

中央局可以自行,或应某成员国请求,要求代表就获取的信息作出解释,代表接受邀请后,应尽快回答,以保证OIE获取最为可靠的信息。代表可以对其以前发出的信息进行更正。中央局据此对数据库进行更正,如果信息变更较大,应通知其他代表。

(2)OIE年度会费的支付。代表必须保证会费定期支付,加盟OIE的国家,应向OIE支付费用,并有权选择《组织法》规定的任一种支付方式。会费应在每个公历年初交付,代表必须切实保证其所代表国家在一个合理期限内支付会费。拖欠会费时代表可能被罚款,当拖欠的数目超出当年和以前年度的总数时,OIE《通则》规定该代表将失去在国际会议上的投票权,丧失投票权的代表不得参与国际委员会。

(3)国际标准和国内规则。成员国代表应当保证其国家正在执行的动物卫生规定与OIE国际委员会采纳的国际标准相一致,因为这种一致性在动物和动物产品的国际贸易中极为重要。因为WTO的SPS协议,推荐以OIE制定的标准、规则和建议为实施动物卫生措施基础。

2. 在其所在地区的任务

(1)地区会议。每两年,各成员国都要参加其所在地区的地区委员会组织召开的地区会议。主席国政府负责召集该地区各成员国代表,同时提供一系列的后勤服务工作,该会议一般为期四天,与会专家负责处理与该地区有关的有关技术论题,与会成员国代表则负责阐述本国的动物卫生状况,讨论各种该地区的焦点论题,并专门抽出一天用于专业领域的参观活动。

(2)地区代办处。在某些地区,地区协调员在一定权限内有权代表OIE协调同该地区内的国家或国际机构的关系。在与每一个成员国代表的接触过程中,地区协调员有助于提高动物卫生信息传递质量,同时也能够促进国际委员会认为有利于成员国、旨在培训兽医机构的各项活动的开展。

(3)专业培训班。各成员国代表及其工作人员经常应邀参加由OIE举办的专业培训班,研讨内容涉及兽药、流行病学信息系统、动物卫生标准以及国际贸易等方面的内容。

3. 在国际委员会(巴黎)的任务　国际委员会是OIE最高权力机构,该会议由所有代表参加,每年至少举行一次会议。国际委员会对各成员国实行"一国一票"的民主原则。在国际委员会上,成员国代表参与国际委员会的主要工作,审订通过动物卫生领域内的特别是国际贸易有关的国际标准;审订通过主要动物疫病的控制方法;选举OIE主要机构成员(委员会主席、副主席,行政委员会、地区委员会和专家委员会成员);任命OIE总干事;检查和批准总干事的年度活动报告和财政报告,以及OIE的年度预算。

4. 在世界其他地方的任务　成员国代表可以参加由OIE组织的有关全球动物卫生的技术会议或座谈会。这些会议通常由专业委员会、工作组或OIE参考实验室组织发起,也可以由其他国际组织或私人团体发起。专业委员会会议期间,OIE也可发起其他专题讨论会。

第八章　国际动物卫生法

第一节　国际动物卫生法典

一、法典简介

《国际动物卫生法典》International Animal Health Code Commission（简称《法典》）规定了与动物及动物产品国际贸易有关的卫生规则和建议。《法典》规定了动物及动物产品贸易时最基本的卫生要求，以避免动物和人类病原微生物的国际间传播，从而确保动物及动物产品进行国际贸易时的卫生安全。

OIE 的国际动物卫生法典委员会具体负责《法典》的制定工作，《法典》最后要由 OIE 国际委员会讨论通过并公布。法典委员会在制定、修改《法典》时，注意征求动物疫病的国际知名专家和所有成员国兽医机构的意见和建议。

1992 年，OIE 以英、法和西班牙文字发行了新版《法典》，1993－1997 年期间进行了两次更新，1998 年以后，因每年都有大量的修改性意见和建议，《法典》改为每年一版。同时，增发了俄语版本。

二、术语定义

1999 年的《法典》规定了 62 个术语的定义，它的意义在于为 OIE 成员国制定动物卫生法律规范和技术标准时，提供了统一、规范、科学的术语定义。

（一）涉及兽医机构的术语

1. 有关 OIE 的术语

(1)中央局(Central Bureau)。指国际动物卫生组织的常设秘书处。

(2)法典(Code)。指 OIE《国际动物卫生法典》。

(3)手册(Manual)。指 OIE《诊断试验和疫苗标准手册》。

2. 有关成员国的术语

(1)兽医行政管理部门(Veterinary administration)。指在全国范围内有绝对权威，执行、监督或审查《法典》推荐动物卫生措施和出证过程的国家兽医机关。

(2)兽医当局(Veterinary authority)。指在兽医行政部门管辖下，直接负责实施动物卫生措施及监督国内各地签发国际动物卫生健康和国际卫生证书的兽医机关。

(3)检疫站(Quarantine station)。指在兽医当局的监督之下使动物完全保持隔离、不与其他动物有任何直接或间接接触的设施,以便进行一段时间的观察,必要时需作试验和治疗。

(4)实验室(Laboratory)。指技术装备合适、技术人员合格、有兽医诊断专家监督的事业单位,兽医专家对诊断结果负责。对于国际贸易相关特定疫病的诊断试验,实验室要得到兽医行政管理部门的批准和监督。

(5)官方兽医(Official veterinarian)。指由兽医行政管理部门授权的兽医,行使商品的动物健康或公共卫生监督,并在适当条件下,根据《法典》第1.3.2规定签发证书。

(6)官方兽医监督(Official veterinarian control)。指兽医当局了解动物的处所及畜主或责任人的身份,并在需要时能实施合适的动物卫生措施。

(二)涉及动物及其产品的术语

1. 有关动物的术语　《法典》规定了动物(Animal)、禽群(Flock of birds)、屠宰用动物(Animal health status)、种用或饲养用动物(Animal for breeding or rearing)、种禽(Breeding birds)、初孵雏(Day-old birds)、产蛋禽(Laying birds)、蜂箱群(Apiary)8个涉及动物的术语定义。

2. 有关动物产品的术语　《法典》规定了商品(Commodity)、种蛋(Hatching eggs)、肉品(Meat)、鲜肉(Fresh zone)、肉制品(Meat products)、人用动物源性产品(Products of animal origin intended for human consumption)、工业或农业用动物源性产品(Products of animal origin intended for agricultural or industrial use)、医药用动物源性产品(Products of animal origin intended for pharmaceutical or surgical use)、动物饲料用动物源性产品(Products of animal origin intended for use in animal feeding)、生物制品(Biological products)、肉骨粉(Meat-and-bone meal)、病料(Pathological material)12个涉及动物产品的术语定义。

(三)涉及有关场所的术语　《法典》规定了批准的屠宰场(Approved abattoir)、市场(Market)、交通工具(Vehicle)、饲养(养殖)场(Establishment),以及过境国(Transit country)、过境口岸(Border post)、直接过境区(Area of direct transit)、装运地(Place of shipment)、进口国(Importing country)、出口国(Exporting country)、采集中心(Collection center)、收养中心(Collecting center)、人工授精中心(Artificial insemination center)有关场所的术语定义13个。

(四)涉及疫病的术语

1. 疫病分类方面的术语

(1)A 类疫病(List A)。指超越国界,具有非常严重而快速的传播潜力、引起严重社会经济或公共卫生后果,并对动物和动物产品国际贸易具有重大影响的传染病。

(2)B 类疫病(List B)。指在国内对社会经济或公共卫生具有影响,并在动物和动物产品国际贸易中具有明显影响的传染病。

2. 疫病传播方面的术语 《法典》规定了病例(Case)、发病率(Incidence)、潜伏期(Incubation period)、感染期(Infective period)、无疫区(Free zone)、疫(感染)区(Infective zone)、法定(报告)疾病(Notifiable disease)、疫病暴发(Outbreak of disease)、流行率(Prevalence)、消毒(Disinfection)、除虫(Disinsectisation)、扑杀政策(Stamping-out policy)、改良扑杀政策(Modified stamping-out policy)、国际交通(International notification)、国际卫生证书(International sanitary certificate)、国际通报(International notification)、国际动物卫生健康证书(International animal health certificate)、动物卫生状况(Animal health status)涉及疫病传播的术语定义 18 个。

三、信 息 通 报

OIE 的每一个成员国必须承认中央局有直接与其兽医行政管理部门联络的权利。OIE 寄送给兽医行政管理部门的所有通报和信息即视为已向有关国家寄送,由兽医行政管理部门寄送给 OIE 的通报和信息即视为有关国家寄送。

(一)通报的要求 各国应通过 OIE 向其他国家提供限制重要动物疾病扩散,并协助世界范围内更好地控制疾病所必需的信息。因此,各国应当遵守本《法典》1.2.0.3 规定的向 OIE 寄送报告的要求。为简明清楚地交换信息,报告应尽可能与《动物卫生健康状况》报告 1~3 的格式相符。

鉴于有关病原体和疾病关系的科学知识在不断发展,而且存在传染因子并不一定等于存在疾病,各国应通过报告确保遵守上述第一款的精神和意向。

除根据《法典》1.2.0.3 报告新发现外,各国还应通报为防止疾病传播所采取措施的信息;包括检疫措施,动物和生物制品及其他有传播动物疾病特性的物品的流通限制措施。若有媒介传播疾病的情况,还须说明所采取的媒介控制措施。

(二)向 OIE 寄送通报的规定 发生下列情形时,兽医行政管理部门应在 24 h 内用电传、电报、传真或电子邮件向 OIE 寄送通报:

(1)在某国或某地区以前没有,而第一次发生或重新发生的 A 类疾病;

(2)有重要新发现,对其他国家有流行病学意义的A类疾病;

(3)临时诊断到某种A类疾病,并对其他国家有流行病学意义的重要信息;

(4)非A类疾病,但对其他国家有特别流行病学意义的新发现。

按照上述第一款通报后,每周用电传、电报、传真或电子邮件报告,继续提供事件的进展信息,直至疾病根除或情况稳定。此后,则有义务根据下述第三款进行月报。对A类疾病的有、无及进展情况以及对其他国家有重要流行病学意义的非A类疾病,要进行月报。所有A类、B类及其他具有重要社会经济意义和重大兽医关系的疾病应进行年报。

(三)应当通知OIE的有关事项　疫区所在地的兽医行政管理部门在该地区成为无疫病区时应通知OIE中央局。在前次病例报告后,超过《法典》规定的感染期,并为防止疾病可能复发或传播已经采取了全面的预防措施和适当的动物卫生措施时,就可以考虑某一感染区为非疫区。

当某国符合本《法典》第二篇相应章节所列全部条件时,该国可重新认为无某种疾病。兽医行政管理部门宣布一处或若干处非疫区时,应通知OIE,说明必要的细节,并用地图清楚标明非疫区具体位置。

(四)立法情况通报　兽医行政管理部门应向OIE通报其检疫条例及进出口动物卫生条例的条文内容。同时,应随时通报规则修订情况,最迟应在委员会年会之前通报。

(五)OIE向各成员国的通报　OIE中央局应以电传、电报、传真或电子邮件或疾病信息的方式向有关兽医行政管理部门发布根据本《法典》1.2.02～1.2.0.4.所接收的所有通报。OIE中央局将通过"通报"(Bulletin)发布A类疾病的新暴发次数。OIE中央局将根据所收到的信息官方通报,编制有关《法典》实施及对国际交往产生影响的年度报告。

(六)优先待遇　兽医行政管理部门根据《法典》1.2.0.3和1.2.0.6所发送的电传、电报或传真须根据情况优先受理。在法定申报动物疫病存在扩散风险的特别紧急情况下,用电传、电话、电报或传真发送的通报,根据"国际电讯协议"应给予最优先待遇。

四、兽医道德及国际贸易出证

(一)一般要求　在动物及动物产品的国际贸易中,既要确保不阻碍贸易正常进行,又要确保对人和动物健康没有不可接受的危险。为此,《法典》规定,出口国应按要求向进口国准备并提供以下信息资料:

(1)有关动物卫生状况和国家动物卫生信息系统的信息。以确定该国是否为无

A 类或 B 类疾病国家或是否存在无 A 类或 B 类疾病区，信息还应包括保持无疫病状态所实施的条例及方法。

(2)传染病发生的常规信息及快报。

(3)国家控制和预防 A 类疾病及 B 类疾病采取措施能力的详细情况。

(4)兽医服务机构及当局的信息。

(5)技术资料，特别是该国家全部或部分地区应用的生物学试验和疫苗。

（二）出证原则

1. 出证要求　因为动物健康状况多变，所以《法典》为进口国提出了多种不同的选择，并且只有考虑到出口国和过境国的卫生状态，进口国才能明确提出进口时应达到的卫生要求。这些要求在《法典》第五篇 OIE 认可的证书格式样本中有说明。在提进口要求时，进口国应遵循下列准则：

(1)所提要求应限于证明卫生理由的要求。而这些要求是为避免一种或几种疾病风险转移或至少把风险降到可接受限度所必需的。

(2)出证要求应简明准确，应清楚传达进口国的意愿。因此，进口国和出口国兽医行政管理部门事先进行磋商是有益和必要的，这有利于制定确切要求，在必要时可给签字兽医提供解释有关兽医行政管理部门之间达成谅解的指导性说明。

(3)出证应尽可能建立在最高道德标准基础上，其中最重要的是尊重和保护出证兽医的职业诚实性。

在要求中不得包含兽医无法准确和诚实签字的特别附加事项。例如，要求中不应包括证明签字兽医不一定了解的某一地区没有发生过非法定申报疾病。同样，要求证明在文件签署以后将要发生的事件也是难以接受的，因为这类事件不受签字兽医的直接监督和控制。单纯根据临床上无病及畜群历史证明没有疾病的价值有限，这也适用于无特异性诊断试验，或诊断试验缺乏价值的疾病。

(4)兽医行政管理部门向另一国家非兽医行政管理部门的人员传送证书或通告进口许可要求时须将文件副本寄送给兽医行政管理部门。这一重要程序可避免因证书或许可证可靠性未确定时，贸易商与兽医行政管理部门之间可能造成的延误和困难。通知一般是兽医行政管理部门的责任。然而，如协商同意，颁发证书不必得到兽医行政管理部门的批准，也可以由动物原产地兽医当局负责。

2. 出口国和进口国的其他责任　国际贸易是一种连续的道德责任，因此，如果出口后在各种疾病的正常潜伏期内，出口国兽医行政管理部门就应了解国际动物健康证书中特指的某种疾病在畜群的发生或再发生情况，并有义务通知进口国，以便进口国对进口牲畜进行检验或试验，万一意外引进了疾病，可采取适当的措施防止疾病扩散。同样，如进口畜群发生了疫病，就应通报出口国的兽医行政管理部门，以便进行调查，因为这是原先无疫病畜群发生疾病的首次有效信息。进口国家有权力知道调查结果，因为感染源不一定就在出口国。

若某兽医行政管理部门的成员要对另一国兽医行政管理部门进行有关业务访问时，应事先通知。

3. 出证程序

(1)证书的起草原则。①证书应预先印制好。若有可能要按顺序编号，并由兽医行政管理部门用有官方台头的公文纸颁发，如果有可能用防伪技术印制；②证书尽可能用简单、易懂、明白无误，同时不失法律意义的言辞写成；③若有要求，证书应该用进口国的语言写成，这种情况下，同时还要用签证兽医知晓的语言填写；④证书要求动物和动物产品标记适当，但无法标记的除外(如初孵雏)；⑤证书不应要求兽医证明其知识范围外或不能确定的事项；⑥若可行，证书在交给出证兽医时应附指导性意见，说明在签字前，要查询的范围，要进行的试验或检查；⑦本证书不得修改，但经出证兽医签字盖戳可以注销，签名和盖章的颜色与证书印刷颜色应不相同；⑧只有证书正本才有效。

(2)对出证兽医的要求。①签发国际动物健康证书的兽医必须经出口国兽医行政管理部门授权；②只能在合适时候才能签字，尤其对空白或填写不全的证书，或动物没有经过检验或不在其监督范围的动物和动物产品的证书不得签字；③在签字前应确保证书各项全部正确填写，没有空白漏项，倘若证书要根据其他支持性的证明或证据签字，出证兽医应得到这类文件以后再签字；④应与所证明的动物或动物产品没有经济利益。

(3)出口国兽医行政管理部门的要求。①有授权出证兽医的正式程序，规定其作用、职能及可能中止和终止委任的条件；②确保对出证兽医的有关指导及培训；③监督出证兽医的活动，确保他们的诚实和公正。

4. 电子出证　出口国兽医行政管理部门可通过电子文件直接向进口国兽医行政管理部门传送证书。这类系统通常还有商业机构为发证机构提供的商品销售信息的界面，出证兽医必须能进入所有信息，如试验结果数据和动物标识。电子证书所载的信息应与常规证书相同。电子证书必须确保安全，防止非授权人员和单位进入。出证兽医必须对其电子签字的安全负责。这可以是一个私人标识码或类似的安全装置。

(三)方法协调与责任　兽医行政管理部门在动物和动物产品国际贸易中应采用OIE的标准(包括《手册》、《法典》或附录)。OIE业已批准或同意如下标准：①动物疾病诊断试验；②动物疾病诊断或预防用生物制品的制备、生产和监督；③消毒和除虫；④被认为特定疫病感染国家动物产品的病毒、细菌或孢子的杀灭处理方法。

出口国兽医机构的首脑对国际贸易兽医出证负责最终责任。

第二节 进口风险分析

一、总 论

(一)进口风险分析概述 进口动物和动物产品会对进口国带来一定程度的风险。造成疾病风险的可以是一种或几种疾病。进口风险分析的主要目的,是为进口国对进口动物、动物产品、动物遗传材料、饲料、生物制品和病料进行风险评估提供客观和公正的方法。

分析应透明,要给出口国一个清楚的书面决定,说明进口或拒绝进口的条件。(风险分析)必须应透明,因为数据常常不确定,或者不完整,而证据资料不全会造成事实不清及分析判断模糊。本节就世界贸易组织(WTO)卫生与植物卫生措施实施协议(SPS 协议)方面指出了 OIE 的作用,提出有关定义并说明解决争议的 OIE 程序。

《法典》为国际贸易进行透明、客观和防御性风险分析提出了指导性原则。本节所述风险分析包括危害确认、风险评估、风险管理和风险交流(图 8-1)。

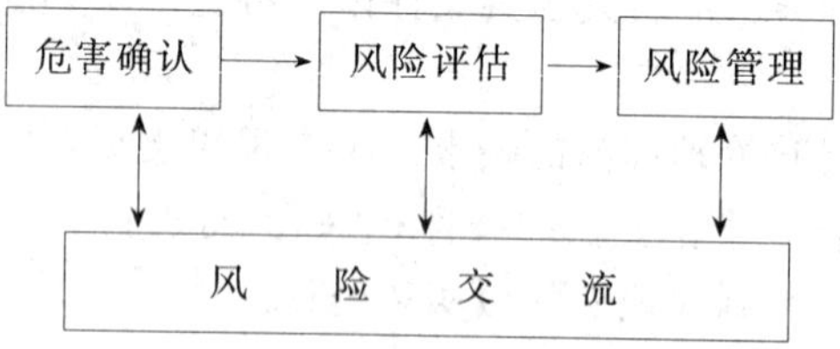

图 8-1 风险分析图

风险评估是计算危害性风险分析的组成部分。风险评估可以是定性的,也可以是定量的。对于很多疾病,特别是《法典》所列的疾病,已有很多国际标准,就可能出现的风险已有广泛的一致意见。这种情况下,只要有定性的评估就够了。定性评估不必要求进行数学模拟技术,因此,常规决策中就常使用这种评估方式。任何一种进口风险评估方法都不可能适用所有情况。因此,不同情况下应使用不同的方法。进口风险分析过程通常需考虑对出口国兽医机构、区划和区域化及动物卫生监测体系的评价结果。

(二)SPS 协议及 OIE 的作用和责任 SPS 协议鼓励 WTO 成员应根据已有

的国际标准、原则和建议制订其卫生措施。如果有合理的科学证据，或者如果认为有关国际条文规定的保护水平还不够。成员可以选择采用比国际条文规定更高一级的保护标准。在这种情况下，该成员国有义务进行风险评估，并作相应的风险管理手段。SPS 协议鼓励（有关）政府更广泛地应用风险评估；WTO 成员应该根据所涉及的实际风险情况，恰如其分进行评估。SPS 协议承认 OIE 为负责制修订影响动物和动物产品国际贸易的国际动物健康标准、准则和建议的国际组织。

（三）进口风险分析专用术语　《法典》规定了可接受风险（Acceptable risk）、危害（Hazard）、危害确认（Hazard identification）、定性风险评估（Qualitative risk assessment）、定量风险评估（Qualitative risk assessment）、风险（Risk）、风险分析（Risk analysis）、风险交流（Risk communication）、卫生措施（Sanitary measure）、敏感性分析（Sensitivity analysis）、不确定性（Uncertainty）、透明度（Transparency）、多变性（Variability）、后果评估（Consequence assessment）、接触评估（Exposure assessment）、实施（Implementation）、监测（Monitoring）、选择性评价（Option evaluation）、释放评估（Release assessment）、风险计算（估计）（Risk estimation）、评审（Review）、风险评价（Risk evaluation）等术语定义。

（四）OIE 内部解决争议的程序　OIE 将保持协助成员国解决分歧的现行自愿性内部机制，适用的内部程序包括：

（1）双方自愿。双方同意向 OIE 提交一份协助解决其分歧的授权书。

（2）组成专家组。如果认为合适，OIE 总干事根据要求，经双方同意推荐一名或若干名专家和一位主席。

（3）制定条款。双方同意有关条款及工作计划并支付 OIE 一切有关费用。

（4）专家组工作。有权设法澄清各当事国在评估或磋商过程中所提供的信息和数据，或要求双方提供其他信息或数据。

（5）报告。专家组应向 OIE 总干事呈交机密报告，由总干事转发给双方。

二、风险分析准则

进口风险分析首先应了解拟进口的商品及可能的年贸易量，以进行风险估计。

风险评估过程分互相联系的 4 个步骤，这些步骤将风险评估分为相应的几个阶段，并根据鉴定潜在风险需要进行定义，以利于了解评价结果。其成果就是风险交流和风险管理中所用的风险评估报告。图 8-2 概括了风险评估和风险管理之间的关系。

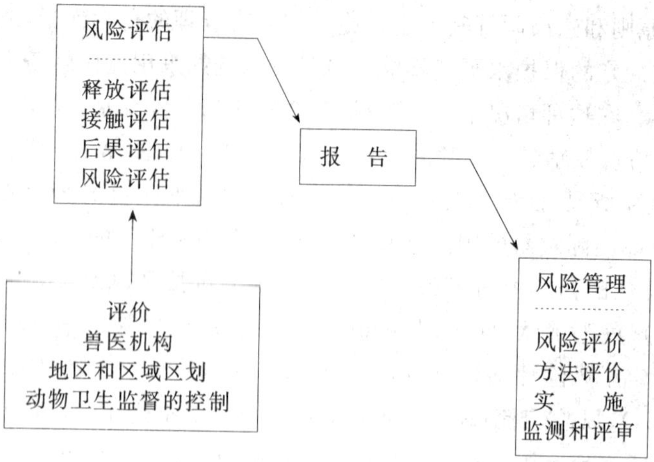

图 8-2 风险评估和风险管理之间的关系

(一)危害确认 危害确定是关键的步骤,必须在风险分析前进行。危害确认是指鉴定因进口商品可能产生不良后果的致病因子。所确认的潜在性危害可能是与进口动物有联系,或商品所携带的并在出口国存在的那些致病因素。因此就有必要确认在进口国是否已存在可能的危害,是不是法定报告疾病,是否实施控制或扑灭计划,并且要确保进口措施不能超过国内贸易限制措施。

危害确认就是分类工作,用于确定生物因子是否有害。如果危害确认不能确定与进口有联系的可能危害,则风险评估就可对此做出结论。

兽医机构,监督和控制计划及区划和区域化体系的评估是评估出口国畜群中是否存在危害物的重要内容。进口国可以决定采取《法典》推荐的适当卫生标准,并在此基础上决定允许进口,这样就无需进行风险评估。

(二)风险评估的原则

(1)风险评估应灵活机动,符合现实生活中的复杂情况。没有任何一种方法可适于所有情况,风险分析必须得能包容各种动物商品、与进口和每种疾病特性有联系的多重危害、检查监测体系接触情况和类型以及资料信息量;

(2)定性和定量风险评估方法都有效;

(3)风险评估应以最现有科技信息为基础,评估应该文件完备,并附有科技文献和其他资料包括专家意见;

(4)各种风险评估方法应一致,并必须透明,以确保公平、合理,决策应一致并易为有关各方理解;

(5)风险评估应列出不确定项、假设及其对最后风险估计的影响;

(6)风险随进口商品量的增加而增大;

(7)风险评估应能修改,以便在有新的信息时可作更新。

(三)风险评估的步骤

1. 释放评估　释放评估是要阐明进口活动向某一特殊环境“释放”(即引入)病原体的生物学途径;定性(用文字)或定量(用数字)计算全过程发生的概率。也就是说,释放评估是要阐明每种潜在的危害(病原体)在特殊条件下“释放”的概率及因各种活动、事件或措施所引起的变化。释放评估所需的信息种类包括:

(1)生物学因素。①动物种类、年龄和品种;②病原嗜好部位;③免疫注射、试验、治疗和隔离检疫。

(2)国家因素。①发病率/流行率;②对出口国兽医机构、监控计划及区划体系评价。

(3)商品因素。①进口商品数量;②污染难易程度;③加工影响;④贮存和运输影响。

如果释放评估证明没有什么风险,即可做出风险评估结论。

2. 接触评估　接触评估是要阐明进口国的动物和人接触到风险源释放的危害(如病原体)的生物途径,定性(用文字)或定量(用数字)计算接触的概率。根据接触的量、时间、频度、期限和途径(如食入、吸入或虫咬)及接触动物和人群数量种类与其他特征等的特定接触条件来计算接触被确定危害的概率。接触评估所需的信息类型包括:

(1)生物学因素。病原体特性。

(2)国家因素。①媒介;②人和动物统计数;③习惯和文化风俗;④地理和环境特征。

(3)商品因素。①进口商品数量;②进口动物或动物产品用途;③处置措施。

如果接触评估证明没有什么风险,就可在这一步得出风险评估结论。

3. 后果评估　后果评估是要阐明接触生物病原体与后果的关系。必须得弄清因果关系,即接触导致不利的卫生或环境后果,并进而引起社会经济后果。后果评估阐明某种接触的潜在后果并计算其可能发生的概率。计算可以是定性的(用文字)也可以是定量的(用数值),后果种类包括:

(1)直接后果。①动物感染、发病及生产受损;②公共卫生后果。

(2)间接后果。①监控成本;②补偿成本;③潜在贸易损失;④对环境的不良后果。

4. 风险计算　风险计算是综合释放评估、接触评估和后果评估的结果,制定对付危害引起风险的总体措施。因此,风险计算要考虑从危害确认到产生有害结果的整个风险途径。

定量评估的最终结果包括:①在一段时间内可能会有不同程度健康影响的畜群、禽群、动物或人的计数;②概率分布、置信区间及其他表示不确定性的方式;③描绘各种信息的变化;④对信息进行分类的敏感点分析,如对其风险计算结果变化的作用;⑤信息之间依赖性及相关性分析。

(四)风险管理

1. 风险管理的原则　风险管理是成员国为达到合适的保护标准而决定并执行措施的过程,同时要确保对贸易的负面影响要最小。风险管理的目标是确保国家要求减少疾病发生或频率及其后果与根据国际贸易协议进口货物及所尽义务之间的平衡。

风险管理的卫生措施应选择 OIE 规定的国际标准,执行卫生措施应符合标准的宗旨。

2. 风险管理的组成

(1)风险评价。风险评估中计算风险与国家保护标准的比较。

(2)方法评价。根据成员国的保护标准,为减少进口引起的风险,确定采取的措施,并评估其效能及可行性的过程。效能是指所选某项措施降低不良生物和经济后果的程度。方法效能的评价是一项反复多次的过程,要与风险评估相结合,然后与可接受的风险水平进行比较。而可行性评价通常着眼于对实施风险管理方法有影响的技术、行动及经济因素。

(3)实施。指坚持风险管理决策并确保风险管理措施实施的过程。

(4)监测及审查。审核风险管理措施保证取得预期结果的过程。

(五)风险交流　风险交流是在风险分析期间从可能的受影响或当事方收集信息和意见的过程以及向进出口国家决策者或当事方通报风险评估结果或风险管理措施的过程。这是一个多方面的反复过程,最好在风险分析之初就开始并要自始至终一直进行。风险交流应在每次风险分析之初就开始。

风险交流应该是公开的、互相的、反复的透明的信息交流并在决定进口之后可继续进行。风险交流参预单位包括出口国的当局及其他当事人,如国内外企业集团、家畜生产及消费集团等。风险评估中假设的和不确定的模式、信息和风险计算也应予以交流。稽查是风险交流的组成部分,以便做出科学的判断,确保获取最有效的资料、信息、方法和假设。

三、兽医机构评价

《法典》规定,在两国进行动物、动物产品、动物遗传材料、生物制品和动物源性饲料贸易时,各个成员国必须承认对方进行或要求对其兽医机构进行评价的权利。

主动提议的成员国是动物、动物产品、动物遗传材料、生物制品或饲料的实际或预期进口或出口国，而且评价是风险评估过程的一部分，是用来决定或审查贸易适用的动物卫生措施，这种情况下，提出评价对方兽医机构顺理成章。评价兽医机构应考虑 OIE 准则。

评价兽医机构应由双方成员国进行。有关双方应就评价标准、所需信息及结果进行磋商。

评价另一成员国兽医机构的某成员国应当书面通知对方兽医机构，通知应明确评价目的及所需信息。评价兽医机构的标准应与有关国家的情况相适应，而且选择标准应该考虑所涉及的贸易类型、各国动物生产体系、国家间动物卫生状态及兽医公共卫生标准差别及其他与总体风险评估有关的因素。

正式收到另一成员国要求评估其兽医机构的信息，且双方达成评价标准后，该成员国应迅速为他国提供所要求的有意义的准确的信息资料。成员国应尽快以书面形式提供评价结果。无论如何，应在得到有关信息后 4 个月内，向受评价的成员国提供书面评价结果。评价报告应详细列出影响贸易前景的内容。当对方要求时，进行评价的成员国应当详细澄清评价要点。

进行活畜、动物产品、动物遗传材料、生物制品或动物性饲料国际贸易时，有关成员国应按照 OIE 准则准备并提供其兽医机构的当前信息。成员国可请求 OIE 总干事安排专家协助进行兽医机构自我评价。两成员国就兽医机构评价标准或评价结果发生争议时，应根据《法典》有关规定的程序处理。

四、地区区划和区域区划

评价动物和/或动物产品出口某国的动物疫情时，过去的习惯是以国家作为整体来考虑的，如果国境内某地存在或怀疑有某种传染病，则视该国为有疫情国家，往往就不再进行风险评估，而采取风险回避政策，这就极大地阻碍了国际贸易，尽管从动物卫生角度考虑不一定总是必要的。气候和地理屏障限制动物疾病比国界更加有效，人口密度、媒介分布、动物流动及管理措施诸因素，在决定国内和国际动物疾病分布中起主要作用。认识动物疾病存在或范围变化的生物学基础，是将地区或区域需要区划概念应用于国际贸易动物卫生法规的第一步，在国际贸易中应用区划原理时就地区边界、法律权限、无疫病期限、监测标准、缓冲地带、检疫程序及其他兽医法规，需要建立国际公认标准。

地区(Zone)。是指在国内为控制疾病而划定的某一地区；区域(Region)。是为控制疾病而划定的几个国家或相邻国家的某一区域范围。

（一）地区区划的一般要求　一个国家要建立控制某种动物疾病的区划系统，

该病必须是法定报告疾病。不同地区类型的要求因病而异，地区大小、位置及界线取决于疾病及其传播方式和国内疫情。适用某一疾病的地区或区域划分有不同的条件。地区的大小及范围应由兽医行政管理部门确定并通过国家立法实施。地区界线应由有效的自然、人为或法律边界清楚划定。必须要不断监督检查，防止牲畜穿越界线。另外，还必须控制地区内和地区间动物产品、动物遗传材料、生物制品、病料和动物性饲料的通流。

建立地区区划体系的国家，必须要有一套有效的兽医组织和管理机构。还必须设立适当的行政机构，提供法律支持和财政资源，以便根据需要采取各种措施。

兽医机构必须要有供其支配的必要资源，并必须有能力监督检查边界线，维持临床及流行病学调查并进行必要的诊断试验。疾病暴发必须迅速向OIE报告，并提供文字证据，说明疾病监控系统，即使不在全国至少应在不同地区有效运作。

（二）地区类型

1. 非免疫接种的无疫病区　某一国家，即使仍有疫情，也可建立非免疫接种的无病疫区。在无疫病区内，官方必须了解所有饲养场所的位置。怀疑疾病暴发，兽医当局必须立即进行调查。暴发疾病必须向OIE报告。必要时，无疫病区应该设立监测区与国内其他地区及邻国感染区相隔离。无疫病区从国内其他地区或从仍有此疫病国家引进牲畜必须按照兽医行政管理部门建立的严格控制制度进行。无疫病区不可从感染地区或国家进口动物或动物产品，以防引入疫病。

2. 监测区　根据地理和气候条件及疾病性质，监测区必须有起码的面积，区内不允许免疫接种，动物流通必须控制。监测区必须有先进的疾病监控计划。怀疑疾病暴发必须立即进行调查，如确诊应立即扑灭。因此，有时得修改监测区界线。监测区从仍有疾病的国内其他地区或其他国家进口易感动物时，应按兽医行政管理部门制定的控制程序进行。动物不得免疫接种，应该用适当的试验证明无疫状态。

3. 免疫接种的无疫病区（仅适用于某些特定疾病）　在无疫病国家，为防止外来威胁，或在有疫情的国家可谨慎进行免疫接种，建立实施免疫接种无疫病区。宣布无疫病必须要有令人信服、深入有效的疾病监测证据支持。怀疑暴发疾病必须立即调查，建立免疫接种的无疫病区要求其周围边界实施一段时间后再正式宣布建成。无疫病区从仍有疾病的其他地区或国家引进易感动物时，必须按兽医行政管理部门制订的适当控制措施进行。动物必须试验证明感染与否，然后实施免疫接种，并标记永久性可识别的标志后才可进入该无疫病区。无疫病区不应当从感染地区或国家进口可能引进疾病的动物或动物产品，除非实施严格的进口条件。

4. 缓冲区　为保护无疫病国家或地区而对动物进行系统免疫接种的地区。根据地理和气候条件及疾病的性质，缓冲区必须有起码的面积。为方便识别，免疫接种的动物须用专门的永久性标记标识。疫苗必须符合 OIE 标准,动物流通应受控制。缓冲区必须拥有先进的疾病监控计划,怀疑暴发疾病必须立即调查,若确诊应予立即扑灭。从国内疫病存在地区或国家进口易感牲畜时,必须按照兽医行政管理部门制订的适当控制措施进行,动物必须免疫后才能进入缓冲区。

5. 感染区(疫区)　指有疫病存在的地区。感染区应以监测区与其他无疫病地区隔开,必须严格控制从感染区向无疫病区调运易感动物,有四种方式可供参考:

(1)活畜不得调离疫区;

(2)动物用车辆直接运往位于监测区的专门屠宰场实施急宰;

(3)特别情况下,符合兽医行政管理部门制定的适当控制措施的活畜可进入监测区,进入监测区动物须经适当的试验证实无感染;

(4)从流行病学角度分析,疾病不会发生传播时,活畜可调离感染区。

(三)无疫区的认可　希望获得无疫区认可的国家必须证明其有可靠的疾病控制和监测体系,该疾病为强制性法定报告的疾病,并具有有效的兽医组织。兽医机关必须准确标明地区界线,说明边界控制情况,并要进一步提供已采取措施的有关信息,如动物流通控制、检疫等。符合这些条件的国家可向 OIE 递交无某种疫病地区的证明材料,要求 OIE 认可并列入有关报表。

(四)区域区划　动物卫生状况相同及疫病控制相类似的相邻国家或不同国家相邻地区可作为一个区域。该区域必须设有有效的自然、人为或法定边界予以明确界定。该区域对这一特定疫病必须设有共同的防制政策。整个区域必须得有一个统一的有效的流行病学监督体系,在有关各国间应达成官方动物卫生协议。

五、动物卫生监督和监测

兽医机构通过监督数据、监测计划结果及病史资料实现动物疫情报告的功能,与风险分析关系很大。然而,如果根据某一商品进行的风险评估证明风险不大的话,这种功能就不一定是必需的了。

流行病学可为动物卫生监督和监测提供科学依据,全国流行病学系统应包括病原调查或检测,宿主群体特性描述及环境评估,因此,要求基层兽医行政机构予以有效的支持。

监督(Surveillance)是指对某一群体进行持续调查、检测疾病发生情况,以达疾病控制的目的。监测(Monitoring)旨在通过直接检测疾病在特定畜群及其环境的流行变化的连续计划。

(一)致病因子监督和监测　病原监督和监测包括对动物进行临床或病理检查、病原鉴定及检测动物曾接触病原的免疫学或其他证据。

早期检查临床疾病，检查可疑动物病例是监测病原的最重要方式之一，检查的侧重点是外来病或国内新发生的疾病。

病原检测和疾病流行。完整的流行病学传递系统还要求根据国家动物疾病状态筛选出对动物和动物产品贸易有重大经济影响的A类和B类疾病。根据疾病现状及出口优先的原则，病原筛选工作应包括以下主动及被动的监督方法：①有科学根据的调查；②在牧场、市场或屠宰场，对动物进行常规采样、检验；③有组织的设立岗哨动物计划，对动物畜群或媒介进行采样，和/或收集兽医活动的诊断结果；④保存生物标本进行追踪检查；⑤分析兽医诊断实验记录。

（二）宿主群体特性描述　描述宿主群体特性，应侧重于影响疾病发生或与疾病发生有关的国家动物群体的因素，宿主因素包括：①内在因素。如遗传、动物统计数据（年龄、性别、品种分布）和生理状态（未成熟、性成熟但未配、妊娠、衰老）；②外在因素。如销售和流通方式、家养/野生动物的相互影响、动物用途（使役、产肉、产乳、产蛋、宠物）及管理因素（饲养方式、预防医疗措施）。综合动物统计数据和病原检测数据是预测疾病可能传播或确定最合适控制措施的关键。

（三）环境因素评估　环境评估的数据包括物理因素、生物学环境因素及有关行业的经济和结构特点。

（1）物理因素。空气和水质监测资料、地形和土壤分布图及气象资料，在许多国家是由有关政府部门常规收集的，其他资料可从大学、研究机构和私人机构获得。

（2）生物因素。媒介群体分布情况可向无脊椎动物专家索取，媒介活力数据用于描述某种媒介作为某种疾病生物媒体的能力。

（3）相关行业特性。饲料和屠宰工业、生物制品和药品工业以及销售方式的数据有助于确定选择各国采用的预防措施。根据这类信息可估计未来的趋势，动物生产和加工的地域变化，并更加准确地评估疾病风险及区域的定性和划界。还有很多需要的数据可通过政府或非政府渠道获取。

第三节　进出口程序

一、运输建议

动物运输用车辆（或集装箱）的设计结构及组装应能承受动物的重量，并确保动物在运输期间安全舒适。车辆应彻底清洗消毒后才能使用，并应通风良好和可调控，以适应可能的天气变化。运输动物应该有充足的空间及可供躺卧的场地（有专门条款规定的除外）。可行的话，动物应按畜种分开，未去势成年公畜与母畜分开，有角与无角动物分开。

空运或海运动物的装运工具(集装箱)在运输中应能与轮船或飞机本身结构固定，码垛方式应不妨碍通风换气，且要方便饲养员通行。运输动物应适时提供饲料和饮水。

以上各项所有国家都应以法律或法规文件形式规定强制执行，并应汇编成册供有关各方参照实施。

(1)集装箱的要求。动物运输用集装箱的结构应在打开时防止排泄物、垫料等泄漏；在用于运输动物产品时，应设观察装置(如开一小窗口或活动盖)；装有动物产品的过境集装箱不能打开，但过境国兽医当局认为有必要打开时除外，但必须采取措施防止发生污染危险；集装箱只许装一种产品或至少只能装相互不会发生污染的产品；无论何种情况，都应由各国来决定过境或进口动物和动物产品用的集装箱设备。

(2)空运动物的要求。①确定用飞机或集装箱运输动物时，所需空间应考虑以下诸点：a)每个动物所需的有效地面及空间。b)集装箱和飞机的高度和其他尺寸。c)飞机和集装箱在地面及飞行各阶段的通风能力；②如果与国家法规没有矛盾，可执行(OIE 认可的)国际航空运输协会(IATA)活畜运输条例(可向加拿大蒙特利尔国际航空运输协会索取)。对于牛、猪和羊，飞机或集装箱给每头动物的平均空间应符合《法典》附录 4.4.2.1 规定的条件。

(3)消毒及其他措施。①消毒、除虫及其他必要工作是为了避免一切解释不清的麻烦及防止对人和动物健康的危害、防止火险、防止对运输工具或其他设施的损害，以及尽可能防止对动物产品、精液、胚胎/卵、种蛋、蜜蜂巢脾及运输动物的饲料和押运员行李的损害；②根据要求，兽医当局应为承运者出具证书，说明对所有交通工具所采取的措施；③交通工具被处理的部分，所用的方法及采取措施的理由。对于飞机，证书可根据要求用飞机入境总申报单代替；④兽医当局应根据要求出具证明动物到达和离港日期的证书和给托运人或出口商、收货人和承运人或其代理人证明采取措施的证书；⑤兽医当局须采取一切实际措施，防止任何感染材料排入内地或其领域的水体。

二、离港前和离港时适用的动物卫生措施

各国只能授权从其领土上出口种用、饲养或屠宰用的动物，并标识确系来自无 A 类疾病的位于无疫区的饲养场所。应进口国的要求，根据《法典》和《手册》的建议应采取消毒和除虫程序，以及进行生物学试验和/或免疫接种。

动物在离开(出口国)前可在饲养场所或检疫站进行观察，官方兽医在观察期

间发现动物临床健康，无A类疾病及无其他传染病时应马上将动物直接运往装运地，运输用车辆应专门设计，事先经清洗消毒，并不得接触其他易感动物，但保证与运输动物卫生状况相同的动物除外。

从出口国原产地向出境地运输种用、饲养用或屠宰动物时，应按照进出口两国达成的条件进行。各国只能在其自己的领土内，由原产地地区兽医当局官方控制的、无A类疾病并在无疫区的AI中心、采集单位或农场出口精液、胚胎/卵和种蛋。出口之后，如果原产场所、采集中心或市场的动物，在潜伏期内发生了某种A类疾病，出口动物、精液、胚胎/卵或种蛋的国家应通知目的地国家，必要时还应告知过境国。

动物、蜜蜂、精液、胚胎/卵、种蛋及蜜蜂巢脾在离港前，官方兽医应在装运前24 h内提供与OIE认可格式一致的、用出口国和进口国协商同意的语言书写的国际动物健康证书（见《法典》第五篇），必要时还要应用过境国语言书写。

动物或一批动物在国际运输出境前，边境口岸所在地的港口、机场或地区兽医当局认为有必要时可进行一次临床检查，安排检查的时间和地点须考虑海关和其他手续，以免妨碍或耽误出境时间。兽医当局应采取必要的措施，该批动物感染或怀疑感染A类疾病或其他传染病时，应禁止装运；防止媒介昆虫或致病原进入交通工具。

各国只能授权从其自己的领土出口适合人消费的供人食用的肉品及动物源性产品，并须携带与OIE认可的格式一致的及用出口国和进口国协商同意的语言书写的国际卫生证书，必要时还要应用过境国语言。动物饲料用或药用或工业用的动物源性产品应附有与OIE认可的格式一致的国际卫生证书。

三、过境时适用的动物卫生措施

被要求动物过境的国家凡与出口国有正常商贸交易的国家，负责边境口岸的兽医行政管理部门和兽医当局收到计划过境通知时，都不应当拒绝过境，条件是过境通知必须说明动物的种类和数量、运输方式及根据事先安排出入境的边境口岸及过境国授权的日程。必须过境的国家，如果在出口国或日程上的前一过境国被认为有问题，能对其动物传播某种疾病时，可拒绝过境。

过境国可要求出示国际动物健康证书。并可由官方兽医对动物健康状态进行检查，过境条件为封闭式工具或集装箱运输的除外。如果官方兽医检查表明，过境动物感染或患有法定申报的动物疾病，或者国际动物健康证书不正确及/或没有签名，即可在过境口岸拒绝动物通过其领土。在这种情况下，必须立即通知出口国的兽医行政管理部门，以便有机会核对并纠正证书。若确诊患有动物疫病或不能纠正证书，过境动物或蜜蜂须退回出口国或(就地)扑杀或销毁。用安全密封车辆或集装箱运输蜜蜂的除外。

任何过境国家可要求运送动物过境的火车皮和公路车辆，设有防止动物逃脱及排泄物泄漏的设施。过境动物只是在需供水、供应饲料、福利或有其他必要理由时，并在过境国官方兽医有效监督，确保不与其他任何动物接触的情况下才可在过境国土地上卸下。在过境国不可预见的卸货必须通知进口国。

精液、胚胎/卵、种蛋、蜜蜂巢脾、动物产品必须过境，而过境国也允许进口这类产品时，在符合下列条件下不应拒绝过境：①必须向管辖边境口岸的兽医行政管理部门和兽医当局通报过境计划，过境通报应包括产品种类和数量、运输方式及根据日程安排在过境国出入境的边境口岸；②若经检验表明上述产品对人或动物健康有危险，过境国兽医当局可责令其返回出口国。如果不能返回，就应立即通知出口国的兽医行政管理部门，为在产品销毁之前提供证实情况的机会；③用封闭式车辆或集装箱运输上述产品时，就不必采用严格的卫生措施。

船舶驶往另一国家领土港口途中在某一港口停靠，或通过某国境内的运河或其他航道时，必须遵守兽医行政管理部门要求的条件，要特别防止引进昆虫，造成疾病传播的风险。

如果碰到船长或机长权限以外的原因，轮船或飞机要在港口或机场之外的某地或在非正常停靠或着陆的港口或机场停靠或着陆时，船长或机长须立即通知离靠岸港口或着陆地最近的兽医行政当局或其他公共当局。兽医当局一旦得到靠岸或着陆地的通报，须采取适当措施。船上或飞机上的动物及押运员不允许离开锚地或着陆地附近，任何设备、垫料或饲料不允许搬出。在采取兽医当局指定的措施后，可允许轮船或飞机行进到正常停靠或降落的港口或机场进行卫生处理，或者由于技术原因不能进行时，则可去一更合适的港口或机场。遇紧急情况时，船长或机长须采取一切必要的措施保护船(飞机)上乘客、乘员、押运员和动物的健康和安全。

四、进口国的过境口岸和检查站

各国及其兽医行政管理部门，只要有可能，须采取必要措施，确保其境内边境口岸和检疫站机构健全、设备充足，以执行《法典》推荐的各项措施。每个边境口岸和检疫站必须配备动物饲养及饮水设施。在明确国际交通运输量和流行病学形势后，边境口岸和检疫站必须设置兽医服务机构，配备人员、设备、场所及手段，以便进行临床检查，从活畜采集诊断用标本材料，采取患病或疑似患病动物尸体及怀疑污染的动物产品样品；检查并隔离患病或疑似患病的动物；对运输动物和动物产品用的车辆进行消毒，并可能进行杀虫处理。

另外，各口岸和国际空港应配备泔水或其他对动物健康有危险材料的灭菌或焚烧设备。

在国际贸易中要求商品过境时，应尽快提供带直接过境区的机场，过境机场及过境区应符合兽医行政管理部门要求的条件，特别要防止昆虫传播疾病的危险。

每个兽医行政管理部门须应按要求向(OIE)中央局及有关国家提供在其领土上批准国际贸易用的边境口岸、检疫站、屠宰场和储藏库名单；通知执行《法典》1.5.5.1条到1.5.5.4条2款内容所需的时期；其领土内设有直接过境区的机场名单。

五、到达时的动物卫生措施

进口国只能接受经出口国官方兽医进行过健康检查、并携带出口国兽医当局出具的国际动物健康证书的动物入境。进口国可要求动物计划入境的日期适当提前得到通知，通知应说明动物种类、数量、运输工具、所用边境口岸的名称。另外，进口国家应印制能快速有效进行进口及过境程序并能采取控制措施的边境口岸名单。在认为出口国家或日程中前方过境国家患有某种能传染本国动物或蜜蜂的疾病时，进口国可禁止动物入境。对过境国家，此禁令不适用于用安全密封车辆或集装箱运输的蜜蜂。

当官方兽医在边境口岸检查时发现动物患有或怀疑患有或感染能传染本国动物的疾病，进口国可禁止其入境。动物没有携带符合进口国要求的国际动物健康证书时也可拒绝入境，遇到这种情况时，应立即通知出口国的兽医行政管理部门，为核实情况或纠正证书留有机会。然而，进口国也可规定，进口动物应立即进行隔离检疫，以便作临床观察及生物学检查，以期做出诊断。如果确诊患有某种传染病或证书不能纠正，进口国可采取以下措施，若不涉及过境第三国，则可将动物退回出口国；若从卫生角度考虑退货有危险，或实际操作不可能，应就地扑杀并销毁。

动物携带有效的国际动物健康证书，并经边境口岸兽医当局检查为健康时，就应允许进口并根据进口国的要求运往目的地。

进口国只应接受携带国际动物健康证书的精液、胚胎/卵、种蛋及蜜蜂巢脾进境。进口国就上述产品计划入境的日期可要求适当提前获得通知，通知应说明产品种类、数量、性质及包装，以及所使用边境口岸的名称。有关国家认为出口国或日程中安排的前过境国存在这些产品能传播的疾病时，进口国可禁止这些动物产品进口。如果上述产品在边境口岸没有携带符合进口国要求的国际动物健康证书时，进口国可禁止这些产品进入境内。遇到这种情况时，必须立即通知出口国的兽医行政管理部门，产品可以退回出口国，或置隔离检疫场，和/或就地销毁。

进口国只能接受经出口国官方兽医检查认为适于人类消费，并携带有效国际卫生证书的人类食用动物源性肉品和产品进境。进口国对人类食用动物源性肉品或产品计划入境的日期可要求适当提前得到通知，通知还应包括肉品或产品的性质、数量和包装及所用边境口岸名称的信息。然而，如果货物检验证明供人食用的动物源性肉品或产品对人或动物健康有危险或如果国际卫生证书不正确、或证物不符时，进口国的兽医当局可要求退回，或要求适当处理，确保其无害。当产品不退回，应立即通知出口国的兽医行政管理部门，以便有机会核实情况。

进口国只能接受携带出口国有关兽医当局提供的国际卫生证书的动物饲料用、药用或工业用的动物源性产品入境。进口国对动物饲料用、药用或工业用动物源性产品的计划入境日期可要求适当提前获得通知，并附有产品性质、数量和包装及所用边境口岸名称的信息。当进口国认为出口国存在能被这类产品传播的疾病时，可禁止动物饲料用、药用或工业用的动物源性产品入境。如果出口国存在这类疾病，过境国也可禁止其过境，但用密封交通工具或集装箱运输的除外。当国际卫生证书经检查并发现准确无误，就应允许上述产品进口。

进口国可要求把动物饲料用、药用或工业用的动物源性产品发运至经兽医行政管理部门批准并在其监督下的场所。如果经检验证明该产品能危害人或动物的健康，或者国际卫生证书不正确，或者证物不符，进口国的兽医当局可将产品退回出口国，或要求进行安全化处理。当不退货时，必须立即通知出口国的兽医行政管理部门，以便有机会核实情况或纠正证书。

当运输感染 A 类疾病动物的交通工具抵达某一边境口岸时，就应视为此交通工具已被污染，兽医当局须采取以下措施：①卸货并立即将动物用防渗漏的交通工具直接运到经兽医行政管理部门批准的动物屠宰、及胴体销毁或灭菌的场所；隔离检疫站，如没有隔离检疫站，则运到事先指定的边境口岸附近并隔离良好的地方；②卸货，并立即将垫料、饲料及其他可能的污染材料运到事先指定的场所进行销毁，并实施进口国要求的严格卫生措施；③押运员的行李及运输、饲养、饮水、搬移或装卸动物用的工具各部分都进行消毒；④如果是昆虫传播的疾病，则应进行杀虫处理。

运输怀疑患有 A 类疾病动物的运输工具抵达边境口岸时，就应认为交通工具已被污染，兽医当局可采取《法典》1.5.5.5 条规定的措施。当兽医当局根据 1.5.5.5 条规定已采取措施后，可认为交通工具已不再被污染，即可允许入境。

紧急情况下，港口或机场不得以动物卫生理由拒绝轮船或飞机靠岸或着陆。然而，靠岸轮船或着陆飞机须采取口岸或机场兽医当局认为必要的动物卫生措施。运载动物或动物产品的飞机，不能只因在疫区的非感染机场着陆过，就认为来自疫区，若动物及动物产品没有卸下，可视为直接过境。

从存在昆虫传播疾病的国家来的飞机着陆后应立即进行杀虫处理，在起飞后或在飞行中进行杀虫处理的除外。

六、动物病原的国际交流和实验室控制

为防止引进病原造成动物疾病流行和扩散，《法典》规定了动物病原的国际交流和实验室控制规则。原来无某种传染病或动物病原或动物病原新株型的国家若传进了这些传染病或动物病原或病原新株可能会有非常严重的潜在后果，动物卫生、人类健康、农业经济及贸易或多或少都会受到负面影响。各国都已规定了一系列的措施，例如要求接受进口前试验和检疫，以防止通过进口活畜或产品而引进动物病原。

然而，一些实验室在研制疫苗中意外释放动物病原也可能造成疫病风险，这类病原可能已在国内存在，或者有意或无意被引了进来。因此有必要规定各种措施防止其意外释放。这些措施可适用于国家边境用于禁止或控制特定病原或其载体的进口(见1.5.6.7条)或国内规定实验室处理病原的条件。实践中，应根据可疑病原对动物健康的危害性采取内外控制相结合的措施。根据动物病原对动物健康和国家农业经济的风险，特别是当其所引起的疾病呈非地方性流行时，为实验室控制动物病原提供指导。为动物病原进口条件提供指导。

在动物病原对人类健康有危险时，应该从《手册》及其他有关的出版物查找实验室控制的方式。

(一)*动物病原的分类* 若动物病原传入某国或从实验室意外释放，就应根据其对动物健康的危险性进行分类。根据控制要求，病原可分为4类，需考虑因素包括：病原微生物的致病力、所引起的生物危害性、传播能力、预防治疗的经济问题。

有些病原需要专门的媒介传播或需要中间宿主完成其生活周期后才能感染动物并引起疾病。在没有这类媒介昆虫或者气候或环境因素不利于媒介昆虫生存的国家，这类病原对动物健康的危险性就要比自然界中有这类媒介昆虫的国家要低。

一类动物病原。可导致地方性流行，但不列入官方控制计划的致病微生物；

二类动物病原。为外来的或导致地方性流行的，并列入官方控制计划但实验室扩散风险低的致病微生物：

(1)不依靠媒介或中间宿主传播；

(2)不同种动物之间不传播或传播受限；

(3)如果从实验室释放，地理扩散有限；

(4)动物间直接传播相对有限；

(5)不需要控制有病或已感染的无病症动物；

(6)疾病导致经济损失或/及临床意义不大。

三类动物病原。外来的或导致地方性流行的，并列入官方控制计划的，实验室释放后有中等危险的致病微生物：

(1)可经媒介昆虫或中间宿主传播；

(2)在不同种动物间容易传播；

(3)若从实验室释放，地理扩散中等；

(4)动物间直接传播相对容易；

(5)患病动物、感染动物及接触动物必须法定限制；

(6)疾病具有重要的经济或/及临床意义；

(7)无有效的预防和/或治疗方法，或效益有限。

四类动物病原。为外来的或导致地方性流行的，并列入官方控制的，实验室释放存在高危险性的致病微生物：

(1)可经媒介昆虫或中间宿主传播；

(2)在不同种动物间很容易传播；

(3)若从实验室释放，地理扩散广泛；

(4)动物间直接传播非常容易；

(5)患病动物、感染动物及接触动物必须法定限制；

(6)必须在广泛地区法定控制动物流动；

(7)具有极其严重的经济和/或临床意义；

(8)没有消毒预防和/或治疗方法。

(二)控制级别　控制的主要目的是防止从实验室向畜群泄漏病原。有的动物病原还可感染人，在这种情况下，除单纯从动物卫生角度考虑外，从对人类健康危险考虑还要求有另外的控制措施。具体的控制和生物安全水平及措施应与病原的类别相一致，具体要求应与病原体微生物种类(细菌、病毒、真菌)相适应。一类病原的控制标准最低，四类病原的控制标准为最高。节肢动物可以是病原，也可以是病原的传播媒介，如果实验室用节肢动物作传媒，除节肢动物的控制设施外，还必须有相应病原的控制标准。

如果能满足有关当局关于特定病原的控制设施要求，实验室就可允许拥有并处理 3 类或 4 类的动物病原。然而，根据各国的具体情况，当局也可以决定控制某些 2 类病原的拥有及处理。当局应首先考察实验室的设施，确保其适用性，然后发放规定有关条件的许可证。另外还应要求做好恰当的记录，并且，当所处理材料含有许可证没有包括的病原时，要明确报告当局。当局应定期查访实验室，确保其遵守许可证上的有关条款，而进行检查的有关当局人员在实施检查后，在一定时期内不得接触对在实验室处理病原易感的动物，时间长短依病原而异。许可证应规定：①病原的运输及包装物的处理方式；②负责此项工作的人员姓名；③病原是在体内（实验动物或其他动物），还是只在体外应用；④工作结束后，病原及实验动物的处理方式；⑤实验室人员与对所用病原的易感动物接触的限制；⑥病原转移到其他实验室的条件；⑦与适当控制等级，生物安全程序及操作有关的特殊条件。

（三）动物病原的进口　只在有关当局签发进口许可证的条件下才允许进口动物病原、病料或病原携带微生物。进口许可证应注明病原生产危险的条件，航空运输条件，国际航空运输协会有关危险性物品包装和运输标准。2、3或4类病原的进口许可证只能授予能够按《法典》1.5.6.6条规定处理特种病原的持证实验室。

在从别国申请进口病料时，当局应考虑病料的性质，获取病料的动物，该动物对各种疾病的易感性，及原产国家的疾病状况，最好要求病料在进口前已先作处理，以减少引进病原的意外风险。

七、非人类灵长目动物传染的人畜共患病

非人类（以下略）灵长类动物大约有180种，分属2个亚目12个科。《法典》不包括（以前曾认为属于灵长目的）树鼩科动物。濒危野生动植物国际贸易公约（CITES）附录Ⅰ或附录Ⅱ列出了全部灵长目动物，只有携带CITES要求的许可证或证书才能进行国际运输。大部分进口灵长类动物是供研究、教学或育种之用。

公共卫生和安全是进口时应首要关注的问题，尤其是人经常要与动物、动物体液、粪便及组织接触。降低风险就要求有关人员经过专业培训并要严格遵守个人卫生标准。携带共患病原的危险性与有关动物的分类地位和原产地有很大关系。可以认为，其病原的危险性从原猴亚目到狨和小绢猴，再到其他新世界猴，旧世界猴和猿类逐步增加，而野生捕获的灵长类动物携带共患病原的危险性比捕获驯养的动物要大，因为后者在环境控制中经受了兽医监控。而从野外捕获的灵长类动物，供应商及出口国兽医行政管理部门所能提供的健康信息非常有限。

A类疾病和B类疾病中基本上没有包括本章所指的疾病，而OIE动物疾病报告系统也没有要求定期报告。然而，要求报告异常流行病事件仍然有效。

（一）一般要求　出口国兽医行政管理部门只有凭有效的CITES文件才能颁发国际动物健康证书。兽医行政管理部门应确保动物已经批准的方法个别进行了鉴定，以避免传播疾病（见《法典》附件4.2.6.1）。出于公共卫生方面考虑，进口国兽医行政管理部门不应当授权进口宠物用灵长类动物。当从某国有关动物自然分布区直接进口灵长类动物时，并在健康保证有限的情况下，进口国兽医行政管理部

门应更加强调检疫程序而不必过分强调兽医证书。原则上讲，原产国供应商或兽医行政管理部门提供的有限动物健康保证，不应成为进口的障碍，而应要求在进口后采取非常严格的检疫措施。尤其是，检疫应符合《法典》附录 4.2.7.1 条规定的标准（正在研究中）。由于没有现成的诊断试验，或诊断试验价值有限，为减少疾病传播风险，必须得有足够长的检疫期。如果是在兽医监督的固定养殖场出生，或至少在养殖场饲养过 2 年，进口国兽医行政管理部门可降低进口灵长类动物的检疫要求，条件是这些动物经个别鉴定并携带有具备资格的官员签发的合适证书，而官方证书应附带每只动物及其原产群临床史的完整资料。在必须进口已知或怀疑携带共患病的灵长类动物时，进口应不受这些要求的限制，条件是进口国兽医行政管理部门应要求将动物放入位于其本国，已批准同意授权并符合《法典》附录 4.2.7.1 规定标准的饲养场。

（二）一般出证和运输要求　对于灵长类动物，进口国兽医行政管理部门应该要求：①出示国际动物健康证书，证明动物已个别标识（证书中应注明标识方式），并且装运之日进行过检查，临床健康，无传染病临床症状，而且适于运输；②国际动物健康证书应附带有关记录，包括装运前所进行的所有免疫接种、检验和治疗；③根据国际航空运输协会活畜（运输）条例进行航空运输，铁路或公路运输应按水陆运输标准进行。

（三）来自非控制环境的灵长类动物的检疫要求　进口国兽医行政管理部门对来自野生或其他未实施永久性兽医监督来源的动物，应该要求出具《法典》1.5.7.3 条所述的资料。

迅速将动物置于符合《法典》附录 4.2.7.1 规定的检疫站隔离，至少 12 周；检疫期间每天都要监视所有动物的疾病症状，必要时进行临床检查；不论何因死亡的动物都要在专门批准的实验室内进行全面的尸体剖检；检疫结束放行前，应查清动物群体生病或死亡的病因；根据《法典》附录 4.2.6.1 规定，动物应进行下述诊断试验和处理（见表 8-1）。

另外，进口国兽医行政管理部门应了解其他人兽共患病，如麻疹、甲肝、猴痘、马尔堡病或埃博拉/赖斯顿氏病等的公共卫生重要性，尽管本条对这类病原在检疫期间没有提出特异试验或治疗程序。兽医行政管理部门应该认识到，如果动物患病，在检疫期间检出疾病临床症状是控制这类病原引进和扩散的最适手段。目前检疫期一般为 12 周，对病毒性人兽共患病，如乙型肝炎，目前还没有可靠的诊断试验。而其他一些人兽共患病，如疱疹病毒或反转录病毒，可呈隐性感染并且比较独特，有些动物可终身感染，为进口之用时，要诊断并排除这类感染动物是不可能的。因此，在为保护人类健康而安全处理灵长类动物时，必须严格执行《法典》1.5.7.7

条所述的预防措施。

表 8-1 来自非控制环境的灵长类动物的检疫要求

疾病/病原	动物种	方　案	方　法
乙型肝炎	长臂猿和类人猿	第一周第一次试验，三周到四周后第二次试验	抗乙肝核心抗原和乙肝表面抗原血清学试验及其他合适的参数
结核病（人型分枝杆菌和牛型分枝杆菌）	狨和小绢猴	两次试验间隔 2～4 周	皮肤试验或血清学试验。皮肤试验以芒图试验（结核菌素皮内试验）最为可靠，与其他方法比，芒图试验圈大小与感染严重程度有关。狨、小绢猴或其他小原猴的皮肤试验部位最好在眼皮而不在眼睑。有些动物（如猩猩）结核菌素皮肤试验因出现假阳性结果而不受欢迎
	原猴、新世界猴、旧世界猴、长臂猿、类人猿	至少 3 次试验间隔 2～4 周	用哺乳动物型和禽型 PPD 作比较试验，结合培养、透视和 ELISA 可消除混淆
其他细菌性病原（沙门氏菌、志贺菌、耶尔森菌及其他有关细菌）	各种灵长类动物	抵达后前 5 天每天一次试验，连续 3 天。此后至少试验一次或两次，间隔 2～4 周	粪便培养。新鲜粪便或直肠拭子立即培养或立即置运输培养基
体内和体外寄生虫	各种灵长类动物	至少检查两次，第一次在检疫开始，第二次在检疫结束时进行	检查方法和抗寄生虫治疗因动物种类和病原而异

（四）来自有兽医监督场所的狨和小绢猴的出证和检疫要求　进口国兽医行政管理部门对来自有兽医监督的场所的狨和小绢猴应该要求出具国际动物健康证书，证明该批动物《法典》符合 1.5.7.3 条规定的要求，即动物在原产场出生或至少在原产场留养 2 年；并来自兽医定期监督的场所，场内执行健康监测计划，如微生物学和寄生虫学检测，以及解剖检查；启运前两年内是在没有发生过结核病病例的建筑物或封闭式舍内饲养；说明原产场实施的卫生监测计划。将动物置于符合附录 4.2.7.1 规定的检疫站隔离，至少 30 天；检疫期间每天都要监视所有动物的疾病症状，必要时进行临床检查；不论何因死亡的动物都要在专门批准的实验室内进行全面的尸体剖检；根据附录 4.2.6.1 规定，动物应进行下述诊断试验和处理（表 8-2）：

进口国兽医行政管理部门对病毒病或结核病一般不应要求作任何试验检查，但为确保人的健康和安全，应严格遵守《法典》1.5.7.7 条规定的预防措施。

表 8-2　来自有兽医监督场所的狨和小绢猴的检疫要求

疾病/病原	动物种类	方　案	方　法
细菌性病原(沙门氏菌、志贺氏菌、耶森氏菌及其他有关细菌)	所有种类动物	抵达前 5 天内每天进行一次试验，连续 3 天	粪便培养(见 1.5.7.4 条附表)
体内和体外寄生虫	所有种类动物	至少检查两次，第一次在检疫开始时，第二次在检疫结束时	检查方法和抗寄生虫治疗因动物种类和寄生虫病原种类而异

(五)其他来自有兽医监督场所的灵长类动物的出证和检疫要求　进口国家兽医行政管理部门对来自有兽医监督场所的原猴、新世界猴、旧世界猴、长臂猿和类人猿应该要求出具国际动物健康证书，证明该批动物符合 1.5.7.3 条规定的要求，即动物在原产场出生或至少在原产场留养 2 年；来自兽医定期监督的场所，场内执行健康监测计划，如微生物学和寄生虫学检测，以及解剖检查；启运前 2 年内是在没有发生过结核病病例的建筑物或封闭式舍内饲养；来自装运前 2 年没有发生过结核病病例或其他人兽共患病如狂犬病病例的场所；装运前 30 天内，进行 2 次结核病试验，结果为阴性，2 次试验间隔至少 2 周；进行过致病性肠道细菌包括沙门氏菌、志贺氏菌和耶森氏菌诊断试验；进行过体内和体外寄生虫诊断试验和适当的驱虫处理；进行过乙型肝炎诊断试验并说明其当前的状况(只适用于长臂猿和类人猿)。

在检疫站至少隔离 30 天，在此期间每天监视所有动物的疾病症状，若有必要，需进行临床检查；无论何因死亡的动物均应送往专门批准的实验室作全面的尸体剖检；在动物从检疫站放行之前应查清其中生病或死亡的原因；动物应根据附录 4.2.6.1 所述要求进行下列诊断试验和处理(表 8-3)：

表 8-3　其他来自有兽医监督场所的灵长类动物的检疫要求

疾病/病原	动物种类	方　案	方　法
结核病	各种动物	一次	皮肤试验或血清学试验(见 1.5.7.4 条表述)
其他细菌病原(沙门氏菌、志贺氏菌、耶森氏菌等)	各种动物	抵达后前 5 天内每天试验一次，连续 3 天，至少一周后再进行一次	粪便培养(见 1.5.7.4 条表述)
体内和体外寄生虫	各种动物	至少检查两次，一次在检疫开始，另一次在检疫结束时	检查方法和抗寄生虫治疗因动物和寄生虫种类而异

进口国兽医行政管理部门对病毒病一般不应要求作试验检查，但为确保人类健康和安全，应严格遵守《法典》1.5.7.7条规定的预防措施。

（六）接触灵长类动物及其体液、粪便和组织的工作人员的预防措施　大部分灵长类动物几乎不可避免地存在某些人兽共患病病原，即使从检疫场所放行的动物也如此。因此，有关当局应鼓励接触灵长类动物及其体液、粪便或组织（包括尸检）的工作人员及其管理机构遵守下述准则：

（1）就人兽共患病控制和个人安全，应对工作人员进行培训，以便正确处理灵长类动物及其体液、粪便和组织；

（2）应告知工作人员某些灵长类动物可终生感染某些共患病原，如猕猴携带乙型疱疹病毒；

（3）应确保工作人员遵守个人卫生措施，包括在可能感染区穿防护服，并禁止吃饭、饮水和抽烟；

（4）执行个人健康检查制度，包括监测结核病，致病性肠道细菌和体内寄生虫及其他认为必要的病原；

（5）实施恰当的免疫接种计划，如包括破伤风、麻疹、脊髓灰质炎、狂犬病，及其他灵长类动物原产区流行疾病的免疫接种；

（6）制定可经咬、抓传播的人兽共患病的预防和治疗准则；

（7）给工作人员发一卡片，注明持卡人工作性质，即处理灵长目动物或其体液、粪便或组织，当患病求医时可向医生出示此卡；

（8）动物尸体、体液、粪便和组织的处置应对公共卫生无害。

第四节　兽用生物制品的风险分析

一、概　　论

所有动物源性制品，包括兽医用生物制品，都可在某种程度上传播动物疾病，其传播疾病的能力取决于产品的固有特性、来源、处理过程及其可能的用途。生物制品尤其在体内应用时，导致动物感染的可能性最大，具有最大的风险性。体外用的制品有意或意外体内应用时也可将疾病传入畜群，污染其他生物制品，或通过其他途径传播疾病。即使诊断和研究用的生物制品也具有与动物紧密接触的潜在可能性。外来微生物，有些具有高致病性，在无疫病或无感染国家用于研究或诊断应用时，也存在污染其他生物制品的可能性。

进口国兽医行政管理部门应要求对兽医生物制品建立特定的批准和出证程

序。对于无法保证达到上述条件的注册机构，应限制其在体外应用或在非兽医目的应用方面的供应。

二、兽用疫苗的风险分析

兽用疫苗的风险分析必须得建立在质量保证原则基础之上，包括兽用疫苗生产中的质量控制。本建议主要集中在疫苗被传染因子尤其是外来进口疫病污染的风险方面。疾病传入某一国家，其最主要的风险途径是通过进口活畜禽及畜禽产品，通过疫苗进口则很少。然而，如果疫苗生产用的种子毒、毒株、细胞培养物、动物或动物源性成分如胎牛血清被污染，或发生交叉污染时，兽用疫苗在生产过程中也可发生污染。

（一）风险分析的原则　进口国和出口国应就兽用疫苗相关风险分类系统达成一致，该系统应考虑目前已实施的纯化程序等多种因素。

进口国和出口国应就具体问题和产品方面达成一致的风险分析模型。该风险分析模型应包括科学的风险评估和固定程序，以便做出风险管理建议和交流风险，兽用疫苗的控制应包括定量或定性模型。只要有可能，评估中就应该使用步骤风险分析和事态树模方法，因为这样可以确定。

风险分析应尽量客观和透明。风险生产和应用产品过程中产生风险的关键步骤，并有助于风险的性质。

应用不同方法进行风险分析可能达到同一结果。在采用不同方法的国家，应尽量采用等价概念，并使用有效方法，保证其敏感度有可比性。

（二）生产规范　首先兽用疫苗具有其本身的特性，在评估和履行质量保证体系时，就应考虑生产环节。由于动物种类和病原种类较多，故产品种类众多，而每种产品的规模化程度就相对较低；因此，通常情况下为分批生产。另外，由于这种生产的特殊性（培养步骤、缺乏最终消毒等），产品需要特别保护，防止污染和交叉污染。在使用致病因子或外来生物致病因子进行生产时，周围环境应予特别保护。在应用对人具有致病性的生物致病因子时，还应对人给予特殊保护。这些因素，以及生物制品的固有变异性，就意味着质量保证体系具有极为重要的作用。因此，应遵照公认的标准化体系，包括生产器材、场所、人员素质以及质量保证等特定要求来组织生产，并接受定期检验，这一点是十分重要的。

必须得由专门的资深检验员实施统一的设施检验系统，以保证产品质量可信。

（三）在进口国申请注册应提交的信息　制造商或出口国兽医行政管理部门应向进口国提供其正在使用的药典。对于进口国，则必须获取产品质量控制和每批原材料来源方面的资料。兽用疫苗生产过程中的关键环节应予详细说明，以便进行风险分析。风险分析必须注重申请文件中的质量和安全控制部分。实验室安全试验应涉及到目标和非目标微生物，以获取足够生物学数据。所有试验程序应与当时的科学技术知识相一致，确保其时效性。

成品制备方法的描述应包括制备工作种子用材料的详细特征、为防止污染而对原始材料进行的处理、以及加工各阶段所采取的取样和控制试验。成品及其加工过程中的控制试验，连同这些试验的敏感性，都必须进行风险分析。同时得有每一步控制试验的材料。

（四）兽用疫苗的分类　为有助于风险分析，各国应建立起兽用疫苗的分类系统，并考虑到其相关标准，如用作有效成分的病原固有特性及其造成的风险等。对于活菌疫苗，其对目标物种、非目标物种及其对人类的安全性应予评估。该重组物质的组织趋向和宿主范围的改变应予特别注意。

（五）免疫监视　出口国和进口国应确保建立可靠的免疫监视系统（出证后监测），以尽早发现疫苗应用后出现的严重问题。免疫监视是兽用疫苗尤其是活苗应用中，全部常规计划中的一个有机部分，是一项进行性的工作。

（六）风险交流　制造商或出口国兽医行政管理部门应向进口国提交支持其申请的可靠数据。兽医行政管理部门间应就风险分析、动物健康状态和接种警戒等方面进行持续性交流。

三、其他生物制品的风险分析

本节所指的“生物制品”是“除兽用疫苗以外的其他兽医生物制品”。

（一）生物制品的分类　分类为生物制品国际流通中风险分析的一种方法。分类系统应考虑到生物制品的来源、性质及其声明的用途。

通过进行一般性风险分析，以及逐步发展一般性的认证和质量保证措施，可实现持续性的产品供应，而不再需要无休止的风险评估，这种无休止的风险评估常常导致资源浪费，且耗费巨大。分类系统一经建成，风险评估就可与合适的生产和试验参数结合起来。实施一般性风险评估的兽医生物制品的类别包括（不按风险的顺序）：

(1)合成材料；

(2)氨基酸、乙醇、酯、糖和维生素；

(3)化妆品；

(4)植物提取物及植物源性生化产品；

(5)微生物发酵产品；

(6)体外用诊断、分析和免疫化学试剂盒；

(7)人源性材料；

(8)治疗药品；

(9)人源性移植物；

(10)抗体和免疫球蛋白；

(11)脱氧核糖核酸(DNA)、核糖核酸(RNA)、限制性酶和其他分子生物学产品；

(12)细胞株和杂交细胞瘤；

(13)动物蛋白、激素、酶、白蛋白、组织提取物和含有动物材料的培养基；

(14)动物血清；

(15)传统或基因改良的微生物；

(16)益生素；

(17)保存的标本，显微镜玻片和血涂片。

根据来源和加工程序，以上所有材料都可携带病原。

(二)申请进口执照时需提交的信息　兽医行政管理部门应遵照《手册》对生物制品进行风险分析。出口国和生产商兽医行政管理部门应准备详细可信的信息，应注明产品生产的材料来源如基质。还要准备下述详细资料：基质和组分材料的生产方法，加工过程每一步的质量保证措施、成品检验方法，以及产品生产必须遵守的原产国的法典。他们还准备攻毒用微生物，其生物型和参考血清，以及其他合适的产品检验方法。

(三)风险分析过程　风险分析应尽可能客观、透明，并按照《法典》1.4章，和《法典》1.3章认证流程进行。必要情况下，国家和商品因素的评估以及风险降低措施主要应建立在生产厂家数据基础上。这些数据取决于生产各阶段的质量保证，而非单独的成品检验。接触产品情况可受产品批准用途的影响。兽医行政管理部门可限制某些产品应用(如限于某些生物安全机构应用)。

许多生物制品都需要合适的生物控制措施。尤其是进口外来微生物时，应遵照《法典》1.5.6节进行。

第九章　法定动物疫病

第一节　A类和B类疫病

一、A类病名录

《法典》规定口蹄疫(Foot and mouth disease)、水疱性口炎(Vesicular stomatitis)、猪水泡病(Swine vesicular disease)、牛瘟(Rinderpest)、小反刍兽疫(Peste des petits ruminants)、牛传染性胸膜肺炎(Contagious bovine pleuropneumonia)、节结性皮肤病(Neethling 型Ⅲ类病毒引起)(Lumpy skin disease)、裂谷热(Rift valley fever)、蓝舌病(Bluetongue)、绵羊痘和山羊痘(Sheep pox and goat pox)、非洲马瘟(African horse sickness)、非洲猪瘟(African swine fever)、古典猪瘟(Classical swine fever)高致病性禽流感(Highly pathogenic avian influenza)、新城疫(Newcastle disease)等15种疫病为A类动物疫病。

发生A类动物疫病应根据《法典》1.2.0.3条的规定，报送OIE中央局。当无疫国家或无疫区发生新病例或暴发新疫情时，应于24 h内通报OIE中央局。

二、A类动物疫病的有关规定

本节通过对口蹄疫、牛瘟、新城疫、高致病性禽流感的介绍，以了解《法典》对A类动物疫病的有关规定。

(一)口蹄疫(Foot and mouth disease，FMD)　口蹄疫(FMD)的诊断试验和疫苗标准，参照《手册》24条执行。《法典》规定，FMD的潜伏期为14天。

1. 非免疫无FMD国家(不实施免疫接种的无FMO国家)　成员国具备下列条件后，可列入OIE非免疫无FMD国家名单：

(1)有定期和快速的动物疫病报告记录。

(2)向OIE报告至少12个月内没有发生过FMD，且在此期间没有进行免疫接种，并有文献证实有有效的监测体系，以及执行一切预防控制FMD的常规措施。

(3)停止免疫接种措施后，未曾进口过FMD免疫动物。

OIE 只有在认可所报送的证据材料后，才会将该国列入非免疫无 FMD 国家名单，并向所有成员国通报。

2. 免疫无 FMD 国家（实施免疫接种的无 FMO 国家） 成员国具备下列条件后，可列入 OIE 免疫无 FMD 国家名单：

(1)有定期和快速的动物疫病报告记录；

(2)向 OIE 报告，宣布过去 2 年内没有发生过 FMD，并有文献证明实施有效的疫病监测体系，并执行一切预防和控制 FMD 的常规措施。并且为防预 FMD 进行常规免疫，且所用疫苗必须符合 OIE 标准；

(3)有强有力的病毒活性检测监督体系。

OIE 只有在认可所报送的证据材料后，才会将该国列入免疫接种的无 FMD 国家名单。

如果免疫无 FMD 国家想要改为非免疫无 FMD 国家，则必须在停止免疫后 12 个月，按非免疫无 FMO 条件申报。

3. 非免疫无 FMD 区（不实施免疫接种的无 FMO 地区） 在免疫无 FMD 国家或在部分地区仍有 FMD 感染的国家内，可建立非免疫无 FMD 地区，非疫区与国内其他地区或相邻感染国家由监测带、或自然地理屏障隔离，并实施有效防止 FMO 病毒入侵的卫生措施。某国家建立非免疫无 FMD 地区必须做到：

(1)有定期和快速的动物疫病报告记录；

(2)向 OIE 报告，在过去 2 年内没有暴发过 FMD，且在过去 12 个月内没有进行过免疫接种；另外，该地区在停止免疫接种后，没有引进过免疫接种动物；

(3)提供文献证实，在非免疫无 FMD 区有有效的监测体系及监测带；

(4)详细描述无疫区边界和监测带不实施免疫接种，防止 FMD 入侵无疫区的体系，提供证据，证明上述各项工作得到有效监督，并已实施了所有预防和控制 FMD 的常规措施。

OIE 只有在认可所呈报的证据材料后，才会将此无疫区列入非免疫无 FMD 区名单中。

4. 免疫无 FMD 区（实施免疫接种的无 FMO 地区） 存在非免疫无 FMD 地区的国家，或国内部分地区仍有感染的国家都可建立免疫无 FMD 地区。免疫无疫区与国内其他地区及相关毗连感染国家由缓冲带、或自然地理屏障隔离，它们能够有效防止病毒入侵。拟建立免疫无 FMD 区，必须做到：

(1)有定期和快速的动物疫病报告记录；

(2)向 OIE 报告要建立免疫接种的无 FMD 区，该地区在过去 2 年中没有暴发过 FMD；

(3)提供文献证明,在免疫接种的无 FMD 区有一个有效的监测体系及适宜的缓冲带,无 FMD 区及缓冲带均实施常规免疫接种,所用 FMD 疫苗免疫符合 OIE 标准;

(4)详细说明免疫无 FMD 区和适宜缓冲带的边界,防止 FMD 入侵无疫区的体系,并提供证据证明各项工作得到有效监督,并实施了所有预防和控制 FMD 的常规措施;

(5)在免疫接种的无 FMD 区存在强有力的病毒活性检测监督系统。

OIE 只有在认可呈报的证据材料后,才会将该无疫区列入免疫无 FMD 区名单。

若免疫无 FMD 区的国家要改为非免疫无 FMD 区,须在免疫接种停止后 12 个月。

5. FMD 感染国家　没有达到认可无 FMD 国家的要求。

6. FMD 感染区　FMD 感染区指在设立免疫或非免种无 FMD 区的国家中存在(FMD)感染的地区。感染区应该与无疫区用监测带或缓冲带,或者由实物或地理屏障隔开。并采取能有效防止病毒向外感染扩散的动物卫生措施。

FMD 易感活畜只有通过机械运输到最近的位于缓冲区或监测区的指定屠宰场立即屠宰时才能离开感染区。若缓冲带或监测带内没有屠宰场,FMD 易感活畜可以运到无疫区最近屠宰场实施急宰,其条件如下:调运前至少 30 天,原产地饲养场动物没有 FMD 临床症状。调运前动物在原产场内至少饲养了 3 个月,调运前至少 3 个月,原产地饲养场 10 km 半径内没有发生过 FMD。动物须在兽医当局监督下,从原产地饲养场用经过清洗消毒的车辆直接运至屠宰场,并不得与其他易感动物接触,该屠宰场不得批准供出口之用。用这些动物制得的所有产品必须视作是被感染产品,并须经杀毒处理。尤其是肉品须根据附录 4.3.2.1 要求进行加工处理。运输车辆及屠宰厂用后必须立即进行彻底清洗及消毒。

因特殊原因,需转移到无疫区的动物必须在兽医当局监督下先进检疫站,并用合适试验确定这些动物无感染。

7. 原无疫区或国家感染暴发 FMD　当某一非免疫接种的无 FMD 国家或地区发生 FMD 时,需要酌情等待一段时期后才能重获无疫状态,即采取扑杀及血清学监测情况下,最后一例病例发生三个月后。或在采取扑杀、血清学监测及紧急免疫情况下,最后一头免疫动物屠宰后三个月。

当某一免疫接种的无 FMD 国家或地区发生 FMD 时,需要酌情等待一段时间后才能重获无疫状态,即采取扑杀时,最后一病例发生后 12 个月。不采取扑杀,如进行了有效的监测,在最后一例病例后两年。

兽医行政管理部门在同意直接或间接从其他国家进口，或同意经其国境运输下列动物及动物产品时，必须考虑有无 FMD 风险：家养和野生反刍动物和猪、反刍动物和猪的精液、反刍动物和猪的胚胎/卵、家养和野生反刍动物及猪的鲜肉，没有按附录 4.3.2.1 规定处理无法保证破坏 FMD 病毒的家养或野生反刍动物和猪的肉品，人用、动物饲料用或工业用的动物源性产品，药用动物源性产品，未灭菌的生物制品。本章所指反刍动物也包括驼科动物。

从非免疫接种的无 FMD 国家或地区进口 FMD 易感动物时，兽医行政管理部门应要求出具国际动物健康证书，证明动物装运之日无 FMD 临床症状，自出生起或至少过去 3 个月内一直在无 FMD 国家或地区生长。

从非免疫接种的无 FMD 国家或地区进口家养反刍动物和猪时，兽医行政管理部门应要求出具国际动物健康证书，证明动物装运之日无 FMD 临床症状，自出生起或至少过去 3 个月内一直在无 FMD 国家或地区生长。当目的地为非免疫接种的无 FMD 国家或地区时，未曾进行过免疫接种，并且 FMD 病毒抗体试验为阴性。非免疫无 FMD 国家还可要求附加担保条件。

从 FMD 感染国家或地区进口家养反刍动物和猪时，兽医行政管理部门应出具国际动物健康证书，证明动物在装运之日无 FMD 临床症状，自出生起若出口国实行强制性扑杀政策，至少过去 30 天，若出口国不实行扑杀政策，则在过去 3 个月内，一直在原产地饲养场生长，且在原产地饲养场 10 km 半径内，在上述规定时期内没有发生过 FMD。检疫前在场内隔离 30 天，FMD 诊断试验（食道探杯试验和血清学试验）呈阴性，这期间周围 10 km 范围内没有发生过 FMD。装运前在检疫站滞留 30 天，检疫期结束时 FMD 诊断试验（食道探杯试验和血清学试验）呈阴性，这期间，周围 10 km 范围内没有发生过 FMD。从检疫站到装运地的运输中没有接触过任何感染源。

从非免疫接种的无 FMD 国家或地区进口家养反刍动物和猪的新鲜精液时，兽医行政管理部门应要求出具国际动物健康证书，证明供精动物在精液采集之日无 FMD 临床症状，动物至少在采精前 3 个月是在非免疫接种的无 FMD 国家或地区生长，精液的采集、加工和贮存严格按附录 4.2.1.1 和 4.2.1.2 条或 4.2.2.1 进行。

从非免疫接种的无 FMD 国家或地区进口家养反刍动物和猪的冷冻精液时，兽医行政管理部门应要求出具国际动物健康证书，证明供精动物在精液采集之日及此后 30 天内无 FMD 临床症状，动物在采精之前至少 3 个月是在非免疫接种的无 FMD 国家或地区生长，精液采集、加工和贮存严格按附录 4.2.1.1 和 4.2.1.2 或附录 4.2.2.1 规定进行。

从免疫接种的无FMD国家或地区进口家养反刍动物和猪精液时，兽医行政管理部门应要求出具国际动物健康证书，证明供体动物在采精之日及此后30天内无FMD临床症状，至少采精前30天内在无FMD国家或地区生长。若目的地是非免疫无FMD国家或地区应当未曾进行过免疫接种，并对FMD病毒抗体试验呈阴性。或至少免疫接种过两次，而末次免疫在采精前1～12个月之间。AI中心其他动物在采精前一个月内未曾进行免疫接种，精液采集、加工和贮存严格按附录4.2.1.1和4.2.1.2或附录4.2.2.1进行，从采集到出口至少在无FMD国家贮存一个月，在此期间，供精动物所在饲养场的其他动物均无任何FMD症状。

从FMD感染国家或地区进口家养反刍动物和猪精液时，兽医行政管理部门应要求出具国际动物健康证书，证明供体动物在采精之日无FMD临床症状，采精前30天所在饲养场无动物引进，且精液采集前后30天内，饲养场周围10 km范围内没有FMD发生。未曾进行FMD免疫接种，并对FMD病毒抗体试验呈阴性结果，或至少免疫接种过两次，而末次免疫在采精前1～12个月之间。AI中心其他动物在精液采集前1个月内未曾进行过免疫接种，精液严格按附录4.2.1.1和4.2.1.2或附录4.2.2.1采集，加工和贮存，若供精动物在采精前曾进行过免疫接种，则应进行病毒分离试验并呈阴性结果。从采精到出口应至少贮存1个月，在此期间，供精动物所在饲养场中的所有动物均无任何FMD症状。

从(免疫接种或非免疫接种的)无FMD国家或地区进口牛新鲜胚胎/卵时，兽医行政管理部门应要求出具国际动物健康证书，证明供体母牛在采集时无FMD临床症状，出生起或至少采集前3个月，一直饲养在无FMD国家或地区。胚胎/卵严格按附录4.2.3.1，4.2.3.4或4.2.3.5规定进行采集，加工和贮存。

从(免疫接种或非免疫接种的)无FMD国家进口牛冷冻胚胎/卵时，兽医行政管理部门应要求出具国际动物健康证书，证明供体母牛在采集之日及此后30天内无FMD临床症状，自出生或至少采集前3个月内一直在无FMD国家或地区饲养。胚胎/卵严格按附录4.2.3.1、4.2.3.4或附录4.2.3.5及相关规定采集，加工和贮存。

从FMD感染国家或地区进口牛胚胎/卵时，兽医行政管理部门应要求出具国际动物健康证书，证明供体母牛在采集时无FMD临床症状，采集前30天一直饲养在没有引进过动物的饲养场所，且采集前后30天，饲养场方圆10 km范围内没有发生过FMD。胚胎/卵严格按附录4.2.3.1条规定采集，加工和贮存。

从非免疫接种的无FMD国家或地区进口FMD易感动物鲜肉时，兽医行政管理部门应要求出具国际卫生证书，证明生产这批肉品的动物自出生之日一直在无FMD国家或地区生长，或从无FMD国家或地区进口。在屠宰场宰杀，宰前宰后进行 FMD 检验，结果合格。

从免疫接种的无 FMD 国家或地区进口新鲜牛肉(不包括蹄、头和内脏)时，兽医行政管理部门应要求出具国际卫生证书，证明生产这批肉品的牛屠宰前至少 3 个月一直在无 FMD 国家或地区饲养，在屠宰场屠宰(位于非疫区，如动物原产地为该区域)，并接受宰前宰后 FMD 检验，结果合格。来自剔骨胴体主要淋巴腺已摘除，屠宰剔骨后于 2℃以上至少熟化 24 h，胴体两侧背长肌中部的 pH 值在 6.0 以下。如果肉品是出口到 FMD 疫情相同的国家或地区或出口到所用疫苗毒型相同的感染国家，则可以不要求熟化及剔骨工序。

从免疫接种的无 FMD 国家或地区进口猪和除牛外的反刍动物的鲜肉或肉制品时，兽医行政管理部门应要求出具国际卫生证书，证明生产这批肉的动物自出生后一直在该国家或地区生长，或是从(免疫接种的或非免疫接种的)无 FMD 国家或地区进口。没有进行过(FMD)免疫接种，在屠宰场屠宰(位于非疫区，如动物原产地为该区域)，并经过宰前后检疫，结果合格。

从实施包括强制系统免疫在内的官方控制计划的 FMD 感染国家或地区，进口新鲜牛肉(不包括头、蹄和内脏)时，兽医行政管理部门应要求出具国际卫生证书，证明生产这批肉品的动物屠宰前至少 3 个月一直在出口国生长，在此期间，牛产地一直对牛进行定期 FMD 免疫，并采取官方控制活动。至少已免疫接种两次，而末次免疫在采精前 1～12 个月之间，过去 30 天内，一直在半径 10 km 范围内没有发生 FMD 的饲养场生长。用装载前经过清洗消毒的车辆，从原产场直接运达屠宰场，其间不得与不符合出口要求条件的其他动物接触，在屠宰场屠宰，该屠宰场由官方指定用于进口，在屠宰前消毒后到出口装运发货期间，没有检测到 FMD，屠宰前后 24 h 进行宰前宰后检疫，结果合格。生产这批肉品的剔骨胴体主要淋巴结已摘除屠宰后置 2℃以上至少熟化 24 h，胴体两侧背长肌中部 pH 值在 6.0 以下。

为了防止传入新的 FMD 毒株，从 FMD 感染国家出口到另一感染国家时，上述规定同样适用。

从 FMD 感染国家或地区进口家养反刍动物和猪肉制品时，兽医行政管理部门应要求出具国际卫生证书，证明生产本批所有肉制品的动物在屠宰场宰杀，并接受宰前宰后 FMD 检验，结果合格。肉品已按附录 4.3.2.1 程序进行加工处理，保证杀灭 FMD 病毒，肉品加工后已遵守各种必要的注意事项，防止接触任何潜在的 FMD 病毒源。

从(免疫接种的或非免疫接种的)无 FMD 国家进口人食用乳和乳制品及动物饲料用或工业用动物(FMD 易感动物)源性产品时，兽医行政管理部门应要求出具国际卫生证书，证明生产这些产品的动物自出生起一直在无FMD国家或地区饲养，或者从(免疫接种的或非免疫接种的)国家或地区进口。

从FMD感染国家或地区进口牛奶和奶酪时，兽医行政管理部门应要求出具国际卫生证书，证明产品原产畜群在收集牛奶时，没有因FMD而采取过任何限制措施。产品根据附录4.3.2.3规定的程序进行加工处理，保证杀灭FMD病毒。产品加工处理后遵守了各项必要的注意事项，防止接触到任何潜在的FMD病毒源。

从FMO感染国家或地区进口奶粉和乳制品时，应要求出具国际卫生证书，证明制作这些产品用的牛奶符合上述要求，产品生产后已遵守了各项必要的注意事项，防止接触到任何可能的FMD病毒源。

从FMD感染国家进口（家养或野生反刍动物和猪）血和肉粉时，兽医行政管理部门应要求出具国际卫生证书，证明这些产品的生产方法包括了加热处理，处理时，产品内部温度不低于70℃，至少30 min。

从FMO感染国家进口(家养或野生反刍动物和猪)毛、绒、鬃、原皮和皮张时，兽医行政管理部门应要求出具国际卫生证书，证明这是产品按照附录4.3.2.2的程序进行加工处理，保证杀灭FMD病毒。产品收集或加工处理后，注意各项必要的注意事项，防止接触任何潜在的FMD病毒源。

兽医行政管理部门可以不加限制地授权进口，直接或间接地经其领地运输原皮和皮张(灰皮、浸酸裸皮、及半成品皮革如蓝湿皮和坯革)，但其前提是这些产品是经制革工业用的普通化学及物理方式进行了加工处理。

从FMD感染国家或地区进口秸秆和草料时，兽医行政管理部门应要求出具国际卫生证书，证明这些物品已经在密闭仓内最低80℃蒸汽处理至少10 min，或用35%～40%商品福尔马林溶液在密闭室，最低19℃至少熏蒸8 h。在获准出口前已至少打捆3个月。

从(免疫或非免疫)无FMD国家或地区进口FMD易感野生动物的皮张及其材料制作的装饰品时，兽医行政管理部门应要求出具国际卫生证书，证明生产这些产品的动物出生后一直在(免疫接种的或非免疫接种的)国家或地区生长，或者是从免疫或非免疫国家或地区进口。

从FMD感染国家进口FMD易感动物的皮张及其材料制作的装饰品时，兽医行政管理部门应要求出具国际卫生证书，证明这些产品已按附录4.3.2.4的程序进行加工处理，保证灭杀FMD病毒。

来自感染国家或地区的动物产品可以不要求出具动物健康/卫生证书，其前提是这些产品要按照进口国兽医行政管理部门许可的方式，运送到其许可和批准的场所，并按附录4.3.2.2相关要求进行加工生产，确保杀灭FMD病毒。

（二）牛瘟(Rinderpest)　《法典》规定，牛瘟的诊断试验和疫苗标准，参照《手册》的规定执行，牛瘟的潜伏期为21天。

1. 无牛瘟感染国家　符合附录4.5.1.1规定要求的国家，可视为无牛瘟感染国家。若无牛瘟感染国家局部暴发牛瘟，重获无牛瘟状态的时间为实施扑杀政策，禁止免疫接种，并进行血清学检查时，在最后一例病例扑杀六个月后。或实施扑杀政策和紧急免疫接种(免疫动物须用永久性标记清楚标示)措施，并进行血清学检查时，在最后一个免疫动物宰杀六个月后。或不实施扑杀政策而采取紧急免疫接种(免疫动物须用永久性标记清楚标示)措施，并进行血清学检查时，在最后一个病例或末次免疫接种(以后发生者为准)12个月后。

2. 无牛瘟国家或地区　符合附录4.5.1.1规定要求的国家或地区，可视为无牛瘟国家或地区。

3. 暂时无牛瘟国家或地区　符合附录4.5.1.1规定要求的国家或地区，可视为暂时无牛瘟国家或地区。

4. 牛瘟感染国家或地区　凡不符合无牛瘟感染国家、无牛瘟国家或地区或暂时无牛瘟国家或地区之要求的，即视为牛瘟感染国家或地区。

5. 禁止对牛瘟免疫接种　《法典》规定，禁止对任何易感动物使用牛瘟疫苗，并禁止对大反刍动物或猪使用异源疫苗预防牛瘟。

6. 没有接种牛瘟疫苗的动物　没有接种牛瘟疫苗的动物包括大反刍动物和猪，即不用牛瘟疫苗也不用异源疫苗预防牛瘟的动物，以及未用过牛瘟疫苗的小反刍动物。

各国兽医行政管理部门在同意进口，或同意经其领地过境运输下列商品时，必须考虑有无牛瘟风险：反刍动物及猪、反刍动物和猪的精液、反刍动物和猪的胚胎/卵、动物源性(反刍动物和猪)产品、病料和生物制品。

从无牛瘟感染国家进口反刍动物和猪时，兽医行政管理部门应要求出具国际动物健康证书，证明动物装运之日无牛瘟临床症状，自出生或至少过去21天内一直饲养在无牛瘟国家。

从无牛瘟国家或地区进口家养反刍动物和猪及控制条件下饲养的野生反刍动物和猪时，兽医行政管理部门应要求出具国际动物健康证书，证明动物装运之日无牛瘟临床症状，自出生或至少过去3个月，一直在无牛瘟国家或地区饲养。没有进行过牛瘟免疫接种，装动前在原产场至少隔离30天，经两次牛瘟诊断试验，间隔至少21天，结果阴性。从原产场到装运地的运输过程中，没有接触过任何感染源。

从无牛瘟国家或地区进口非控制条件下饲养的野生反刍动物和猪时，兽医行政管理部门应要求出具国际动物健康证书，证明动物装运之日无牛瘟临床症状，来自无牛瘟国家或地区,没有进行过牛瘟免疫接种。装运前在检疫站饲养30天,并做两次牛瘟诊断试验,间隔至少21天,结果均为阴性。从检疫站到装运地的运输过程中,没有接触过任何感染源。

从暂时无牛瘟国家或地区进口家养反刍动物和猪及控制条件下饲养的野生反刍动物和猪时,兽医行政管理部门应要求出具国际动物健康证书,证明动物运之日无牛瘟临床症状,自出生或进入指定的检疫站前至少21天,一直在原产地饲养。没有进行过牛瘟免疫接种,装运前在检疫站隔离30天,经两次牛瘟诊断试验,间隔至少21天,结果阴性。

从牛瘟感染国家或地区进口家养反刍动物和家猪及控制条件下饲养的野生反刍动物和猪时,兽医行政管理部门应要求出具国际动物健康证书,证明该国家或地区为预防牛瘟而进行常规免疫接种,出口动物原产场周围半径10 km范围内,运往指定的检疫站前至少21天没有发生过牛瘟。动物在装运之前无牛瘟临床症状,自出生或进入指定检疫站前至少21天一直在原产地饲养。没有进行过牛瘟免疫接种,装动前在检疫站隔离30天,经两次牛瘟诊断试验,间隔至少21天,结果阴性。从检疫站到装运地的运输过程中,没有接触过任何感染源。检疫站周围半径10 km范围内,装运前30天内没有发生过牛瘟。

从无牛瘟国家或无牛瘟感染国家进口家养反刍动物和猪精液时,兽医行政管理部门应要求出具国际动物健康证书,证明供精动物采精之日无牛瘟临床症状,精液采集前21天,供精动物至少在无牛瘟或无牛瘟感染国家或无牛瘟地区饲养3个月。精液采集、加工和贮存严格按照附录4.2.1.1和4.2.1.2,或附录4.2.2.1或附录4.2.2.2有关规定进行。

从牛瘟感染国家或地区进口家养反刍动物和猪的精液时,兽医行政管理部门应要求出具国际动物健康证书,证明该国家或地区为预防牛瘟而进行常规免疫接种。供精动物采精之日无牛瘟临床症状,精液采集前21天内所在养殖场没有引进过牛瘟易感动物,且养殖场半径10 km范围内没有发生过牛瘟。精液采集至少3个月前进行过牛瘟免疫接种,或未进行过牛瘟接种,并在采精前30天内经两次牛瘟诊断试验,间隔至少21天,结果阴性。精液采集、加工和贮存严格按照附录4.2.1.1和4.2.1.2,或附录4.2.2.1或附录4.2.2.2有关规定进行。

从无牛瘟或无牛瘟感染国家世界形势无牛瘟地区进口家养反刍动物胚胎/卵时,兽医行政管理部门应要求出具国际动物健康证书,证明供体母畜在胚胎/卵采集时无牛瘟临床症状,自出生或胚胎/卵采集前至少3个月一直在无牛瘟或无牛瘟感染国家或无牛瘟地区饲养。胚胎/卵采集、加工和贮藏按附录4.2.3.1、4.2.3.2、4.2.3.3、4.2.3.8或4.2.3.9进行。

从暂时无牛瘟国家或地区进口反刍动物胚胎/卵时，兽医行政管理部门应要求出具国际动物健康证书，证明供体母畜在胚胎/卵采集前30天内没有引进过牛瘟易感动物的场所饲养。胚胎/卵采集至少3个月前进行过牛瘟免疫接种，或未进行过牛瘟接种，并在采精前30天内经两次牛瘟诊断试验，间隔至少21天结果阴性。胚胎/卵采集时及此后21天无牛瘟临床症状，胚胎/卵采集、加工和贮藏按附录4.2.3.1、4.2.3.2、4.2.3.3、4.2.3.8或4.2.3.9进行。

从牛瘟感染国家或地区进口家养反刍动物胚胎/卵时，兽医行政管理部门应要求出具国际动物健康证书，证明供体母畜在胚胎/卵采集前30天内没有引进过牛瘟易感动物的场所饲养。胚胎/卵采集至少3个月前进行过牛瘟免疫接种，或未进行过牛瘟接种，并在采精前30天内经两次牛瘟诊断试验，间隔至少21天，结果阴性。胚胎/卵采集、加工和贮藏按附录4.2.3.1、4.2.3.2、4.2.3.3、4.2.3.8或4.2.3.9进行。

从无牛瘟感染国家进口家养反刍动物及猪的鲜肉或肉制品时，兽医行政管理部门应要求出具国际卫生证书，证明生产该批产品的动物自出生或者宰前至少3个月内，一直在该国或地区饲养，动物在无牛瘟地区的批准的屠宰场屠宰。

从暂时无牛瘟国家或地区进口家养反刍动物及猪的鲜肉(不包括内脏)时，兽医行政管理部门应要求出具国际卫生证书，证明生产该批肉品的动物屠宰前至少3个月，一直在该国家或地区饲养。自出生或运往批准的屠宰前至少30天，一直在原产场饲养。按附录4.5.1.13a款规定在禁止免疫前进行过牛瘟免疫接种，或未进行过牛瘟接种，并在采精前30天内经两次牛瘟诊断试验，间隔至少21天结果阴性。屠宰前24 h内没有牛瘟临床症状，生产这批产品的去骨胴体已摘除主要淋巴结。

从牛瘟感染国家或地区进口家养反刍动物及猪的鲜肉(不包括内脏)时，兽医行政管理部门应要求出具国际卫生证书，证明该国家或地区为预防牛瘟而进行常规免疫接种，生产该批产品的动物屠宰前至少3个月，一直在该国家或地区饲养。自出生或运往批准的屠宰前至少30天，一直在原产场饲养，在此期间，该原产场周围半径10 km范围内没有发生过牛瘟。运往批准的屠宰场前至少3个月曾进行过牛瘟免疫接种。用经清洗消毒过的车辆装运，从原产场直接运往批准的屠宰场，途中没有接触过其他不符合出口条件的动物。在批准的屠宰场屠宰，该屠宰场从屠宰前消毒到本产品发货之日没有检测到牛瘟。宰杀前24 h无牛瘟临床症状，生产这批产品的去骨胴体已摘除主要淋巴结。

从暂时无牛瘟国家或地区或牛瘟感染国家或地区进口家养反刍动物及猪的肉制品时，兽医行政管理部门应要求出具国际卫生证书，证明加工肉制品的鲜肉必须符合2.1.4.17或2.1.4.18有关规定，或）肉制品加工方法符合附录4.3.2.1规定的某一程序确保杀灭牛瘟病毒，加工后采取必要措施防止肉制品接触任何潜在的牛瘟病毒源。

从无牛瘟感染国家或无牛瘟国家或地区进口供人消费的乳和乳制品及动物饲料或工业或农业用动物（牛瘟易感动物）源性产品时，兽医行政管理部门应要求出具国际卫生证书，证明生产这些制品的动物自出生或至少过去3个月一直饲养在该国家或地区。

从暂时无牛瘟国家或地区或牛瘟感染国家或地区进口奶和酪时，兽医行政管理部门应要求出具国际卫生证书，证明挤奶时产品原产畜群没有因牛瘟而采取过任何限制措施，产品加工根据附录4.3.2.3规定的某一程序进行保证杀灭牛瘟病毒，加工后采取必要措施，防止接触任何潜在的牛瘟病毒源。

从暂时无牛瘟国家或地区或牛瘟感染国家或地区进口奶粉和乳制品时，兽医行政管理部门应要求出具国际卫生证书，证明制作这些产品的奶符合上述要求，加工后采取必要措施，防止奶粉和乳制品接触任何潜在的牛瘟病毒源。

从暂时无牛瘟国家或地区或牛瘟感染国家或地区进口（家养或野生反刍动物和猪的）血粉、肉粉、脱脂骨粉、蹄、爪及角粉时，兽医行政管理部门应要求出具国际卫生证书，证明这些制品的加工方法包括加热处理，使其内部温度达70℃至少30 min。

从暂时无牛瘟国家或地区或牛瘟感染国家或地区进口（家养或野生反刍动物和猪的）绒毛、粗毛、鬃毛、生革及生皮时，兽医行政管理部门应要求出具国际卫生证书，证明已按附录4.3.2.2规定的某一程序进行了加工处理确保杀灭牛瘟病毒，加工后采取必要措施，防止产品接触任何潜在的牛瘟病毒源。

从暂时无牛瘟国家或地区或牛瘟感染国家或地区进口（家养或野生反刍动物和猪的）蹄、爪、骨、角及相应猎获陈列品和娱乐用品原料时，兽医行政管理部门应要求出具国际卫生证书，证明这些制品彻底干燥，其上面无任何皮肤、肌肉或肌腱痕迹和/或经过充分消毒。

来自暂时无牛瘟国家或地区或感染国家或地区的动物可以不要求出具动物健康/卫生证书，前提是这些产品要按照进口国兽医行政管理部门许可的方式，运送到其许可和批准的场所，并按附录4.3.2.2标志着要求进行加工生产，确保杀灭牛瘟病毒。

（三）新城疫（Newcastle disease，ND） 《法典》规定，新城疫（ND）的潜伏期为21天。新城疫诊断试验和疫苗标准，按《手册》的有关规定执行。

1. 无ND国家　一个国家至少在过去三年内未曾发生过ND，才可视为无ND

国家。疫情发生后采取扑杀政策的国家，不论是否实施疫苗接种，在最后一例ND感染病例扑杀后6个月可视为无ND国家。

2. ND感染区　某一区域感染ND后实施扑杀政策和消毒措施时，至少在最后一例病例确诊后21天，应视为ND感染区；不采取扑杀政策时，最后一例感染禽临床康复或死亡后6个月仍视为ND感染区。

3. 进口卫生措施　无ND国家兽医行政管理部门可禁止进口，或禁止经其领地过境运输来自从被认为ND感染国家的下列商品：

(1)家禽和野禽；

(2)初孵雏；

(3)种蛋；

(4)家禽和野禽的精液；

(5)家禽和野禽的鲜肉；

(6)未经加工，难以确保ND病毒被破坏的家禽和野禽肉制品；

(7)动物饲料或工业用动物源(禽类)性产品。

从无ND国家进口家禽时，兽医行政管理部门应要求出具国际动物健康证书，证明这些家禽装运之日无ND临床症状，自孵出或至少过去21天内，一直饲养在无ND国家。未曾接种过ND疫苗，或曾接种过符合OIE标准的ND疫苗(证书应注明疫苗性质及接种日期)。

从无ND国家进口野禽时，兽医行政管理部门应要求出具国际动物健康证书，证明这些野禽装运之日无ND临床症状，来自无ND国家，自孵出或于装运前至少21天，一直在检疫站隔离饲养。

从被认为ND感染国家进口家禽时，兽医行政管理部门应要求出具国际动物健康证书，证明这些家禽装运之日无ND临床症状，来自接受兽医当局定期检查的饲养场，来自非ND感染区域的无ND饲养场，或自孵出或于装运前21天，一直在检疫站隔离饲养，并接受ND诊断试验，呈阴性结果。从未接种过ND疫苗，或曾接种过符合OIE标准的疫苗(证书应注明疫苗性质及接种日期)。

从被认为ND感染国家进口野禽时，兽医行政管理部门应要求出具国际动物健康证书，证明这些野禽装运之日无ND临床症状，自孵出之日或于装运前至少21天，一直置检疫站饲养，进入检疫前经ND诊断试验，结果呈阴性。

从无ND国家进口初孵雏时，兽医行政管理部门应要求出具国际动物健康证书，证明初孵雏来自无ND国家的孵化场，初孵雏及其父母代都未接种过ND弱毒活苗。

从被认为ND感染国家进口初孵雏时，兽医行政管理部门应要求出具国际动物健康证书，证明这些初孵雏来自接受兽医当局定期检查的孵化场，来自不位于ND感染区的无ND孵化场，未曾接种过ND疫苗，或曾接种过符合OIE标准的疫苗(证书应注明疫苗性质及接种日期)。

从无ND国家进口种蛋时，兽医行政管理部门应要求出具国际动物健康证书，证明这些种蛋来自无ND国家的养殖场或孵化场，且该养殖场或孵化场接受兽医当局的定期检查。

从被认为ND感染国家进口种蛋时，兽医行政管理部门应要求出具国际动物健康证书，证明这些种蛋按照附录4.2.4.1有关程序作过消毒，来自兽医当局定期检查的养殖场或孵化场，来自不位于ND感染区域的无ND养殖场或孵化场，来自未曾接种过ND疫苗的禽类养殖场或孵化场，或来自作过ND免疫接种的禽类养殖场或孵化场(证书应注明疫苗性质及接种日期)。

从无ND国家进口家禽和野禽的精液时，兽医行政管理部门应要求出具国际动物健康证书，证明供精禽采精之日无ND临床症状，精液采集前至少在无ND国家饲养21天。

从被认为ND感染国家进口家禽和野禽的精液时，兽医行政管理部门应要求出具国际动物健康证书，证明供精禽采精之日无ND临床症状，精液采集前从未接种过ND活苗，在出口国接受兽医当局定期检查的养殖场内饲养，在不位于ND感染区的无ND养殖场内饲养。

从无ND国家进口新鲜禽肉时，兽医行政管理部门应要求出具国际卫生证书，证明生产整批肉品的禽自孵出或至少过去21天内一直在无ND国家饲养，在批准的屠宰场屠宰，经宰前宰后ND检验，结果合格。

从被认为ND感染国家进口新鲜禽肉时，兽医行政管理部门应要求出具国际卫生证书，证明生产整批肉品的禽在不位于ND感染区的无ND饲养场饲养，在批准的屠宰场屠宰，并进行了宰前宰后ND检验，结果合格。

从被认为ND感染国家进口禽肉制品时，兽医行政管理部门应要求出具国际卫生证书，证明生产整批肉制品的禽在批准的屠宰场屠宰，并作过宰前宰后ND检验，结果合格。肉制品已经过加工保证杀灭ND病毒，加工后采取必要措施避免接触任何含有ND病毒源的肉品。

从无ND国家进口动物饲料或工农业用动物(禽)源性产品时，兽医行政管理部门应要求出具国际卫生证书，证明生产这些产品的禽，自孵出后或至少过去21天内一直饲养在无ND国家。从被认为ND感染国家进口(禽类)肉粉和羽毛粉时，兽医行政管理部门应要求出具国际卫生证书，证明这些产品已经过热处理，确保杀灭ND病毒。

从被认为ND感染国家进口(禽类)羽毛和绒毛时,兽医行政管理部门应要求出具国际卫生证书,证明这些产品已经过加工,确保杀灭ND病毒。

(四)高致病性禽流感(Highly pathogenic avian influenza, HPAI)　《法典》规定,高致病性禽流感(HPAI)又称鸡瘟(Fowl plague),其潜伏期为21天。

1. 无HPAI国家　一个国家至少在过去三年内未曾发生过HPAI时,可视为无HPAI国家。疫情发生后采取扑杀政策时,不论是否实施HPAI疫苗接种,时间以最后一例感染病例扑杀后六个月为限。

2. HPAI感染区域　某一区域感染HPAI后实施扑杀政策和消毒措施时,至少在最后一例病例确诊后21天内,应视为HPAI感染区域;不采取扑杀政策时,以最后一例感染动物临床康复或死亡后六个月为限。

进口国国家兽医行政管理部门进口下列物品时,应要求提供同于本《法典》2.1.15章(新城疫)作出的同样规定:

(1)家禽和野禽;

(2)初孵禽;

(3)种蛋;

(4)家禽和野禽的精液;

(5)家禽和野禽的鲜肉;

(6)动物饲料或工业用动物源(禽类)性产品;

(7)未经加工,难以确保HPAI病毒被破坏的病料和生物制品(禽类)。

三、B类动物疫病

(一)B类病概述　根据《法典》1.2.0.3条的规定,发生B类疫病的年度报表应报送OIE中央局。当原无疫病国家或区域发生新的疫情时,应在24 h内通报OIE中央局。

通常认为,B类疫病较A类疫病而言,对国家畜牧业所造成的潜在危害通常较低。但当这些疫病侵入无此疫病、或正在对该病实施国家控制和消灭计划的国家时,也可导致巨大的经济损失。

进口国兽医行政管理部门有责任防止通过进口动物及动物产品而引入新的病原,并通过国际卫生/动物健康证书谋求安全保护。

与此相反,在本国感染并流行某种疫病时,进口国兽医行政管理部门应考虑,国际卫生/动物健康证书中是否有必要包括一般临床健康以外的其他内容。

兽医行政管理部门间的双边会谈涉及到B类疫病时,应参照《法典》相关章节的建议。

为了促进畜禽产品的国际贸易，国际卫生/动物健康证书中有关B类疫病的不必要内容可予取消。

(二)B类病名录　OIE《法典》规定了66种B类动物疫病。

(1)多种动物共患病(Multiple species disease) 9种。包括炭疽病(Anthrax)、伪狂犬病(Aujeszky's disease)、棘球蚴病(Echinococcosis/hydatidosis)、钩端螺旋体病(Leptospirosis)、狂犬病(Rabies)、副结核病(Paratuberculosis)、心水病(Heartwater)、新大陆螺旋蝇蛆病和旧大陆螺旋蝇蛆病(New world scewworm and old world screwworm)、旋毛虫病(Trichinellosis)。

(2)牛病(Cattle disease)13种。包括牛布氏杆菌病(Bovine brucellosis)、牛生殖道弯曲杆菌病(Bovine genital campylobacteriosis)、牛结核病(Bovine tuberculosis)、地方性牛白血病(Enzootic bovine leukosis,EBL)、牛传染性鼻气管炎/传染性脓疱阴道炎(Infectious bovine rhinotracheitis/Infectious pustular vulvovaginitis,IBR/IPV)、毛滴虫病(Trichomonosis)、牛边虫病(Bovine anaplasmosis)、牛巴贝斯虫病(Bovine babesiosis)、牛囊尾蚴病(Bovine cysticercosis)、嗜皮菌病(Dermatophilosis)、泰勒氏虫病(Theileriosis)、出血性败血病(多杀性巴氏杆菌血清型6:B和6:E)(Haemorrhagic septicaemia, HS)(Pasteurella multocida serotypes 6:B and 6:E)、牛海绵状脑病(Bovine spongiform encephalopathy, BSE)。

(3)绵羊和山羊病(Sheep and goat disease) 7种。包括绵羊附睾炎(Ovine epididymitis)、山羊和绵羊布氏杆菌病(Caprine and ovine brucellosis)、接触传染性无乳症(Contagious analactia)、山羊关节炎/脑炎(Caprine arthritis/encephalitis)、梅迪-维斯那病(Maedi-visna)、山羊传染性胸膜肺炎(Contagious caprine pleuropneumonia)、母羊地方性流产(绵羊衣原体病)(Enzootic abortion of ewes, Ovine chlamydiosis,EAE)。

(4)马病(Equine disease)14种。马传染性子宫炎(Contagious equine metritis)、马媾疫(Dourine)、马脑脊髓炎(Equine encephalomyelitis)、马传染性贫血(Equine infectious anaemia)、马流感(Equine influenza)、马焦虫病(Equine piroplasmosis)、马鼻肺炎(Equine rhinopneumonitis)、马鼻疽(Glanders)、马痘(Horse pox)、马病毒性动脉炎(Equine viral arteritis)、马螨病(Horse mange)、委内瑞拉马脑脊髓炎(Venezuelan equine encephalomyelitis)、流行性淋巴管炎(Epizootic lymphangitis)、日本脑炎(Japanese encephalitis)。

(5)猪病(Pig disease)4种。包括猪萎缩性鼻炎(Atrophic rhinitis of swine)、猪布氏杆菌病(Porcine brucellosis)、肠病毒性脑脊髓炎(捷申/塔尔凡病)(Enterovirus encephalomyelitis，previously teschen/Talfan disease）、传染性胃肠炎（Transmissible gastroenteritis）。

（6）禽病（Bird disease）11 种。包括传染性法氏囊病（Infectious bursal disease）、马立克氏病（Marek's disease）、禽支原体病（Avian mycoplasmosis）、禽衣原体病（Avian chlamydiosis）、鸡伤寒和鸡白痢（Fowl typhoid and Pullorum disease）、禽传染性支气管炎（Avain infectious bronchitis）、禽传染性喉气管炎（Avian infectious laryngotracheitis）、禽结核病（Avian tuberculosis）、鸭病毒性肝炎（Duck virus hepatitis）、鸭病毒性肠炎（Duck virus enteritis）、禽霍乱（Fowl cholera）。

（7）兔病（Lagomorph disease）3 种。包括粘液瘤病（Myxomatosis）、土拉杆菌病（Tularaemia）、兔出血热（Rabbit haemorrhagic disease）。

（8）蜂病（Bee disease）5 种。包括蜂螨病（Acariosis of bees）、美洲幼虫腐臭病（American foulbrood）、欧洲幼虫腐臭病（European foulbrood）、蜂孢子虫病（Nosemosis of bees）、马螨病（Varroosis）。

（三）非法定疾病　（Diseases not covered by list A and list B）2 种。非人类灵长目动物传染的人畜共患病（Ioonoses transmissible from non-human primates）、禽肠炎沙门氏菌和伤寒沙门氏菌病（Salmonella enteritidis and Salmonella typhimurium in poultry）。

第二节　其他规范

一、附　　录

（一）国际贸易用诊断试验　附录 4.1.1.1，列出了 OIE 推荐的国际贸易用诊断试验项目。

1. 说明　《法典》有关各疾病的章节，就相关诊断试验和疫苗，请参阅《手册》。

然而，有的读者可能想了解 OIE 推荐动物或动物产品国际贸易中应用的一些诊断试验，而不要求详细了解这些试验如何操作，附录所列的表格就可满足这一需要，这些表格列出了每个 A 类和 B 类疾病《法典》推荐检测方式的诊断试验。

这些诊断试验应根据《手册》的规定进行操作，以避免出口国和进口国在解释结果时发生差异。

在表格中诊断试验分为“规定试验”和“代用试验”两大类（与《手册》中的分类相同）。指定试验是确定动物启运前健康状态的最适方法，“代用试验”检测动物无感染的可信度不如“规定试验”。然而《法典》委员会认为进口国和出口国双方同意选定的“代用试验”能够为评估动物或动物产品贸易的风险提供很有价值的信息。表格没有列出《法典》不要求作试验的疾病。

2. 缩略语

Agent id.	病原鉴定
Agg	凝集试验
AGID	琼脂凝胶免疫扩散(试验)
BBAT	缓冲布鲁氏杆菌抗原试验
CF	补体结合(试验)
DTH	迟发型过敏性(试验)
ELISA	酶联免疫吸附试验
FAVN	荧光抗体病毒中和(试验)
HI	血凝抑制(试验)
IFA	直接荧光抗体(试验)
MAT	显微凝集试验
NPLA	中和过氧化酶标记试验
PRN	蚀斑减少中和试验
VN	病毒中和试验
—	目前尚未指定试验

3. 推荐诊断试验表 (见表 9-1)

表 9-1 推荐诊断试验表

《法典》章节	《手册》章节	病名	规定试验	代用试验
		A 类疾病		
2.1.1	2.1.1	口蹄疫	ELISA	CF
2.1.2	2.1.2	水泡性口炎	CF,ELISA	—
2.1.3	2.1.3	猪水泡病	VN	ELISA
2.1.4	2.1.4	牛瘟	ELISA	VN
2.1.5	2.1.5	小反刍兽疫	VN	ELISA
2.1.6	2.1.6	牛传染性胸膜肺炎	CF	—
2.1.7	2.1.7	结节性皮肤病	—	VN
2.1.8	2.1.8	裂谷热	—	HI,ELISA,PRN
2.1.9	2.1.9	蓝舌病	Agent id.,AGID,ELISA,PCR	VN
2.1.10	2.1.10	山羊痘和绵羊痘	—	VN
2.1.11	2.1.11	非洲马瘟	CF,ELISA	VN

续表 9-1

《法典》章节	《手册》章节	病 名	规定试验	代用试验
2.1.12	2.1.12	非洲猪瘟	ELISA	IFA
2.1.13	2.1.13	古典猪瘟	NPLA, FAVN, ELISA	—
2.1.14	2.1.14	高致病性禽流感	—	AGID,HI
2.1.15	2.1.15	新城疫	—	HI
B 类 疾 病				
多种动物共患病				
3.1.2	3.1.2	伪狂犬病	ELISA,VN	—
3.1.4	3.1.4	钩端螺旋体病	—	MAT
3.1.5	3.1.5	狂犬病	VN	—
3.1.6	3.1.6	副结核病	—	CF,DTH, ELISA
3.1.7	3.1.7	心水病	IFA	—
牛 病				
3.2.1	3.2.1	牛布氏杆菌病	BBAT,CF, ELISA	—FPA
3.2.2	3.2.2	牛生殖道弯曲杆菌病	Agent id.	—
3.2.3	3.2.3	牛结核病	结核菌素试验	—
3.2.4	3.2.4	地方流行性牛白血病	AGID,ELISA	—
3.2.5	3.2.5	牛传染性鼻气管炎、传染性脓疱性阴户阴道炎	VN, ELISA Agent id. 仅供精液	—
3.2.6	3.2.6	毛滴虫病	Agent id.	黏液凝集
3.2.7	3.2.7	牛边虫病	—	CF,卡片凝集
3.2.8	3.2.8	牛巴贝虫病	—	ELISA,IFA
3.2.11	3.2.11	泰勒氏虫病	Agent id,IFA	—
3.2.12	3.2.12	出血性败血症	—	Agent id.
绵羊和山羊病				
3.3.1	3.3.1	绵羊附睾炎	CF	ELISA
3.3.2	3.3.2	山羊和绵羊布氏杆菌病	BBAT,GF	布氏菌素试验
3.3.3	3.3.3	接触传染性无乳症	—	生长抑制
3.3.4	3.3.4	山羊关节炎/脑炎	AGID	ELISA
3.3.5	3.3.5	梅迪-维斯那病	AGID	ELISA
3.3.6	3.3.6	山羊传染性胸膜肺炎	CF	Agent id.
3.3.7	3.3.7	母羊地方性流产	—	CF

续表 9-1

《法典》章节	《手册》章节	病　　名	规定试验	代用试验
		马　　病		
3.4.1	3.4.1	马传染性子宫炎	Agent id.	—
3.4.2	3.4.2	马媾疫	CF	IFA,ELISA
3.4.3	3.4.3	马脑脊髓炎(东方和西方)	—	HI,CF,PRN
3.4.4	3.4.4	马传染性贫血	AGID	—
3.4.5	3.4.5	马流感	—	HI
3.4.6	3.4.6	马巴贝斯虫病	CF,IFA	—
3.4.7	3.4.7	马鼻肺炎	—	VN
3.4.8	3.4.8	马鼻疽	马来因试验,CF	—
3.4.10	3.4.10	马病毒性动脉炎	VN,Agent id.(限精液)	VN
3.4.11	3.4.11	马螨病	—	Agent id
3.4.12	3.4.12	委内瑞拉马脑脊髓炎	—	HI,CF,PRN
		猪　　病		
3.5.2	3.5.2	猪布氏杆菌病	BBAT	—
3.5.3	3.5.3	旋毛虫病	Agent id.	ELISA
3.5.4	3.5.4	肠病毒性脑脊髓炎	—	VN
3.5.5	3.5.5	传染性胃肠炎	—	VN,ELISA
		禽　　病		
3.6.1	3.6.1	传染性法氏囊病	—	AGID
3.6.2	3.6.2	马立克氏病	—	AGID
3.6.3	3.6.3	禽支原体病	—	Agg,HI
3.6.4	3.6.4	禽衣原体病	—	CF
3.6.5	3.6.5	禽伤寒和鸡白痢	—	Agg,Agent id.
3.6.6	3.6.6	禽传染性支气管炎	—	HI,VN,ELISA
3.6.7	3.6.7	鸡传染性喉气管炎	—	AGID,VN,ELISA
3.6.8	3.6.8	禽结核病	—	结核菌素试验,Agent id.
		兔　　病		
3.7.1	3.7.1	黏液瘤病	—	AGID, CF, IFA
3.7.2	3.7.2	土拉杆菌病	—	Agent id.
3.7.3	3.7.3	兔出血病	—	HI

(二)健康控制和卫生的一般要求 在健康控制与卫生要求的17个附录中,OIE推荐了关于人工授精中心AI出口认证、胚胎/卵采集加工、家禽种群和孵化、养蜂场卫生控制、血液采样和免疫接种以及检疫建议等要求。

1. 人工授精中心(AI)的出口认证

(1)关于牛精液有2个附录。1)附录4.2.1.1公牛精液(Bovine semen);2)附录4.2.1.2牛新鲜和冻存精液采集和处理的卫生要求(Hygienic collection and handling of fresh and preserved bovine semen)。

(2)关于其他动物精液有2个附录。1)附录4.2.2.1猪精液(Porcine semen);2)附录4.2.2.2小反刍动物精液(Small ruminant semen)。

2. 采集加工 关于胚胎/卵有9个附录。附录4.2.3.1牛胚胎/卵(Bovine embryos/ova)、附录4.2.3.2猪胚胎/卵(Porcine embryos/ova)、附录4.2.3.3绵羊/山羊胚胎/卵(Ovine/caprine embryos/ova)、附录4.2.3.4体外授精的牛胚胎体外成熟卵母细胞(In vitro fertilised bovine embryos in vitro maturing oocytes)、附录4.2.3.5牛胚胎显微操作(Micromanipulated bovine embryos)、附录4.2.3.6试验啮齿类动物和兔的胚胎/卵(Laboratory rodent and rabbit embryos/ova)、附录4.2.3.7马胚胎/卵(Equine embryos/ova)、附录4.2.3.8南美驼胚胎/卵(South American camelid embryos/ova)、附录4.2.3.9鹿胚胎/卵(Cervid embryos/ova)。

3. 家禽种群和孵化 附录4.2.4.1卫生和疾病安全程序(Hygiene and disease security procedures)。

4. 养蜂场 附录4.2.5.1卫生控制(Sanitary control)。

5. 标记 血液采样和免疫接种:附录4.2.6.1卫生预防措施(Hygienic precautions)。

6、检疫建议 附录4.2.7.1非人类灵长目动物的检疫措施(Quaraodine measures applicable to non-human lrivates)。

(三)病原及昆虫媒介的消灭

1. 消毒和杀虫

(1)总体建议。在附录4.3.1.1中,OIE推荐了消毒和杀虫的基本原则。即,各国兽医行政管理部门制定消毒剂和杀虫剂使用规定时,需要依据以下原则:①消毒剂和消毒程序的选择应考虑感染因子以及将要处理的饲养场、运输工具及其他处理目标的性质。②只有经过兽医官方批准的消毒剂和杀虫剂才能使用。③必须考虑以下几方面:a)广谱消毒剂很少;b)次氯酸盐通常作为广谱消毒剂使用,但长期贮存时会降低效力,因此在用前要检查其效力。质量分数为5%的活性氯一般可达到满意效果;c)口蹄疫病毒在过高或过低的pH下很容易灭活,但高浓度消毒剂可能具有腐蚀性;d)结核杆菌对消毒剂有较强抵抗力,需要高浓度下长时间作用才能杀灭;e)不论应用何种物质,消毒技术应包括以下几方面:Ⅰ用消毒剂将垫草、杂物和粪便安全浸泡;Ⅱ仔细冲刷清洗场地、地面和墙壁;Ⅲ用消毒剂进一步仔细清洗;Ⅳ清洗和消毒运输工具外部,如若可能用高压水流冲洗。动物栓系物品(如绳子、缰绳等)也不应忽略,应予以清洗、消毒或销毁。

2. 口蹄疫病毒灭活程序　在口蹄疫病毒灭活程序中,附录4.3.2.1推荐了肉类(Meat)中病毒的灭活程序;附录4.3.2.2推荐了工业用动物产品(Animal products for industrial use)中病毒的灭活程序;附录4.3.2.3推荐了乳和奶油(Milk and cream)中病毒的灭活程序;附录4.3.2.4推荐了易感野生动物的皮张及皮制品(Skins and trophies from wild animals susceptible to FMD)中病毒的灭活程序。

3. 传染性海绵状脑病(TSE)病原灭活程序　附录4.3.3.1推荐了肉骨粉(Meat-and-bone meal)中病毒的灭活程序。

(四)动物运输

1. 国际运输中的动物保护　在附录4.4.1.1中推荐了各种运输方式的通用原则;附录4.4.1.2中推荐了不同运输方式的要求。

2. 空运的一般建议　在附录4.4.2.1中推荐了几种哺乳动物的空运要求。

(五)流行病学监测系统

附录4.5.1.1规定了牛瘟流行病学监测系统推荐标准;附录4.5.1.2规定了牛传染性胸膜肺炎流行病学监测系统推荐标准;附录4.5.1.3规定了牛海绵状脑病监督和监测系统。

二、国际动物卫生证书

OIE认可并推荐11种国际证书的格式,即No.1狂犬病感染国家犬、猫的国际动物健康证书,No.2家养或野生牛、水牛、绵羊、山羊、犬或猪的动物健康证书,No.3牛、水牛、马、绵羊、山羊、犬或猪种动物精液的动物健康证书,No.4家养牛、水牛、马、绵羊、山羊、或猪种动物或禽的畜禽肉品卫生证书,No.5动物饲料用、工业用、或医用动物源性产品的卫生证书,No.6马的动物健康证书,No.7赛马的国际运输护照格式,No.8禽类的动物健康证书,No.9鸡、火鸡及其他禽类初孵雏和种蛋的动物健康证书,No.10家兔的动物健康证书和No.11蜜蜂和蜂窝的证书。

三、疾病诊断试验和标准手册

(一)《手册》简介　哺乳动物、禽和蜜蜂A类和B类疾病《诊断试验和标准手册》(简称《手册》),为OIE《法典》的姐妹篇,对《法典》中的贸易条款补充了大量国际公认的、必须的科学信息。《手册》不仅仅局限于《法典》规定疾病的诊断试验及生物制品,还包括了OIE所列全部的A类和B类疾病及其他一些重要疾病。贸易中重要的水生动物疾病在专门的水生动物《法典》和《手册》中单独介绍。

《手册》旨在促进动物和动物产品的国际贸易及改善世界范围内的动物卫生服务。通过介绍国际认同的动物疾病实验室诊断方法及生物制品(主要是疫苗)的生产和控制要求,以达到协调动物疫病预防、监测和控制目标。

OIE标准委员会负责撰写、编辑任务,《手册》于1989年、1992、1996年、2000年分别出版了1～4版,鉴于动物疾病诊断和疫苗研究不断有新的发现和进展,OIE计划每四年对《手册》修订一次。

(二)《手册》的内容

1. 引言部分　引言部分除对《手册》的使用方法作了介绍外,还列出了“国际贸易动物疾病诊断试验方法表”、缩略语和术语表。

2. 第一部分绪论

(1)采样方法。进行疾病诊断、健康检查或免疫监测,得从动物或周围环境采集样品。有时对不同种类的动物采集不同的样品,差异很大。采集样品应有的放矢,在数量上应满足统计学的要求,在具体操作上应遵循有关的规定要求。《手册》规定了一般组织、血液、粪便、皮肤、生殖道、眼睛、鼻液(唾液、眼泪)、奶及环境样品的采集、样品的选择、样品量、送检样品的信息以及样品运送的基本要求。

(2)实验室操作规范、质量控制和质量保证。任何诊断工作最终的质量表达,应是结论可靠的结果,这是思维、计划、细心、知识、技能、经验和环境的产物。实验室操作规范、质量控制和质量保证是有内在联系的,它们是提高生物试验和生物制品质量的重要的综合性措施。近年来,包括实验室工作过程控制在内的这些措施已在国际上普遍实施。国际标准的出现和全面质量管理的要求,迫切需要实验室具有正规的、可见的、适当的质量保证系统。《手册》规定了诊断试验中质量的关键因素,即实验室环境、试验设计、试验控制、正式质量体系、标准比较及未来计划等五大因素。

(3)传染病诊断试验的验证原则。验证是确定某种方法是否适用某一特殊用途的评价过程。《手册》列举了试验验证的可行性研究、试验的建立及标准化、测定试验性能特征、试验性能监测、维持和提高验证标准等五个阶段。

(4)无菌和无生物材料污染检验。无菌是指无活的微生物存在,无污染是指无特定活微生物存在。《手册》规定了无菌和无生物材料污染检验的内容及程序。

(5)兽医微生物实验的人员安全。典型的实验室工作应对职工的健康没有影响，既要注意预防实验室人员得病，又要杜绝可致动物疫病暴发的病原体外泄。《手册》从病原体风险评估、微生物分类、从事传染性病原体工作的要求、微生物学安全柜、病原体的贮藏、理化性危害、实施动物设施、应急设施等方面规定了安全要求。

(6)兽用疫苗生产原则。用安全、优质、有效的疫苗免疫动物，是控制多种动物疫病的评分方法。《手册》从名称、疫苗类型或形式、质量保证、生产设施、生产计划、生产过程文件、记录保存、原始种毒、原始种子细胞系、成分、效能试验、干扰试验、毒力复壮试验、环境风险评估、生产一致性、效力试验、稳定性试验、安全试验、纯度试验、其他试验、采样、标签、田间试验、生产设施检查、销售发放前检验、更新生产规程、性能监控、实施、生物技术产品的许可、生物技术疫苗的分类、DNA 活产品的发放等方面规定了兽用疫苗的生产原则，这些原则可广泛的应用于指导目前的兽用疫苗生产。

(7)传染病诊断和疫苗研制的生物技术。《手册》介绍了基因组核酸的检验、蛋白的检验、抗体检验及疫苗的生物技术。

3. 第 2 部分 A 类病　《手册》介绍了 OIE 规定的 15 种 A 类病的诊断技术和生物制品要求。

4. 第 3 部分 B 类病　《手册》介绍了 OIE 规定的 B 类病的诊断技术和生物制品要求。

5. 第 4 部分法典中未列入的疾病　《手册》介绍了 OIE 未列入法典中的 13 动物疫病的诊断技术和生物制品要求。《手册》还列出了 135 个 OIE 参考实验室的名称、负责人、联系方式及检测疫病的种类等信息。

第十章　世界贸易组织

第一节　关税与贸易总协定简介

一、《关税与贸易总协定》

（一）关贸总协定　关税及贸易总协定（GATT）（General Agreement On Tariffs and Trade）简称关贸总协定。是关于规范关税和贸易准则的多边国际协定和组织。二次大战之后，国际经济严重萧条，国际贸易秩序混乱，1944 年 7 月在美国的布雷顿森林召开的国际货币与金融会议（44 个国家参加）建议成立国际货币基金组织、国际复兴开发银行（即世界银行）和国际贸易组织，作为支撑全球经济的三大支柱来调节世界经贸关系，推动全球经济的复苏和发展。1946 年，联合国理事会决定召开一次国际贸易与就业会议，并成立了一个筹备委员会着手起草国际贸易组织章程。1947 年 4—10 月份，在日内瓦召开的第二次筹委会会议同意将正在起草中的国际贸易组织宪章草案中涉及关税与贸易的条款抽取出来，构成一个单独的协定，并把它命名为《关税及贸易总协定》，23 个国家和地区签署了这份"临时适用"议定书。它于 1948 年 1 月 1 日起正式生效，并根据该文件成立了相应机构，其总部设在日内瓦，成员最后发展到 130 多个。

（二）关贸总协定的宗旨　GATT 的宗旨是通过实施多边最惠国待遇，削减关税，取消非关税壁垒与歧视，提高各国生活水平，扩大就业，使实际收入和有效需求持续增长，扩大世界资源的充分利用和发展商品生产与交换。

GATT 从 1947—1994 年共举行了 8 轮多边贸易谈判。据不完全统计，前 7 轮谈判中达成关税减让的商品就近 10 万种。第 8 轮谈判（即乌拉圭回合）取得更为重大的进展，不仅就逐步取消进口许可证或配额、减让关税等方面达成了一系列多边协议，而且最终于 1994 年 4 月 15 日在摩洛哥签署了（世界贸易组织协定）。1995 年 1 月 1 日，世界贸易组织正式成立，GATT 的历史使命随即宣告结束。

二、GATT 多边贸易谈判

GATT 的主要活动是举行以关税减让为主要内容的多边贸易谈判，这种谈判有一个专门术语称为“回合”。从1947年到1994年4月15日,GATT共举行了8轮多边贸易谈判,使缔约方的进口最惠国待遇关税税率不断降低,非关税壁垒措施也有所减弱,从而有效地促进了国际贸易的发展。

(一)第一轮多边贸易谈判 GATT第一轮多边贸易谈判于1949年4—6月份在瑞士日内瓦举行,包括中国在内的23个国家参加了谈判。这一轮谈判达成了123项关税的减让谈判协议,涉及应税品种4 500种,影响100亿美元贸易额,使占应税进口值54%的商品平均降低关税35%。第一轮多边谈判不仅大幅度降低了税率,而且创立了关贸总协定。

(二)第二轮多边贸易谈判 GATT第二轮多边贸易谈判于1949年4—10月份在法国的安纳西举行,主要是为GATT新的缔约方安排的,共有33个国家参加了谈判。这轮谈判最终达成双边减让协议147项,增加关税减让商品5 000多个,使占应税进口值5.6%的商品平均降低关税35%。

(三)第三轮多边贸易谈判 GATT第三轮多边贸易谈判于1950年9月至1951年4月在英国的托奎举行,共有39个国家参加。这轮谈判达成关税减让协议150项,增加了8 700多个关税减让商品项目,使占应税进口值11.7%的进口商品平均降低关税26%。

(四)第四轮多边贸易谈判 GATT第四轮多边贸易谈判于1954年1—5月份在瑞士的日内瓦举行。由于美国国会对美国政府的授权有限,使谈判受到严重影响。这轮参加谈判的国家减少到33个,新增关税减让商品项目3 000多个,只涉及25亿美元的贸易额,使占应税进口值16%的商品平均降低关税15%。

(五)第五轮多边贸易谈判(狄龙回合) GATT第五轮多边贸易谈判于1960年9月至1962年7月在瑞士的日内瓦举行,共有45个国家参加。由于这轮谈判是由美国负责经济事务的副国务卿道格拉斯·狄龙建议发起的,故又称为“狄龙回合”。这轮谈判的主要内容是美国与欧洲共同市场国家间进行关税减让谈判。经过反复磋商,终于达成4 400多种关税减让,涉及49亿美元的贸易额,使占应税进口值20%的商品平均降低关税税率20%。欧共体6个国家对外关税减让平均税率降低6.5%。美国由此受惠的商品出口额达16亿美元,欧共体成员国受惠的商品出口额达12亿美元。农产品的关税,由于欧洲共同体市场国家不同意 谈判而未消减。

(六)第六轮多边贸易谈判(肯尼迪回合) GATT第六轮多边贸易谈判于1964年5月至1967年6月在瑞士的日内瓦举行,共46个国家参与,而实际缔约方在该轮谈判结束时达到74个。由于这轮谈判是由美国总统肯尼迪提议发起的,因而又称“肯尼迪回合”。这轮谈判是根据1963年5月在瑞士日内瓦召开的

GATT第五届部长级会议的决定而举行的，也是1973年以前GATT所主持的所有谈判中最广泛、最复杂的一次。经过3年多的艰苦努力，这轮谈判于1967年5月达成协议。协议规定分5个阶段降低工业制成品关税，到1972年7月1日，工业品关税平均降低35%，涉及贸易额400亿美元。这轮谈判还首次涉及非关税壁垒的内容，通过了第一个国际反倾销协议，并于1968年7月1日生效。美国、英国、日本等21个国家签署了该协议，为《GATT》第6条反倾销规定的实施奠定了坚实的基础。由于欧洲共同体一直拒绝谈判农产品关税，所以农产品关税未能降低。

（七）第七轮多边贸易谈判（东京回合）　GATT第七轮多边贸易谈判是1973年9月在日本首都东京举行的部长级会议上发动的，因此也称东京回合，这一轮谈判又因是美国总统尼克松提议召开的，故又称尼克松回合。东京回合部长会议宣言提出了一个GATT有史以来范围最广泛、目标最庞大的贸易谈判安排，除缔约方外，东京回合还向非缔约方开放，共有99个国家（或地区）派代表参加，其中包括非正式成员29个。东京谈判范围包括削减或取消关税和非关税壁垒。东京回合谈判在1979年结束时，达成了一揽子大范围的关税减让协议和一系列减少非关税壁垒措施新协议（即改进后的GATT法律框架）。关税减让协议涉及3 000多亿美元的贸易额，使关税平均水平下降25%～35%，世界上9个主要工业市场上制成品的加权平均关税由7%下降到4.7%，其中欧共体为5%，美国为4%，日本为3%。东京回合在一些限制非关税壁垒的措施上也取得了成功。在海关估价、补贴与反补贴税、政府采购、贸易技术壁垒、进口许可证方面达成了协议，修订了《反倾销守则》。东京回合通过《关于差别和更为优惠待遇、互惠及发展中国家的进一步参与》和《关于为发展目的所采取的保障措施》两个决定，对发展中国家（地区）的优惠待遇和差别待遇做出了法律规定，包括对最不发达国家（地区）采用特别待遇的规定。东京回合检查和改进了总协定的运行机制，通过了《关于为国际收支目的所采取的贸易措施宣言》和《关于通知、协商、争端解决和监督谅解书》，涉及保障本国的对外财政和收支平衡而采用的贸易限制措施的实践和程序以及通知、协商争端解决及监督等事项。东京回合在热带产品、农产品及民用航空器方面也达成了协议。

（八）第八轮多边贸易谈判（乌拉圭回合）　第八轮多边贸易谈判于1986年9月在乌拉圭埃斯特角城举行，故又称乌拉圭回合。这一轮谈判于1993年12月15日在日内瓦结束，1994年4月在摩洛哥的马拉喀什城签署一揽子协议，历时7年多。

1. 乌拉圭回合多边贸易谈判的目的

(1)制止和扭转贸易保护主义发展趋势，消除贸易扭曲现象；

(2)维护GATT的基本原则，促进GATT目标的实现；

(3)建立一个更加开放、具有持久生命力的多边贸易体制。

2. 达到上述目的的具体措施

(1)进一步放宽和扩大国际贸易,减少和取消各类关税和非关税壁垒,促进贸易自由化;

(2)加强GATT的作用,在GATT的原则和基础上,改善多边贸易体制,扩大GATT在世界贸易中的适用范围;

(3)增强GATT体制对不断演变的国际经济环境的适应能力;

(4)促进国际合作行动,加强贸易政策与其他影响经济增长和发展政策之间的联系,改善国际货币体系的职能,向发展中国家投入更多的资金。

乌拉圭回合多边贸易谈判的议题分两个部分共15个议题。

1. 第一部分货物贸易　第一部分货物贸易共含14个议题,分别为:

(1)关税;

(2)非关税措施;

(3)热带产品;

(4)自然资源产品;

(5)纺织品和服装;

(6)农产品;

(7)GATT条款;

(8)保障条款;

(9)多边贸易谈判协议和安排;

(10)补贴与反补贴措施;

(11)争端解决;

(12)与贸易有关的知识产权,包括冒牌贸易问题;

(13)与贸易有关的投资措施;

(14)GATT体制的作用。

2. 第二部分服务贸易　第二部分是美国等发达国家力主纳入GATT体制的服务贸易。

3. 乌拉圭回合多边贸易谈判的成果　GATT乌拉圭回合多边贸易谈判的参加方最多、持续时间最长、议题最多、讨论最激烈、成果最多。其中包括更为有效而可信赖的争端解决机制;关税全面降低40%,货物贸易协议有关市场开放的范围更广,关税减让承诺幅度更大,预见性和稳定性提高;创立世界贸易组织并将GATT的基本原则延伸至服务贸易和知识产权,建立服务贸易和与贸易有关的知识产权多边规则框架,强化农产品和纺织品及服装的多边规则。谈判结果采取"一揽子"方式加以接受,协议对世贸组织成员均适用。

乌拉圭回合多边贸易谈判的结果标志着全球贸易新格局的形成,真正接近了GATT创立的宗旨。这将有助于加强世界贸易的自由化和恢复世界经济的活力。

第二节 世界贸易组织简介

一、世界贸易组织的产生

WTO的前身为1947年创立的GATT。GATT和WTO在战后扩大国际贸易,解决国际贸易争端,吸收广大发展中国家参与多边贸易,促进世界经济发展方面发挥了重要作用。

WTO是根据GATT第8轮(乌拉圭回合)多边贸易谈判达成的《建立世界贸易组织的协议》,于1995年1月1日成立的,成立时有104个国家为其创始成员国。WTO目前拥有144个成员,与国际货币基金组织、世界银行并称为世界经济的"三大支柱"。

GATT和WTO在1995年共存1年,在这1年的过渡期内,1947年GATT的规则继续适用。1996年1月1日,GATT完成其历史使命,WTO取代GATT成为国际多边体制得以运转的基础和法律载体,监督、协调和管理国际多边贸易与法律体系。WTO要求负责监管的成员都应遵守执行所有原GATT的协议,包括乌拉圭回合(1986—1994年)最后一次会议的协议。WTO还负责谈判和执行新的贸易协议。

WTO是致力于监督世界贸易和使世界贸易自由化的国际组织,也是全球惟一处理国与国之间贸易规则的国际组织。

二、WTO与GATT的区别

1. 组织性质不同　WTO是具有国际法人资格的永久性组织。WTO是根据《维也纳条约法公约》正式批准生效并成立的国际组织,具有独立的国际法人资格,是一个常设性、永久性存在的国际组织。而GATT则仅是"临时适用"的协定,不是一个正式的国际组织。

2. 管辖范围不同　GATT产生于货物贸易占国际贸易绝大多数的20世纪40年代末,加之建立国际贸易组织的《哈瓦那宪章》未能生效,GATT仅管辖货物贸易,并且在实施中农产品贸易和纺织品、服装贸易先后又脱离其管辖,所以,GATT管辖的仅是部分货物贸易。

而WTO管辖范围则更加广泛,WTO将货物、服务、知识产权融为一体,置于其管辖范围之内。WTO不仅管辖货物贸易的各个方面,《1994年关贸总协定》对《1947年关贸总协定》作了补充和完善;而且还管辖服务贸易方面,《服务贸易总协定》及其分部门协议管辖服务业的国际交换;以及管辖知识产权方面,《知识产权协定》对各成员的与贸易有关的知识产权的保护提出了基本要求。《与贸易有关的投资措施协议》第一次将与货物贸易有关的投资措施纳入多边贸易体制的管辖范围。WTO还努力通过加强贸易与环境保护的政策对话,强化各成员对经济发展中的环境保护和资源的合理利用。

3. 承担义务的方式不同　WTO成员承担义务体现了统一性。WTO成员不分大小,对其所管辖的多边协议一律必须遵守,以"一揽子"方式接受世贸组织的协定、协议,不能选择性地参加某一个或某几个协议,不能对其管辖的协定、协议提出保留。

但是,GATT的许多协议,则是以守则式的方式加以实施的,缔约方可以接受,也可以不接受。

4. 争端解决机制不同　WTO争端解决机制以法律形式确立了权威性。与GATT相比,WTO的争端解决机制在法律形式上更具权威性。由于一国参加WTO是由其国内的立法部门批准的,所以WTO的协定、协议与其国内法应处于平等的地位。WTO成员需遵守WTO各协定、协议的规定,执行其争端解决机构做出的裁决。并且,争端解决仲裁机构做出决策是按"除非WTO成员完全协商一致反对通过裁决报告",否则视为"完全协商一致"通过裁决,这就增强了争端解决机构解决争端的效力。加之对争端解决程序规定了明确的时间表,使其效率大大提高,权威性得以确立。

在GATT体制下,只要有一个缔约方(最可能的就是"被申诉人"或"被告")提出反对通过争端解决机构的裁决报告,就认为没有"完全协商一致",则GATT不能做出裁决。显而易见,自然大大削弱了GATT争端解决机制的权威性、有效性。

5. 代表的广泛性不同　WTO成员更加广泛。WTO从1995年成立至2002年1月,其成员已达144个。另外还有30多个国家和地区正积极申请加入WTO,如俄罗斯、白俄罗斯、越南等。WTO成员的经济贸易占世界经济贸易95%以上。

而GATT从1948年成立至1994年,42年间仅有成员130多个。

三、WTO的组织结构及职能

(一)WTO组织机构　WTO总部设在瑞士日内瓦,WTO由部长会议、总理事会和总干事负责管理(见图10-1)。

1. 部长会议　WTO的最高决策权力机构是部长会议,部长会议由各成员主管经济事务的部长、副部长级官员或其全权代表组成，一般至少每两年召开一次大会。部长会议下设总理事会和秘书处，负责 WTO 日常会议和工作。

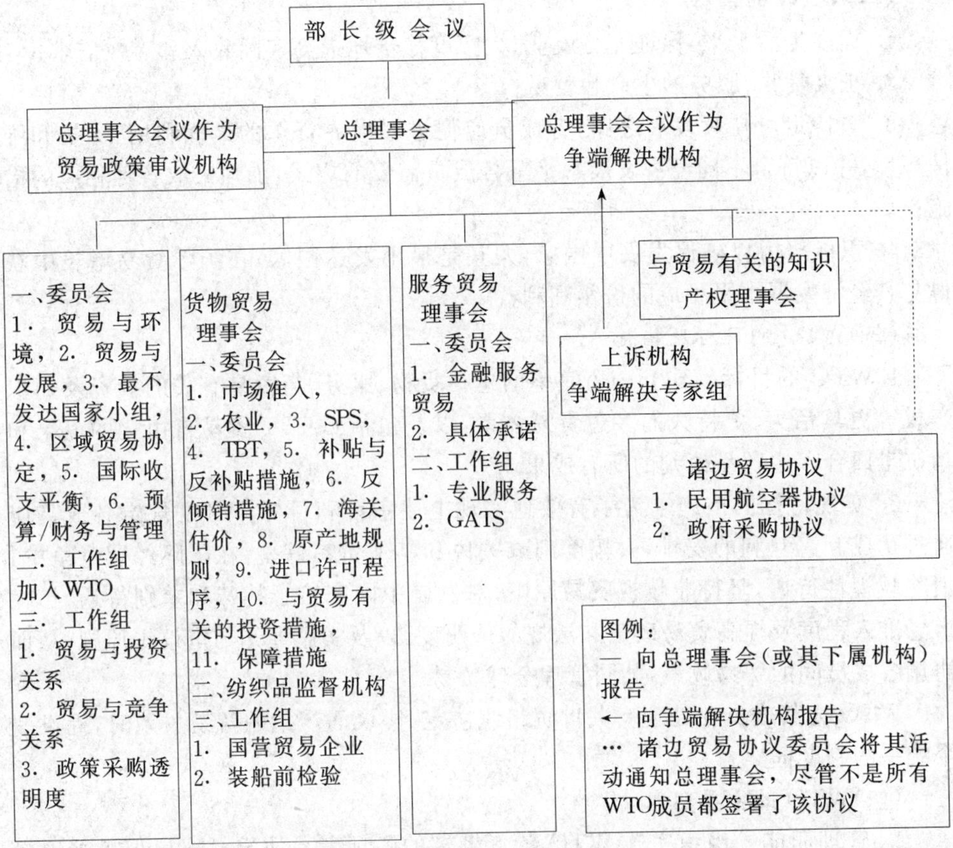

图 10-1 WTO 组织结构图

2. 总理事会 部长会议下设总理事会，总理事会履行 WTO 的职能，监督各项决议和部长会议所作决定的贯彻执行。总理事会设有货物贸易、服务贸易、知识产权 3 个理事会和贸易与发展、预算两个委员会。总理事会还下设贸易政策核查机构，它监督各个委员会并负责起草国家政策评估报告。对美国、欧盟、日本、加拿大每两年起草一份政策评估报告，对 16 个发达国家每 4 年一次，对发展中国家每 6 年一次。上诉法庭负责对成员间发生的分歧进行仲裁。

3. 秘书处和总干事 总理事会下设秘书处，负责处理日常工作。总理事会首长为总干事，由成员方共同推举，部长会议任命，每届任期 4 年。首任总干事是鲁杰罗，现任总干事是迈克·穆尔。

除上诉机构、争端解决专家组、纺织品监督机构和诸边贸易协议委员会外，WTO成员可以参加所有理事会和委员会。

（二）WTO的宗旨

1. 提高生活水平，保证充分就业，大幅度稳步地提高实际收入和有效需求；

2. 扩大货物、服务的生产和贸易；

3. 坚持走可持续发展之路，各成员应促进对世界资源的最优利用、保护和维护环境，并以符合不同经济发展水平下各成员需要的方式，加强采取各种相应的措施；

4. 积极努力以确保发展中国家，尤其是最不发达国家，在国际贸易增长中获得与其经济发展水平相应的份额和利益。

（三）WTO的目标及措施

1. WTO的目标　建立一个完整的包括货物、服务、与贸易有关的投资及知识产权等更具活力、更持久的多边贸易体系，以及包括GATT贸易自由化的成果和乌拉圭回合多边贸易谈判的所有成果。

2. 实现目标的措施　为了有效地实现上述宗旨和目标，WTO规定各成员应通过达成互惠互利的安排，大幅度削减关税和其他贸易壁垒，在国际经贸竞争中，消除歧视性待遇，坚持非歧视贸易原则，对发展中国家给予特殊和差别待遇，扩大市场准入程度及提高贸易政策和法规的透明度，以及实施通知与审议等原则，从而协调各成员间的贸易政策，共同管理全球贸易。

WTO为其成员在处理有关世贸组织协定、协议而产生的贸易关系时，提供一个统一的制度框架。

（四）WTO的主要职能

1. 管理职能　组织实施WTO负责管辖的各项贸易协定、协议，积极采取各种措施努力实现各项协定、协议的目标，并对所辖的不属于“一揽子”协议项下的诸边贸易协议，如《政府采购协议》《民用航空器贸易协议》等的执行管理和运作提供组织保障。这表明WTO具有行政组织的管理职能。

2. 谈判职能　为各成员提供处理各协定、协议有关事务的谈判场所，并为WTO发动多边贸易谈判提供场所、谈判准备和框架草案。

3. 争端解决职能　解决各成员间发生的贸易争端，负责管理WTO争端解决协议。

4. 政策评审职能　对各成员实施的与贸易相关的国内政策、法规进行定期审评。政策评审是贸易政策透明度原则的延伸与具体运作表现，其目的在于促进各成员严格遵守多边贸易协定及其接受的诸边贸易协定的规则、义务和承诺。

5. 与其他国际组织开展合作　协调与国际货币基金组织和世界银行等国际经济组织的关系，以保障全球经济决策的凝聚力和一致性，避免政策冲突。

6. 为发展中国家提供技术援助和培训　WTO 负责为发展中国家和不发达国家提供技术援助和相关的培训。

(五)WTO 管辖的范围是

(1)有关货物贸易的多边协议：具体包括《1994 年关贸总协定》、《农业协议》、《关于卫生和动植物检疫措施的协议》、《纺织品与服装协议》、《贸易的技术性壁垒协议》、《与贸易有关的投资措施协议》、《反倾销协议》、《海关估价协议》、《装船前检验协议》、《原产地协议》、《进口许可证协议》、《补贴与反补贴协议》、《保障措施协议》；

(2)《服务贸易总协定》及附件；

(3)《与贸易有关的知识产权协定》(以下简称《知识产权定》)；

(4)《贸易争端解决程序与规则的谅解》　关于贸易争端解决的有关协议，以及解决贸易争端所遵循的所有程序；

(5)贸易政策审议机制　负责审议各成员贸易政策法规是否与世贸组织相关协议、条款规定的权利、义务相一致。

四、WTO 协议的内容

WTO 协议是成员国政府在制定国际贸易领域中有关货物贸易、服务贸易和知识产权的政策与规则是应当遵循的一整套规范。GATT 是成员间的多边协定，是有关国际贸易行为规范的框架，该协定不断得到补充和加强。最重要一次补充和加强就是乌拉圭回合多边贸易谈判，除了创立 WTO 外，还达成了一系列的协议和协定。这些协议和协定与 GATT 一起构成了当今国际贸易行为规范的框架。WTO 协议是这些协议和协定的统称。WTO 法律文件共包括 20 个协议、协定，7 个执行有关协定的谅解，还有 29 个部长决定、宣言，其内容涵盖货物贸易、服务贸易、与贸易有关的知识产权保护以及与贸易有关的投资措施，内容相当广泛。这 50 多个法律文件确立了 WTO 一套规则，目的在于通过确定各成员的权利和义务、活动规范和行业准则，并且通过建立一套机制(主要是贸易政策审议机制和争端解决机制)，监督各成员有关贸易的法律、法规、规章和政策措施的制定与实施，力求为世界提供一个开放、公平、统一的多边贸易体制框架。

(一)多边协议

1. 货物贸易(共 13 项)

——1994 年关税与贸易总协定；

——实施动植物卫生检疫措施的协议；

——纺织品与服装协议；

——技术性贸易壁垒协议；

——与贸易有关的投资措施协议；

——反倾销协议，即关于实施1994年关税与贸易总协定第6条的协议；

——海关估价协议，即关于实施1994年关税与贸易总协定第7条的协议；

——装船前检验协议；

——原产地规则协议；

——进口许可证程序协议；

——补贴与反补贴措施协议；

——保障措施协议；

——农业协议。

与货物贸易有关的谅解和决定共七项：

关于1994年GATT国际收支条款的谅解，关于海关当局怀疑申报价值的真实与准确情况的决定（转移举证负提的决定），1994年GATT关于解释第17条的谅解（国营贸易），关于争端解决规则与程序的谅解，1994年GATT关于解释第2条一款(b)项的谅解税减让约束，关于贸易与环境的决定，贸易政策审议机制。

2. 服务贸易

——服务贸易总协定（GATS）。

3. 知识产权

——与贸易有关的知识产权协定（TRIPS）。

（二）单项贸易协议

——民用航空器协议；

——政府采购协议；

《国际奶制品协议》和《国际牛肉协议》已于1997年底终止。

第三节　加入WTO与法制建设

一、正确理解和把握WTO规则的本质

（一）WTO规则的特点　加入WTO，对于我们深化改革、扩大开放和加快社会主义现代化建设，既是新的机遇，又是严峻的挑战。抓住机遇，迎接挑战，开拓进取，发展自己，首先要求我们研究、熟悉并学会运用WTO规则，从法律上制度上积

极作好应对，因为WTO本身就是以强制性的规则为基础的政府间国际组织。

1. 规范和约束政府行为　国外有的学者把WTO规则称之为“国际行政法典”，旨在消除或者限制各成员政府对跨国(境)贸易的干预。WTO协定确定的非歧视(主要通过最惠国待遇和国民待遇条款体现)、市场开放(主要通过取消数量限制和透明度等条款体现)、公平竞争(允许各成员将关税作为贸易保护的适当手段，但不允许采取倾销、补贴等不公正的贸易手段)三大基本原则，成为货物贸易协议(GATT)、服务贸易协议(GATS)、与贸易有关的知识产权协议(TRIPS)、与贸易有关的投资措施协议(TRIMS)的指导原则。

2. 原则性与灵活性　在要求各成员一体遵守共同规则的前提下，又适应不同成员的不同情况，为其履行WTO框架下的义务留下一定的灵活性。为了在实现贸易自由化这一全局、长远目标的过程中，兼顾不同成员在不同方面的局部利益，使WTO法律文件有关促进贸易自由化的条款在实践中能够行得通，它们确定的原则和成员规定的义务都不是绝对的。而是设立了若干例外，并为发展中成员作了一些过渡性的灵活安排。因此，WTO规则在一定程度上可以说是协调世界贸易自由与各成员正当利益、协调法定规则与各成员贸易政策的杠杆。

3. 有权威性和强制性　为了保证WTO规则的实施，确保WTO规则能够有效地调整成员间错综复杂的经济关系，迅速、有效地解决成员间的贸易争端，WTO规则确立了WTO框架下的贸易政策审议机制和争端解决机制(“司法”机制)。因此，WTO被称之为带“牙齿”的国际组织，又被称之维护公平、有序的国际经济贸易关系的“看护者”。

(二)对WTO规则的评价

1. WTO规则是发展中国家与发达国家经过斗争、相互妥协的产物，也就是求同存异的产物　从形成过程看，WTO规则主要是以西方经济理论中的“比较优势论”和“博弈论”为理论基础的，但实际情况要比理论所设想的情况复杂得多。因此，明确作为规则并能为多数成员接受的“同”，大多是理论性、原则性的；“异”则更多的留在规则之外，即使写进条款，不少条款的表述也比较含糊或者附带一些例外规定、过渡安排、宽松条件。从内容看，WTO规则总结了世界多边贸易的经验教训，肯定了多边贸易实践中的通行做法即所谓“国际惯例”，在不少问题上考虑了多数成员包括发展中国家或者地区的利益。更为重要的是，WTO规则为国际经济交往中由靠强权办事情转变为按规则办事情提供了可能，并在一定程度上对国际经济强权构成了一定的制约。

同时，又要看到，WTO多数现行规则是发达国家成员主导制定的，并不完全合理。WTO规则作为强制性的国际法律规范，在形式上虽然对所有成员都是一视同仁的，但由于发展中国家或者地区迫使发达国家履行义务的实力、手段都远不及发达国家，实际上这种强制性对发展中国家或者地区是现实的，对发达国家则往往要打折扣。因此，在WTO框架下完善开放、公平、统一的世界贸易规则，还是一项长期、艰巨、复杂的任务。

加入WTO以后，我们不仅要重视WTO规则的执行，也要重视、研究WTO规则的不断完善。

2. WTO规则广泛介入各成员的经济、政治、社会生活，并对其造成全面、深刻、长远的影响　WTO既然是以强制性的规则为基础的政府间国际组织，参加这个国际组织就意味着政府行为无论是决策，还是决策的执行都要受WTO规则的规范和约束，并通过贸易政策审议机制和争端解决机制接受WTO及其成员的严格监督。

因此，要讲WTO规则对各成员的影响，最主要的就是对其行政管理制度的影响。还要看到，WTO多边贸易体制不仅把货物贸易领域的法律规则具体化，还把其管辖范围扩大到服务贸易和知识产权、投资活动等广泛领域。WTO规则实际上把触角延伸到了传统上属于联合国专门机构如世界知识产权组织（WIPO）甚至属于成员国内法调整范围的诸多领域。

加入WTO以后，我们在遵守WTO规则、履行我国入世承诺的同时，必须坚定不移地维护我国的政治制度、社会制度。

总而言之，WTO规则作为一部庞大的“法典”，涉及经济、政治、社会生活的诸多方面，其主要内容同我们所熟悉的东西有着很大差异。总体上看，我们至今对WTO规则的认识、理解、研究还是很不够的，知之不多，知之不深。我国加入WTO以后，既要严格履行WTO框架下的义务，又要善于利用WTO规则保护自己、发展自己。要达到这样的目的，难度是很大的，必须认真应对。

二、深化行政管理体制的改革

（一）我国入世的根本原因　我们之所以以积极的态度争取加入WTO，根本原因是历史告诉我们，中国要发展、要进步、要富强，就必须对外开放，加强与世界各国的经济、科技、文化的交流与合作，吸收和借鉴一切先进的东西。封闭就要落后，落后就要挨打。能否不断地了解世界，能否不断地学习世界上一切先进的东西，能否不断地跟上世界发展的潮流，是关系一个国家、一个民族兴衰成败的大问题。

加入WTO，有利于改善我国经济发展所需要的相对稳定的外部环境，我们可以直接参与国际经济活动规则的制定与完善，推动国际经济新秩序的形成，维护我国的权利和利益；有利于我国平等地同其他国家和地区进行经济贸易活动，促进市场多元化战略的实施，更快地扩大出口；有利于完善国内相关的法律制度，改善投资环境，增强外商在我国投资的信心，更好地利用外资；有利于促进经济体制改革，推动经济结构的战略性调整和技术进步，提高国民经济的整体素质和竞争力。

加入WTO，总体上符合我国的根本利益和长远利益，同我国改革开放总的方向是一致的。同时，又要看到，加入WTO也使我们面临严峻的考验，政府管理经济的方式、企业经营机制、经济运行规则和环境等都需要进行深刻的变革，某些行业和企业在一段时间里也会受到不小的冲击。机遇与挑战并存，而且是可以互相转化的，关键在于我们的工作。

(二)面对入世后的机遇与挑战，全面推进行政管理体制改革　加入WTO，对我国的经济生活乃至政治生活、社会生活都将产生深刻的影响，首先是对我国行政管理制度的影响，我们比较熟悉、比较习惯的行政管理观念、体制、方式都需要进行深刻的改革。

按照党的十五届五中全会、六中全会和中央经济工作会议的要求，为了保持经济持续、健康、快速发展，必须更新观念，与时俱进，进一步改革开放，把体制创新摆在突出位置，突破影响生产力发展的体制性障碍，使生产关系适应生产力、上层建筑适应经济基础的要求，进一步解放和发展生产力。深化改革、突破影响生产力发展的体制性障碍是多方面的，其中一个很重要的方面就是继续推进行政管理体制改革。这些年来，随着改革的深化、开放的扩大和市场经济体制的建立、发展，我国的行政管理体制不断在进行着相应的改革，并且已经取得了明显的成效。以经济手段和法律手段为主的宏观调控体系初步建立；实行政企分开，政府不再直接管理企业，企业自主经营、自负盈亏；整顿和规范市场秩序，加强对市场的监管；稳步推进社会保障体系的建设；符合国际惯例的外贸、外汇和涉外经济管理体制初步形成；改革政府机构，精简工作人员，行政效率得到提高。

但是，实事求是地讲，现行的行政管理体制也还存在着不能完全适应市场经济要求的这样或那样的问题。解决这些问题，我们需要以加入WTO为契机，变压力为动力，加快步伐，加大力度，从外延上和内涵上继续推进行政管理体制改革，按照发展市场经济的内在要求，进一步转变政府职能，真正实现政企分开。

政府要集中精力搞好宏观调控和创造良好的市场环境，不直接干预企业经营活动，减少政府对经济事务的行政性审批，建立廉洁高效、运转协调、行为规范的行政管理体制。据此，政府机关行使职权，应该力求做到：一不越位，决不要再把那些政府机关不该管、管不了、实际上也管不好的事情揽在手里；二不缺位，该由政府机关管的事情就要把它管住、管好；三不错位，政府机关不能既当“裁判员”又当“运动员”；四不扰民，该由政府机关管的事情，只要能把它管住、管好，办事手续越简便、越透明越好。

在今后的立法工作和执法活动中，需要认真研究、妥善处理以下几个关系：

1. 政府与市场的关系　我国经济体制改革的目标是建立社会主义市场经济体制。实践已经证明，充分发挥市场机制在配置资源中的基础性作用，实行公开、公平、公正竞争，经济活动才能富有活力，提高效率，更快地创造更多的社会财富，提高综合国力。

我国政府应当把职能真正转变到经济调节、市场监管、社会管理、公共服务上来，并且转变工作方式、工作作风，切实解决市场机制解决不了也解决不好的问题，为经济活动创造良好的宏观环境。

2.“公权”与“私权”的关系　转变政府职能，在立法活动中，不可避免地会涉及行政权力同自然人、法人和其他组织权利的关系。按传统法学概念说，行政权力属于“公权”，自然人、法人和其他组织的权利属于“私权”。在权力与权利的关系问题上，原则上讲，权利是本源，权力是由其派生的。因此，正确处理权力与权利的关系，主要方面应该是对权力加以规范、制约、监督。也可以说，实行依法治国、依法行政，先要依法治“官”、依法治权，确保一切政府机关依照法定的权限和程序正确行使权力，防止滥用权力。在一般情况下，“公权”不宜介入、干预“私权”的行使。如果行使“私权”损害国家的、社会的、集体的利益和他人的合法的权利和利益，“公权”就应该介入、干预，实施监督，予以处理。对政府机关来说，权力与责任应该统一；对自然人、法人或者其他组织来说，权利与义务应该统一。

3. 公平与效率的关系　我国是发展中国家，经济、文化、社会发展水平还比较低，必须大力发展社会生产力。在市场经济条件下，政府机关应当不断扩大并保障企业享有经营自主权，为各种所有制经济实体平等参与市场竞争创造条件，激发经济活力，促进社会生产力的发展。同时，我国又是社会主义国家。邓小平同志说过，贫穷不是社会主义，两极分化也不是社会主义。为了实现社会公平，需要通过立法，对市场主体的活动规范、行为准则作出明确规定，使其追求自我利益最大化同增加社会效益结合起来。因此，在立法活动中，遵循“效率优先，兼顾公平”的原则，既要允许资本、技术等生产要素参与收益分配，调动人们的积极性、创造性，鼓励一部分人先富起来；又要逐步健全以间接管理为主的宏观经济调节体系，在效率的基础上实现社会公平，最终实现共同富裕。社会主义市场经济体制自身发展的价值取向就应该是实现效率与公平的统一。

4. 事前监督与事后监督的关系　为了创造全国统一、规范有序、公平竞争的良好市场环境，政府机关对市场主体依法实施必要的监督管理是不可缺少的，其手段通常分为事前监督管理和事后监督管理。行政许可即行政性审批属于事前监督的管理方式。为了维护国家安全和公共利益、保护公民生命财产安全、合理配置资源，设定行政许可、进行事前监督是必要的。但是，事前监督管理方式难免有一定的主观性，并且成本高、效益低，需要慎用。从行政管理的成本与效益看，一般来说，对那些通过事后补救难以消除影响或者需要付出更大代价的问题，需要采取事前监督管理手段；而对其他一般性的问题，采取事后监督管理手段则更合理、更有效。因此，国务院近年来一直在抓紧进行行政审批制度改革，总的思路是按照合法、合理、效能、责任的原则，尽可能地减少政府机关对经济事务的行政性审批；确定政府机关对经济事务、社会事务的管理方式时，在明确管理标准、管理规则的前提下，要更重视发挥政府对经济事务、社会事务的事后监督管理职能，确保实现公共利益与保障企业经营自主权的平衡。

三、全面推进依法行政

（一）依法行政的基本要求　依法行政作为依法治国基本方略的重要组成部分，反映了政府运作方式的基本特征，是从全局上、长远上统管各级政府和政府各部门各项工作的。依法行政的基本要求是各级国家行政机关必须依照法定的权限和程序履行职责，既不失职，又不越权，做到有权必有责、用权受监督、侵权要赔偿，其实质是对行政权力加以规范和约束。加入 WTO，对依法行政提出了新的要求，一切政府机关都要严格按规则办事、按程序办事，切实做到依法行政。

（二）完善制度　根据 WTO 的有关规定，我们不仅要保证我国有关法律制度与 WTO 协定和我国入世承诺相一致，还要不断提高立法工作质量，增强法律制度的透明度。适应加入 WTO 的需要，切实做好法律、法规、规章和其他政策措施的立、改、废工作。

WTO 协定在我国不具有国内法上的效力，是不能直接适用的。因此，我们就需要修改和完善国内法，使其与 WTO 协定和我国入世承诺相一致。根据我国政府在加入 WTO 议定书中的承诺，我国中央政府有义务确保地方性法规、地方政府规章和地方制定的其他政策措施符合 WTO 协定和我国入世承诺。为此，凡是法律、行政法规为适应加入 WTO 的需要已经作出修改的，有关的地方性法规、地方政府规章和地方制定的其他政策措施应当作出相应修改；凡是违反最惠国待遇原则和国民待遇原则或者阻碍全国统一市场形成的地方规定，应当修改或者废止。无论中央制定新的法律、行政法规、部门规章和其他政策措施，还是地方制定新的地方性法规、地方政府规章和其他政策措施，都要符合 WTO 协定和我国入世承诺，确保质量。

按照 WTO 的规定，在各成员关税领土内，中央、地方在制定有关政策措施方面的权限划分，由各成员依据其国内法自主确定。根据我国宪法、立法法和其他有关法律的规定，只能由中央规定的事项，如外汇、进出口、关税、海关估价、贸易救济措施等，地方不得作出规定。凡是按照 WTO 协定不能作出限制性规定的事项，如对进口产品征收高于国内同类产品的税、费，要求外商投资企业优先购买国内原材料、产品全部或者大部出口、实现外汇平衡等，谁都不得作出规定。根据我国有关法律的规定，地方可以结合当地实际情况作出规定的事项，也应当符合 WTO 协定和我国入世承诺。这些要求同样适用于特殊经济区（包括经济特区、沿海开放城市、经济技术开发区、高新技术产业开发区、保税区等）。

（三）增强立法工作的透明度　按照 WTO 规则的要求，我国加入 WTO 以后，凡涉及货物贸易、服务贸易、与贸易有关的知识产权保护以及与贸易有关的投资措施的法律、法规、规章和其他政策措施，都要集中在官方刊物上公开刊登。这些法律、法规、规章和其他政策措施的公布时间与施行时间之间，一般都要间隔一个月以上，不再一公布就施行。在制定、修改法律、法规、规章和其他政策措施的过程中，要发扬民主，充分征求各方面尤其是管理相对人的意见。有关的法律、法规、规章和其他政策措施制定后施行前，如果 WTO 成员提出要求，我们有义务向其提供文本。同时，我国加入 WTO 以后，中央政府还要设立或者指定咨询点作为对外的“窗口”，为国内外企业提供有关的法律信息服务，并对 WTO 成员提出的有关咨询问题提供权威性的答复。这里需要说明，咨询点只能是“提供”而无权“作出”权威性的答复。按照我国法律规定，法律解释应由全国人大常委会作出，行政法规解释应由国务院作出，司法解释应由最高人民法院、最高人民检察院作出，部门规章解释应由制定机关作出。

（四）统一实施　按照 WTO 协定和我国入世承诺，我国中央政府负有保证有关 WTO 的法律制度在全国范围内统一实施的责任。为了确保不同层次法律规范的一致性，我国加入 WTO 以后，需要建立保证有关法律制度统一实施的机制。任何企业、个人都可以就不统一实施贸易制度（包括不统一实施中国根据 WTO 协定和加入议定书承担的义务）的情况，向中央政府反映。中央政府有关部门要迅速将反映的情况移送有关主管机关，并且在不统一实施的情况得到证实后，有关主管机关即应按照我国法律的规定，并考虑我国的国际义务和提供适当救济的需要，迅速予以处理。作出的决定和采取的措施都要迅速书面告知有关企业、个人。这就要求我们采取切实有效的措施，避免发生影响 WTO 协定和我国入世承诺统一实施的情况。

按照 WTO 规则的要求，政府机关必须以统一、公正、合理的方式执行所有有关的法律、法规、规章和其他政策措施，有法不依、执法不严、违法不究，搞地方封锁和行业垄断，以及不依照统一程序执法等行为，都是不允许的。

（五）加强监督　全面推进依法行政，确保法律、法规、规章和其他政策措施得到统一、公正、合理的实施，必须进一步加强对立法工作和行政执法的监督。

切实加强对法规、规章和其他政策措施的备案审查。国务院将加强对地方性法规、地方政府规章和国务院部门规章的备案审查，对违反法律、行政法规规定的，该撤销的依法予以撤销；该修改的，依法责成制定机关及时修改。各地方也应当加强对有关政策措施的备案审查，加强监督，对违法的政策措施，及时依法作出处理。这是避免因地方性法规、地方政府规章和地方制定的其他政策措施违反 WTO 和我国入世承诺而引发国际争端、损害我国政府形象的重要措施。

切实加强对行政执法活动的监督。为了防止因行政机关违法的或者不当的执法行为引发国际争端，需要切实加强对行政执法活动的监督。虽然 WTO 争端解决机制所要解决的是针对成员的有关法律、法规、规章和其他政策措施与 WTO 规则不一致而引发的争端，但违法的或者不当的行政执法行为如果反复、频繁发生，也会引起 WTO 成员要求对这些行政执法行为所依据的法律、法规、规章和其他政策措施进行审查，从而可能引发国际争端。因此，强化行政复议制度、行政诉讼制度对行政执法活动的监督作用是必要的，可以促进统一、公正、合理地执法，避免或者减少违反 WTO 规则现象的发生。目前，有些地方、部门对行政复议制度、行政诉讼制度的监督作用重视不够，甚至认为行政复议、行政诉讼是揭行政机关的“短”，不利于维护“政府形象”。因此，在实践中，有的要求法制工作机构对行政复议申请能不受理的就不受理，不得不受理的也要尽可能维护“政府威信”，实际上是“官官相护”；有的在发生行政诉讼后不是积极依法应诉，而是想方设法影响司法机关对案件的审理。这些现象必须切实加以纠正。

第十一章　世界贸易组织的规则

第一节　世界贸易组织的基本原则

一、WTO 的原则

WTO 协议是涵盖范围广泛的各项活动的法律文本，冗长而复杂。协议涉及农产品、纺织品与服装、银行、电信、政府采购、工业标准、食品卫生规则、知识产权等诸多内容。但几个简单而根本的原则贯穿于所有这些文件，构成了多边贸易体系的基础，也形成了其基本运行机制。

（一）非歧视待遇　非歧视待遇又称无差别待遇，是针对歧视待遇的一项贸易原则，它要求成员在实施某种优惠和限制措施时，不要对对方实施歧视待遇。根据非歧视待遇原则，WTO 成员对另一成员不采用任何其他同样不适用的优惠和限制措施。在 WTO 中，非歧视原则通过最惠国待遇原则、互惠待遇和国民待遇条款体现。

1. 最惠国待遇　根据 WTO 协议，最惠国待遇原则（Most-favored-nation treatment）指各国一般不得在其贸易伙伴之间有歧视行为。给予某一国一项特殊优惠，例如针对其某项产品征收更低的关税，必须给予其他所有 WTO 成员同样的待遇。

这一原则也允许一些例外。例如，某地区的几个国家可以签订自由贸易协定，但该协定可不适用于来自区域集团外的产品。或者，一国可对来自特定国家的被认为是进行了不公平贸易的产品设置壁垒。对于服务贸易，允许在少数情况下采取歧视性做法，但协议只允许根据严格的条件实施这种例外。总的来讲，最惠国待遇原则意味着每当一国降低贸易壁垒或开放某一市场，它必须给予来自其所有贸易伙伴的同类产品，或服务以同等待遇，无论这些贸易伙伴的贫富强弱。

“最惠”两个字听起来自相矛盾，它暗含着给予某一特定国家以某种特殊待遇，但在 WTO 中，它实际上意味着非歧视性，即平等对待每一成员。WTO 规定，每一成员都将其他所有成员平等地按“最优惠”的贸易伙伴对待。如果一国改善了其给予另一贸易伙伴的好处，它同时必须给予其他 WTO 成员以同样最好的待遇，以保证所有其他成员仍获得“最优惠”的待遇。

最惠国地位并不总意味着平等待遇。在19世纪，当一些早期的双边最惠国条约签署时，成为某一国的“最优惠”贸易伙伴，就如同加入了排他性的俱乐部，因为只有少数国家可以享受这种特权。而现在，当大多数国家都是WTO成员时，最惠国俱乐部就不再是排他性的了。最惠国待遇原则就是为了保证各国都能平等地对待其他100多个成员。

2. 国民待遇　国民待遇(National treatment)是指保证另一方成员的公民、企业和船舶在本国国境内享受与本国公民、企业、船舶所享受的国民待遇。实施国民待遇必须对等，不得损害对方国家的主权，并且只限制在一定的范围之内。1947年GATT所规定的国民待遇适用范围较窄，只适用与货物贸易及由此而产生的其他经济行为，而未涉及外国直接投资。WTO则把国民待遇拓宽到货物贸易中的原产地规则，技术法规和动植物卫生措施、与贸易有关的投资措施、服务贸易总协定以及与贸易有关的知识产权协定中。

国民待遇原则只有在产品、服务或具有知识产权的产品进入市场后才适用。所以，对进口产品征收海关关税并不违反国民待遇原则，尽管不对当地生产的产品征收同样的税。

(二)通过谈判逐步实现更自由的贸易　减少贸易壁垒是鼓励贸易的最显著方式之一。这些壁垒包括关税、进口禁令或进口配额等有选择地限制数量的措施，以及汇率政策等。

自GATT于1947—1948年创立以来，已经进行了8轮贸易谈判。开始时，这些谈判主要集中在降低进口产品的关税上，谈判的结果是，截至20世纪80年代晚期，工业化国家的工业品关税稳步降到了6.3%左右。

但到了20世纪80年代，谈判已经扩展到覆盖产品的非关税壁垒及服务贸易和知识产权等新领域。开放市场可以带来好处，但同时也需要进行调整。WTO协议允许各国通过“渐进的自由化”，循序渐进地进行改变。

(三)通过约束保护措施实现贸易的可预见性　在国际贸易中，各成员都保证不增加贸易壁垒与减少贸易壁垒同样重要，这种保证可使商业界更清楚地看到未来的机会。有了稳定性和可预见性，就可以鼓励投资，创造就业机会，并使消费者充分享受到竞争的好处，如有更多的选择，价格更低等。多边贸易体系就是各成员使商业环境具有稳定性和可预见性的一种尝试。

在WTO中，当各成员同意开放其货物或服务市场时，他们就“约束”了各自的承诺。就货物贸易而言，这些约束构成了关税税率的上限。有时，国家对进口产品征收的关税低于约束税率，发展中国家经常出现这种情况，而发达国家实际征收的税率与约束税率是趋于一致的。

一国可以改变其约束税率，但只能在与其贸易伙伴谈判后进行，谈判可能意味着要对贸易的损失做出补偿。乌拉圭回合多边贸易谈判的成就之一，就增加了在约束承诺基础上的贸易量。在农产品领域，目前100%的产品为约束关税。其结果是，贸易者和投资者获得了更高程度的市场安全保证的（见表11-1）。

表11-1 乌拉圭回合后约束关税的比例

1986—1994年约束关税的比例比较

%

	谈判前（1986年）	谈判后（1994年）
发达国家	78	99
发展中国家	21	73
转型经济国家	73	98

注：以上比例为关税税号的百分比，未按贸易量或贸易额加权。

WTO多边贸易体系也试图通过其他方式提高可预见性和稳定性。其一是不鼓励使用配额和其他设置进口数量限制的措施，使用配额可导致更多的繁文缛节和对不公平做法的指责。其二是使各国的贸易规则尽可能明确和公开（“透明”）。其三是要求政府在其国内公开政策和作法，或将政策和作法通知WTO，通过贸易政策审议机制对各国贸易政策进行定期监督。

（四）促进公平竞争　WTO有时被称为“自由贸易”组织，但这并不完全准确。多边贸易体系确实允许使用关税，在少数情况下还允许其他形式的保护。更确切地说，这是一个致力于公开、公平和无扭曲竞争的规则体制。

有关非歧视的规则，即最惠国待遇原则和国民待遇原则是为了保证贸易的公平条件。关于倾销（为获得市场份额而以低于成本的价格出口）和补贴规则的目的也是如此。这些问题是复杂的，规则试图确定什么是公平的和什么是不公平的，以及政府应如何做出反应，特别是通过征收额外的进口关税，来补偿因不公平贸易所造成的损失。

WTO其他许多协议都旨在支持公平竞争，如有关农产品、知识产权和服务贸易的协议。《政府采购协议》（只有少数WTO成员签署，因而被称为“诸边”协议）将竞争规则扩展到许多国家中成千上万的“政府”实体的采购问题上，等等。

公平竞争是指在市场经济条件下，生产者提供由市场供求形成价格而进行的国际商务活动，反之，以低于此价格出口，使别国同类产品生产厂商受到伤害的竞争或人为地限制进口，不保护知识产权等活动称为不公平竞争行为。公平竞争行为有利于世界资源的充分利用，发展商品生产与交换。为此，GATT和WTO把促进公平竞争作为一个重要原则，并采取如下措施，促进公平竞争。

1. 反倾销　最初的反倾销规则主要是GATT第6条第1款及第2款规定。某一产品以倾销方式，即以低于正常价值的价格输出到其他国家，使得输入国的国内产业蒙受损害，输入国可以征收不超过倾销差额的反倾销税。这里的"正常价值"规定为"供输出国消费的同种产品，通常交易的可能比较的价格"，或者如果没有这样的价格，正常价值则是"输出到第三国的同种产品，通常交易的可能比较的最高价格，或者是原产国产品生产成本，加上适当的销售经费以及利润"。"损害"规定为"对已经确立的产业带来实质的损害，或者可能带来损害，或者实质上推迟国内产业的确立"。

倾销输出这种不公正贸易行为，如果对输入国的国内产业带来损害，反倾销规则规定可以通过提高关税，即征收反倾销税的方法来保护本国产业，确保贸易在公正竞争的状态下进行。

2. 反补贴

(1)补贴的定义。反补贴守则没有对补贴下定义。在补贴定义的谈判中，一般主张补贴是指政府的财政补贴，而美国认为即使没有财政补贴，对受益者产生利益的措施，也要看做补贴。反补贴协议规定，如果有政府，或者任何公共机构的财政授权，包括政府直接提供资金、政府提供一般社会资本以外的财物或服务，就可以认定有补贴。

(2)红灯补贴(被禁止的补贴)。应被禁止的补贴称为红灯补贴。

(3)黄灯补贴(可起诉的补贴)。如果补贴不是以特定企业为对象就属于黄色补贴，是允许提供的补贴，但如果在实施过程中损害另一方的国内产业，消除或妨碍其他成员方享受GATT第2条规定的关税减让利益，严重歧视另一成员方的利益，黄色补贴也会转化为"可申诉的补贴"。所以，黄色补贴在反补贴协议中又称为"可申诉的补贴"。

(4)绿灯补贴(不可起诉的补贴)。红灯补贴和黄灯补贴以外的补贴为绿灯补贴，在反补贴协议中称这类补贴是"不可起诉的补贴"。绿灯补贴不具有"专向性"，没有特别的实施限制，可以自由实施。

3. 纺织品、服装和农产品贸易的"回归"　长期以来，纺织品、服装和农产品贸易一直游离于GATT的多边自由贸易体制之外，存在不公平竞争。在乌拉圭回合中，经过各成员方努力，达成了纺织品服装协议和农业协议，逐步实现这些领域里的公平竞争。

4. 保护知识产权　知识产权的保护是基于法律所赋予发明创造者对其成果所享有的专有权利。知识产权主要包括：

(1)对文学、艺术和科学作品享有的权利；

(2)对演出、录音和广播享有的权利；

(3)对一切领域的发明享有的权利；

(4)对外观设计享有的权利；

(5)对商标、服务标识、厂商商标和标记享有的权利；

(6)对在工业、科学、文艺领域里一切智力活动所创造的成果享有的权利；

(7)对制止不正当竞争享有的权利等。

在乌拉圭回合中，经过各成员方的努力，达成了“与贸易有关的知识产权协定”，就不公平竞争行为做出了排除措施，以保护正当竞争。

5. 约束政府采购　各国政府优先和以优惠的价格购买本国的产品，对别国构成不公平贸易。乌拉圭回合把东京回合达成的并于 1981 年 1 月 1 日生效的“政府采购协议”进一步自由化，而且把范围扩展到服务领域，包括建筑服务、地方一级和公用事业单位的采购。新协议还加强了保证公平和无歧视的国际竞争条件的规则。例如，该协议要求参加方政府把国内政府及其采购程序置于监督之下。据此，受害的私人投标商能够对政府采购决定提出质疑，并能在这些决定和协议不符时，取得赔偿。

(五)鼓励发展和经济改革　经济学家和贸易专家普遍认为，WTO 体制有助于经济发展。他们还认识到，最不发达国家在实施 WTO 协议的时间方面需要灵活性。协议本身继承了原 GATT 中有关允许为发展中国家提供特别援助和对他们进行贸易减让的条款。1979 年在东京回合中，通过“授权条款”，为发达缔约方对发展中缔约方实行普惠制提供了永久性的法律依据。

目前超过 3/4 的 WTO 成员是发展中国家和转型经济国家。在乌拉圭回合长达 7 年半的谈判过程中，这些国家中有 60 多个自主地实施了贸易自由化计划。同时，发展中国家和转型经济国家在乌拉圭回合中比在以往任何一轮中表现得都积极、都更有影响力。

这一趋势有效地消除了关于多边贸易体系只为发达国家存在的看法，也改变了过去对发展中国家免除某些 GATT 条款和协议义务的侧重点。

在乌拉圭回合结束时，发展中国家准备承担要求发达国家承担的大部分义务。但协议的确为他们规定了过渡期，以便适应那些更不熟悉和可能是更困难的 WTO 条款，对最贫困、最不发达的国家尤其如此。回合结束时通过的一项部长决定给予最不发达国家在实施 WTO 协议方面更多的灵活性。决定指出，富裕国家应对来自最不发达国家的出口产品加快实施市场准入承诺，决定还寻求增加对他们的技术援助。

WTO 协议中给予发展中缔约方优惠待遇的基本情况：

(1)允许发展中成员方用较长的时间履行义务，或有较长的过渡期。如在农产品关税削减上，发达国家在 6 年内使关税降低 36%，而发展中成员方在 10 年内使关税降低 24%，最不发达国家免除降税义务；在与贸易有关的投资措施协定要求，对外资企业不可采用“当地成分”、“外汇平衡”措施，发达国家成员在 2 年内取消，发展中国家成员则可有 5 年过渡期，最不发达国家成员有 7 年过渡期。

(2)允许发展中成员方在履行义务时有较大的灵活性。如农业协议规定，原则上取消并禁止进口数量限制，但在特定的条件下，对发展中成员方给予特殊待遇，即仍可采用进口限制措施，通常可长达 10 年之久。

(3)规定发达国家成员对发展中国家成员提供技术援助，以使后者得以更好地履行义务。例如，服务贸易总协定规定，发达国家成员要在技术获得、销售渠道、信息沟通等方面帮助发展中国家成员，并主动向发展中国家成员更多地开放自己的服务市场。又如，与贸易有关的知识产权协定规定，发达国家成员向发展中国家成员提供财政和技术援助.帮助后者有效地履行知识产权协定。

(六)区域性贸易安排　区域性贸易安排是指一些国家通过协议组成经贸集团，成员内部相互免除或减少进口贸易壁垒。GATT 和 WTO 承认，通过更自由的贸易促使成员国经济更趋一体化有一定价值，因此，如果符合特定的严格规定，允许这些经贸集团存在，并将其视为最惠国待遇一般的例外。其目的在于保证这些安排能便于集团内部的贸易，而又不提高对非成员方的贸易壁垒。

区域经贸集团可以采取关税同盟或自由贸易区的形式。在这两种形式下，集团内成员之间的关税和其他贸易壁垒要逐步取消。在自由贸易区内，每个成员可以保留各自的对外贸易政策，而关税同盟则对非成员实行统一的关税。但无论哪种形式，影响经贸集团成员与非成员之间贸易的关税和规章，都不能比经贸集团建立以前更高或更加苛刻。

(七)透明度原则　保持 WTO 各成员方政策和措施的充分透明，是其实现总体目标的重要保证也是各成员方根据 WTO 有关规定，维护正当权益，保持多边贸易体制在开放、公平、无扭曲竞争的基础上，健康发展的重要保证。在 GATT 乌拉圭回合中，通过建立“贸易政策审议机制”，使透明度原则得以继承和加强。

(1)透明的内容。①海关的有关规定诸如产品分类、估价、税捐和其他费用的征收率；②影响货物销售、分配、保险、仓储等的法令，条例；③各成员方政府机构之间缔结的影响国际贸易政策的规定等。

(2)保持透明的措施。①未经公布的贸易政策，不得实施；②各成员方维持或尽快建立司法的、仲裁的法庭或程序；③确认成员方已有的调查程序，但要向成员方全体提供该程序的详尽资料。

二、审议机制和保障措施

(一)设立贸易政策评审机制

1. 评审内容

(1)成员方贸易政策与措施;

(2)贸易政策的背景。

2. 评审对象与期限　所有成员方均要接受定期评审,依据各成员在世界贸易中的比重确定评审期,世界上最大的4个贸易体(美国、欧盟、日本、加拿大)每2年接受一次评审。在世界贸易中,排名第5至第20位的16位成员每4年接受一次评审;其余成员每6年或8年接受一次评审。

在评审期间,受评审的成员方的贸易政策措施发生重大变化时,必须及时向贸易政策评审机构提出简要报告。

世界贸易组织秘书处负责起草政策评审结果报告,公布并提交给WTO部长级大会审议。

(二)允许例外和实施保障措施　WTO继承并发展了GATT允许例外和实施保障措施的原则。考虑到成员经济发展水平的差异、经济发展中出现的不稳定以及突发因素的破坏作用,故允许成员采取例外和保障措施,即不承担和履行已承诺的义务,对进口采取紧急的保障措施(如提高关税、实施数量限制和特殊限制等)。

1. 保障措施协议　乌拉圭回合的保障措施协议由前言和9个部分共38条组成,此外还包括一个附录。

(1)保障措施条件。第2条至第15条是本协议最重要的部分,详细规定了缔约方实现保障措施应当遵循的条件。作为进口国如需要采取保障措施,其条件必须是该产品进口数量急剧增加,对本国国内相同产品或直接相关的产品造成严重损害或严重损害的威胁。

(2)保障措施的适用。进口国成员应在防止或补救严重损害同时又容易调整的必要程度内实施保障措施。

2. 例外的条件、商品与国家

(1)防止或缓和出口成员的粮食及必需品的严重匮乏;

(2)多种纤维安排已有的数量限制;

(3)缓解严重的国际收支赤字和急剧增长的贸易逆差;

(4)维护一国的公共道德,如限制烈性酒;

(5)维护居民和动植物的生命安全;

(6)黄金白银进出口；

(7)维护知识产权；

(8)监狱劳动产品；

(9)涉及保持传统文化的艺术品和文物；

(10)维护国家安全；

(11)发展中国家成员尤其是最不发达国家成员；

(12)因承担义务而出现的严重损害或严重损害威胁；

(13)为保证经济发展或经济过渡计划的完成；

(14)经贸集团之间相互的优惠等。

3. 实施保障措施的约束条件

(1)无歧视地实施数量限制；

(2)实施保障措施以前的调查要公开化；

(3)在紧急情况下，进口成员采取的临时性保障措施，不许超过200天，且须提供明确证据；

(4)实施保障措施的期限一般不超过4年，因特殊原因需延长者，也不能超过8年；

(5)不得寻求、采取或维持任何自愿出口限制、有秩序的出口销售安排等措施；

(6)建立对所有成员的保障措施委员会，以监督实施保障措施的正当性。

第二节　世界贸易组织的争端解决机制

一、争端解决机制的作用

如果没有一个解决争端的办法，那么以规则为基础的体制将因为其规则无法实施而变得毫无价值。WTO“关于争端解决规则与程序的谅解”指出：“WTO的争端解决制度是保障多边贸易体制的可靠性和可预见性的核心因素。”WTO的争端解决程序强调法治，并使多边贸易体制更安全和可预见。

WTO成员承诺，不应采取单边行动以对抗其发现的违反贸易规则的事件，而应在多边争端解决制度下寻求救济，并遵守其规则与裁决。

WTO总理事会作为争端解决机构(DSB)召集会议，以处理根据乌拉圭回合最后文件中的任何协议提起的争端。这样，争端解决机构具有独断的权力以建立专家小组，通过专家小组做出上诉报告，保持对裁决和建议的执行和监督，在建议得不到执行时，授权采取报复措施。

“谅解”同时强调，迅速解决争端对于WTO有效的运作是基本的要求。因此，它非常详细地规定了解决争端所应遵循的程序和时间表。WTO争端解决机制的目的在于“为争端寻求积极的解决办法”。因此，对于成员之间的问题，它鼓励寻求与WTO规定相一致的、各方均可接受的解决办法。并通过有关的政府之间的双边磋商，找到解决的办法。因此，争端解决的第一阶段要求进行磋商。如果磋商失败了，并经双方同意，在这个阶段的案件才可以提交给WTO的争端解决机构。

WTO争端解决机制是以明确定义的规则为基础的，并规定了结案的时间表。第一次裁决由专家组做出，并由WTO全体成员通过或表决。还可以根据法律点进行上诉。

然而，重要的不是做出裁决，首要目的是在可能的情况下，通过磋商解决争端。截止1997年初，71个案件中只有19个是“庭外”解决的，未经过专家组的全部过程。

二、争端解决的原则

WTO成员同意，如果他们认为其他成员正在违反贸易规则，他们将使用多边贸易体制的争端解决机制，而不是采取单边行动。这意味着遵守议定的程序和尊重判决。

典型的情况是，当一WTO成员采取了一项贸易政策措施或某些措施，被一个或多个WTO成员认为违反了WTO协议或未能履行义务，争端即告产生。第三方国家可以宣布，他们与此案有关并享有一定权利。

原GATT中有争端解决程序，但没有确定的时间表，裁决也更容易被阻挠，而且许多案件久拖不决。乌拉圭回合协议引入了一个结构上更健全、各阶段界定更明确的程序。协议对解决案件应使用的时间做了更严格的规定，对程序中各阶段规定了灵活的最后期限。协议强调，迅速解决争端对WTO发挥作用是至关重要的，并非常详细地规定了解决争端须遵守的程序和时间表。如果一个案件经过全过程直到做出首次裁决，则一般不应超过1年，如果上诉，则不应超过15个月。议定的时间是灵活的，如果案件被认为是紧急的(如涉及易腐商品)，则案件不应超过3个月。

乌拉圭回合协议还使案件的败诉方不能阻挠裁决获得通过。在以前的GATT程序中，裁决只能在协商一致的情况下通过，这意味着任何一方的反对都将阻挠裁决获得通过。而现在，裁决是自动获得通过的，除非各方协商一致同意否决一项裁决。任何想阻挠裁决获得通过的国家都必须说服其他所有WTO成员，包括案件中的对手。

虽然程序的大部分内容的确与法庭一样，但最好的解决办法还是由有关国家讨论他们的问题，自己解决争端。因此，第一阶段是有关国家政府之间进行磋商，甚至当案件已经发展到其他阶段时，磋商和调解仍然是有可能的。

三、争端解决的程序

WTO 成员如有争端，应先行协商，在一方提出要求后的 30 天内，必须开始协商。如 60 天后未获解决，一方可申请成立专家小组(Panel of Experts)。争端解决机构(DSB)在接到申请后的第二次会议上必须做出决定，即同意或不同意成立专家小组，只有争端解决机构全体反对，专家小组才不能成立。这意味着在 WTO 体制下比 GATT 更容易成立专家小组，这说明 WTO 解决争端的机制在加强，因为在原 GATT 多边贸易体制下，可以“协商未完”为借口拖延专家小组的成立。

(一)磋商　磋商是争端解决的第一阶段，最长可达 60 天。在采取任何行动之前，争端国家都必须进行磋商，以寻求自行解决彼此间分歧。如果磋商失败，他们也可以要求 WTO 总干事进行调解，或以其他任何方式提供帮助。

(二)专家组审查　专家组(Panels of Experts)类似法庭，但与一般的法庭不同。专家组成员一般是在与争端国家磋商后选定的。只有在双方不能达成一致时，才由 WTO 总干事任命专家组成员，通常这种情况很少发生。专家组由 3 名(有时是 5 名)来自不同国家的专家组成，负责审查证据并决定谁是谁非。专家组报告提交给争端解决机构，该机构只能在协商一致的情况下才能否决这一报告。每一案件的专家组成员可从一份常备的符合资格的候选人名单中选择，或从其他地方选择。他们以个人身份任职，不能接受任何政府的指示。

如果磋商失败，申诉国可以要求任命专家组。WTO 总干事在 45 天内任命专家组，专家组在 6 个月内做出结论。被告成员可以阻挠专家组的成立，但只能是一次。在争端解决机构召开第二次会议时，任命就不能再被阻挠了，除非各方协商一致反对任命专家组。

专家组帮助争端解决机构做出裁决或提出建议。但由于专家组的报告只能在协商一致的情况下才能在争端解决机构中被否决，因此其结论是很难被推翻的。专家组的结论必须根据报告中引用的协议。

专家组的报告通常应在 6 个月内提交争端各方。在紧急案件中，包括那些易腐商品有关的案例，期限可缩短为 3 个月。

(三)专家组工作程序

1. 第一次听证前　争端各方以书面形式向专家组提交案情。

2. 第一次听证　案件的申诉国(一个或多个)、被申诉国以及宣布与争端有关的国家，在专家组第一次听证会上陈述案情。

3. 反驳　在专家组第二次会议上，有关各国提交书面反驳并进行口头辩论。

4. 专家　如果一方提出科学的或其他技术性问题，专家组可以咨询专家或指定一个专家审查组准备咨询报告。

5. 第一稿草案　专家组将报告中的描述部分(事实与论据)提交双方，并给出两周时间做出评论。这份报告不含调查结果和结论。

6. 中期报告　专家组随后向双方提交一份中期报告，包含调查结果和结论，并给出一周时间提供进行审议的要求。

7. 审议　审议的时间不得超过 2 周。在此期间，专家组还可与双方举行另外的会议。

8. 最终报告　最终报告提交双方，3 周后散发全体 WTO 成员。如果专家组认为产生争端的贸易措施确实违反了 WTO 协议或一项义务，则会建议使该措施符合 WTO 的规则。专家组可以建议如何进行这一工作。

9. 报告成为裁决　报告在 60 天内成为争端解决机构的裁决或建议，除非各方协商一致否决报告。双方均可就报告提出上诉，而且在有些案件中，双方都是这样做的。

(四)上诉　任何一方均可就专家组的裁决提出上诉，有时双方都这样做。上诉必须根据法律点，如法律解释等，而不能重新审查现有证据或审查新的证据。

每一起上诉都由 7 名成员组成的常设上诉机构中的 3 名成员进行审理，上诉机构由争端解决机构设立，广泛代表 WTO 的成员，其成员任期为 4 年，他们必须在法律和国际贸易领域具有公认地位，不隶属于任何政府。

上诉可以确认、修改或推翻专家组的法律调查结果和结论。一般情况下，上诉不应超过 60 天，最长绝对不能超过 90 天。

争端解决机构必须在 30 天内接受或否决上诉报告，而否决只能是协商一致才可以。

(五)争端解决需要的时间　争端解决程序每一阶段的大约时间为目标数字，协议对此的规定是灵活的。此外，各成员可在任何阶段自行解决争端。

(1)磋商、调解等 60 天；

(2)建立专家组并任命其成员 45 天；

(3)最终报告提交各方 6 个月；

(4)最终报告提交 WTO 各成员 3 周；

(5)争端解决机构通过报告(如无上诉) 60 天；

总计(如无上诉) 1 年。

(7)上诉机构报告 60～90 天；

(8)争端解决机构通过上诉机构报告 30 天；

总计(上诉)1 年 3 个月。

(五)案件裁决后的工作　即使案件已做出裁决，在采取贸易制裁(传统的惩罚形式)前，还有更多的事情要做。这一阶段的首要任务是败诉的“被诉方”使其政策符合裁决或建议。争端解决协议强调，“及时遵守争端解决机构的建议或裁决，对于为了所有 WTO 成员利益而保证有效解决争端是至关重要的。”

如果作为申诉目标的国家败诉，它必须遵守专家组报告中或上诉机构报告中的建议，须在报告通过后 30 天内举行的争端解决机构会议上表明这样做的意向。如果立即遵守建议证明是不切实际的，该成员将被给予“合理期限”来这样做。如果在合理期限内未能做到，它必须与申诉国(一个或多个)进行谈判，以议定双方都能接受的补偿，如在对申诉国有特殊利益的领域削减关税。

如果 20 天后，未能议定满意的补偿，申诉方可要求争端解决机构允许其对另一方进行有限的贸易制裁(“暂停减让或义务的实施”)。争端解决机构应在合理期限结束后 30 天内给予上述授权，除非各方协商一致反对该项请求。

原则上制裁应对产生争端的部门进行。如果这样做不实际或无效，制裁可以针对同一协议管辖的不同部门进行。如果这样做仍无效或不实际，且情况足够严重，制裁可针对另一个协议管辖的领域进行。目标是要使制裁尽可能不扩大到无关的部门，同时保证制裁有效。

在任何案件中，争端解决机构负责已经通过的裁决的实施情况。任何未决案件都将留在争端解决机构的日程上，直到问题得到解决。

第三节　WTO 贸易政策审议机制

一、贸易政策审议的目的

除了提供争端解决机制之外，WTO 还是对成员贸易政策进行定期审议的场所。这些审议具有双重目的。首先，了解成员在多大程度上遵守和实施多边协议(在可能的情况下，包括诸边协议)的纪律和承诺。通过定期审议，WTO 作为监督者，要确保其规则的实施，以避免贸易摩擦。其次，提供更大的透明度，更好地了解成员的贸易政策和实践。

二、贸易政策审议的期限

贸易政策审议的频率取决于各成员在世界贸易中所占的份额。最大的四方每2年审议一次，目前这四方是欧盟、美国、日本和加拿大。紧接着的是贸易量5～20的16个成员，每4年审议一次。其余成员每6年审议一次，最不发达国家审议间隔期限更长。

审议的基础由以下文件构成

（1）由接受审议的成员准备的全面报告；

（2）由秘书处根据自己的职权准备的报告，报告中包括有关成员提供的情况及通过访问该成员得到的其他有关情况。

三、贸易政策审议的主持机构

总理事会承担贸易政策审议机构工作。在审议结束后，公布国别报告和秘书处准备的报告，以及讨论的记录。

第十二章　农业协议

第一节　乌拉圭回合农业谈判

一、乌拉圭回合农业谈判的背景

长期以来，农产品贸易一直作为一个特殊的领域游离于国际贸易纪律的有效约束之外，农业保护始终深深地植根于发达国家的国内农业政策之中，以至于在几轮关贸总协定多边贸易谈判中，尽管农业贸易问题被试图纳入总协定的管理框架，却常常在实际中不能如愿以偿。关贸总协定肯尼迪回合(1964—1967年)曾把农业贸易问题列为该轮多边贸易谈判的议题之一，美国提出大幅度削减农产品进口关税，并要求取消进口数量限制，但遭到欧盟的拒绝，因而该轮谈判未能就抑制农业保护主义取得实质性的成果。同样，在1973—1979年长达五年的东京回合谈判上，也因为美欧两个农产品贸易大国的冲突，在众多的农产品的议案中，最后仅就牛肉和奶制品达成了两项协议，农业贸易自由化进展甚微。

在当时的关贸总协定农业多边贸易体制下，由于对农业保护主义不能有效地的约束和抑制，因而发达国家利用总协定的体制缺陷，极力推行农业支持和干预政策，造成农产品严重结构失衡和过量生产。而为缓解库存压力，处理剩余产品，发达国家又采取巨额出口补贴向国际市场倾销农产品，以致20世纪80年代初以来，国际农业贸易冲突不断升级，严重扭曲了国际农产品市场，同时也增加了发达国家的消费者及纳税者的负担，对发达国家的宏观经济也产生了严重不利的影响。

1986年“乌拉圭回合”谈判开始时，农业贸易问题被确定为本轮谈判的中心议题。农业谈判主要在三大利益集团之间展开，即美国，欧共体和凯恩斯集团。由于大幅度削减农业生产补贴和出口补贴对美国极为有利，而有可能使欧共体处于明显的竞争劣势和导致严重的社会问题，同时，美欧的出口补贴大战和对本国农产品市场的保护使凯恩斯集团出口损失惨重，这样使三方利益尖锐对立导致农产品贸易谈判面临巨大困难，一直在希望与失望的反复中艰难进行。在审议各种提议和意见的谈判初期似乎一切都有希望，但随着向实质性问题的接近，分歧便呈尖锐化的态势。乌拉圭回合原计划用四年的时间完成各项议题的谈判任务，然而由于农产品贸易谈判不时地充满火药味，谈判代表们多次闹得愤愤而散，致使谈判几度陷入破裂的边缘。

二、乌拉圭回合农业谈判的目标

乌拉圭回合确定的农业谈判目标是，建立一个没有政府干预、扭曲的贸易环境；农业贸易完全置于强化了的且行之有效的关贸总协定体制的约束与监督之中；有一个灵活处理农业结构调整与收入不稳定等国内问题的合理途径，减少世界农产品市场波动、失衡和不稳定因素。因此，本轮谈判把以下三个方面的问题作为农业贸易多边谈判的主要议题：

(1)通过削减进口壁垒来改善进入市场的条件；

(2)改善竞争环境，加强一切直接或间接影响农产品贸易的直接或间接补贴，以及其他措施的使用规则(包括逐步减少它们的消极影响和探究其根源)；

(3)减少卫生及植物检疫条例、避免可能对农产品贸易产生的消极影响，由此实现农业贸易更大的自由化，把一切影响进入市场和出口竞争的措施置于关贸总协定规则及纪律约束之下。

三、乌拉圭回合农业谈判的艰难历程

农业谈判困难重重，谈判实际上被几个主要农业贸易国(主要是美国、欧盟)的利益冲突所左右。在乌拉圭回合的初期，美国向关贸总协定提交了关于“农业贸易改革框架”的“零点方案”，提出10年内取消农业补贴，并最终于2000年取消对农业贸易的补贴保护。这一方案受到“凯恩斯集团”等中、小农产品出口国的支持，但欧盟迫于国内政治集团的压力和为保护农业生产发展水平参差不齐的成员国的利益，认为美国所指向的“共同农业政策”(CAP)是主权问题，不容谈判，仅同意在某些方面逐步恢复正常贸易秩序，而坚持认为，“零点方案”不合实际，由此使谈判处于僵持状态。

美欧双方在后来的谈判中，虽然互相作了一定的让步，但仍不能达成统一的协议。有鉴于此，1991年12月，关贸总协定总干事邓克尔向各方提交了一份“主席裁定案文”的一揽子文件草案(一般称之为《最后文件草案》)，以期尽早结束谈判。该文件规定如以1986－1990年作为基年统计，按财政支出来计算，农业出口补贴削减幅度为36%，按数量形式来计算，削减幅度则为24%，在1993－1999年之间完成。以1986－1988年为基年统计，直接付给农民的国内补贴也会在上述同一时期削减20%。所有的非关税壁垒(如配额等)都需转换成关税，在1993－1999年之间，关税的平均削减幅度为36%。然而，这个方案也被欧盟所拒绝，谈判再次陷入僵局。

此后，又经过多次艰苦的谈判，美欧双方终于作出让步，于1992年11月20日达成了《布莱尔大厦协议》，其主要内容是：进口壁垒关税化，并在其1986—1988年平均关税等值的基础上降低36%；出口补贴的预算支出和有补贴的产品出口量在1986—1990年基础上分别削减36%和21%；国内支持总额(AMS)从1986—1988年的基础上减少20%，但产量控制计划的直接支付款项不在减少之列；1995年欧盟市场准入为基准期1986—1988年消费的3%，到2000年增加至5%。此外，《布莱尔大厦协议》还规定1995—1996年度欧共体油料作物种植面积不得超过512.8万公顷，以后逐年减少，减少的面积要反映出欧盟可耕作物面积的年休闲比率，但无论如何不得低于基础面积的10%。在此基础上，谈判各方终于在1993年12月15日签署了《乌拉圭回合农业协议》(即世贸组织农业协议)。

第二节　农业协议的主要内容

一、WTO农业协议的基本框架

世贸组织农业协议即乌拉圭回合农业协议。乌拉圭回合谈判达成的农业协议由4个部分构成：

(1)农业协议主文件；

(2)各谈判方在市场准入、国内支持和出口补贴方面作出的减让和承诺；

(3)关于卫生和植物卫生措施的协议；

(4)关于最不发达国家和净粮食进口发展中国家的决定。

农业协议主文件包括序言、10个文本部分和5个附件。

1. 协议序言　协议序言是协议的重要组成部分，它阐明了农产品贸易谈判中各缔约方制定协议的基本原则和重要的承诺。

在基本原则方面，协议首先阐明各缔约方决定谈判的目标是要建立一个发动农产品贸易改革的运动，即建立一个公平和市场主导的农产品贸易体制，并顾及到应当通过在国内支持和保护方面的承诺谈判来建立起强有力的、在操作上更为有效的规则来推动改革体制工作。

序言进一步说明农产品贸易体制改革的长期目标是从根本上逐步实现减少现存的农业补贴和保护，其最终结果是纠正和防止世界农产品市场中存在的种种限制和扭曲现象。序言指出，各缔约方在市场准入、国内支持、出口竞争，以及在卫生和植物检疫等问题上达成了协议。并且，各缔约方一致认为，在实施市场准入的承诺时，发达国家缔约方应考虑到发展中国家缔约方的特殊需要和条件，特别是对这些国家缔约方具有特殊利益的农产品的进入条件和机会(如热带农产品等)。序言的最后部分要求在承诺中考虑到某些非贸易因素，包括食品保障和环保需要，考虑到同意给予发展中国家特殊的差别待遇，考虑对最不发达的食品净进口的发展中国家实行改革计划可能产生的负面效应。

2. 协议文本　第一部分包括术语定义(第一条)和产品范围(第二条)；第二部分包括减让与承诺(第三条)；第三部分包括市场准入减让(第四条)、特别保障规定(第五条)；第四部分包括国内支持承诺(第六条)、国内支持的一般准则(第七条)；第五部分包括出口竞争承诺(第八条)、出口补贴削减承诺(第九条)、防止规避出口补贴承诺(第十条)、关键产品(第十一条)；第六部分包括出口禁止和限制准则(第十二条)；第七部分包括正当限制(第十三条)；第八部分为卫生与植物卫生措施(第十四条)；第九部分为特殊待遇和差别待遇；第十部分为最不发达国家与食品净进口的发展中国家(第十六条)；第十一部分为农业委员会包括对各种承诺的执行(第十八条)、协商和争端解决(第十九条)；第十二部分为继续开始改革工作(第十二条)；第十三部分为最后条款(第二十一条)。

3. 协议附件　附件1规定了协议所涉及的农产品范围；附件2列明了可免除减让承诺的国内支持措施，附件3对国内综合支持量(AMS)的计算作了明确规定；附件4规定了国内综合支持量的计算方法；附件5明确了第四条第2款方面的特殊待遇。

农业协议从1995年1月1日至2000年12月31日时间内实施，发展中国家为10年。各谈判方同意在实施期结束前一年开始进行谈判，继续这一改革进程。概括而言，农业协议允许各国政府对农业给予支持，但最好是采取那些对贸易扭曲程度小的政策。协议还允许在实施承诺的方式上可以有一些灵活性，发展中国家削减补贴和降低关税的程度不必等同于发达国家，发展中国家被给予更多的时间完成义务。针对食品供应依赖进口的国家和最不发达国家的利益，协议做了特殊规定。

(一)市场准入条款　由于许多国家(尤其是发达国家)用关税及名目繁多的非关税壁垒来限制他国农产品进入其国内市场，导致了世界农产品贸易的不公平竞争，妨碍了农产品贸易自由化的实现。为此，农业协议要求各方尽力排除非关税措施的干扰，并通过了将非关税壁垒关税化，禁止使用新的非关税壁垒的规定，来削减农业贸易领域现存的非关税壁垒。此外，各方还达成了增加农产品市场准入机会的协议，以促进农产品贸易自由化的实现。具体规定为：

1. 关税化　协议只允许使用关税这个手段对农产品贸易进行限制，所有进口数量限进口差价税、最低进口价格，任意性进口许可证，经营国家专控产品的单位所保持的非关税措施，自愿出口节制，以及普通关税以外的同类边境措施等非关税措施均须转化为进口关税。具体包括：

(1)现行的非关税壁垒措施应转化成相应的关税等值。

(2)关税等值的计算方法是：某种农产品的关税等值(使用了非关税措施)＝该产品的国内市场平均价格－该产品或相近产品的国际市场平均价格。

(3)关税等值用来制订农产品进口的从量税或从价税(即建立相应的关税)。

(4)农产品加工品的关税等值＝农产品原料的关税等值×农产品原料占农产品加工品的比重。

(5)根据“大米条款”(乌拉圭回合结束的最后时刻，为争取日本与韩国签署而专门对大米贸易作出的“网开一面”规定)，协议允许成员方在一定条件下，对某项产品(大米)延迟一段时间再进行关税化。同时规定：允许发达国家延迟到《协议》执行期满(2000年)，届时该国若在别的方面作出减让，仍可就再度延迟问题进行谈判并商定。但作为延迟的交换条件，该产品(大米)市场准入量应从基期占国内消费的4%增加到执行期满时的8%。发展中国家可延迟10年，市场准入量由1%增加到4%。

2. 关税减让　协议要求各方承诺在实施期限内，将减让基期的关税(包括新量化成的“税率”)削减到一定水平。

(1)减让基期：1986－1988年。

(2)实施期限：从1995年开始，发达国家为6年，发展中国家为10年。

(3)减让承诺。协议规定，从1995年开始，分年度执行减让承诺。具体包括：发达国家将以1986－1988年为基础，按简单算术平均计算的税率削减36%，发展中国家削减24%；每项产品的关税税率至少削减15%(发达国家至少削减24%，发展中国家削减10%)；约束所有关税(包括关税化的关税)，即各缔约方的任何一项农产品进口执行关税均不得超出其所承诺的减让水平。若有关关税税率已经是约束税率，则将其视为现行约束税率。否则，将1986年9月1日实施的关税税率视为约束税率。

3. 保证最低市场准入　协议规定，属于必须进行关税化的农产品，当基期(即1986－1988年)的进口不足国内消费量的5%(发展中国家为3%)时，则该国承诺建立最低进口准入机会。在协议实施期间的第一年，该国应给予的进口准入机会为基期国内消费量的3%，在实施期限结束时，应扩大到5%；最低市场准入的实施通过关税配额来进行，也就是为确保最低市场准入量的农产品进入本国市场，各方应保证所承诺的最低准入进口数量能享受较低的或最低的关税，但对超过该进口量的任何进口则可征收关税化后的高关税。

4. 维持现行市场准入　当出现与协议规定的最低准入条件相反的情况时，即一国某种农产品（须进行关税化的产品）在基期（1986－1988 年）的进口超过其国内消费量的 5%时，协议要求该国维持基期已经存在的市场准入机会。也就是说，该国可保持其现行的关税等值。

5. 特殊保障条款　协议对需要进行关税化的农产品建立了一个特殊保障机制，即当某种农产品进口突然增加，或价格遽跌到一定限度时，允许进口国对该产品征收一定的附加税。特殊保障机制有两种形式，一为对付数量急增的“数量触发”，另一为对付价格遽跌的“价格触发”。进口数量触发指：当农产品某年度的进口数量超过前 3 年进口量的平均水平（即触发水平，是依据该进口国的进口量占消费量的比例而确定的），则该进口国可动用此特殊保障条款，但税额最高只能达到约束税率的 1/3，且加征期以当年为限。价格触发指当进口产品价格下降且低于 1986－1988 年进口参考价格平均水平的 10%时，可动用特殊保障条款。

6. 实行特殊和差别待遇　协议放宽了对发展中国家市场准入的要求，表现在发展中国家的平均关税减让承诺为 24%（发达国家为 36%），每项产品的最低减让为 10%（发达国家为 15%），实施期限为 10 年（发达国家为 6 年）；发展中国家可灵活地建立关税上限约束（因国际收支困难而维持限制的发展中国家，可免除将数量限制关税化的义务，但必须约束其关税。实际上，发展中国家通常使用上限约束的方式，将关税约束在比现行关税税率高出许多的水平上）；最不发达国家虽然也进行关税化及关税约束，但可免于减让承诺。

（二）国内支持条款　各国（地区）采取措施支持农业生产，既有其必要性，但又是造成国际农产品贸易不公平竞争（贸易扭曲）的主要原因之一。乌拉圭回合农产品贸易谈判就如何区分“贸易扭曲性生产措施”和“非贸易扭曲性生产措施”进行了艰苦而又细致的讨论，最终将不同的国内支持措施分为两类，一类是不引起贸易扭曲的政策，称“绿色”政策或称“绿箱”政策，可免予减让承诺。另一类是产生贸易扭曲的政策，叫“黄色”政策（Amber Policies），协议要求各方用综合支持量（Aggregate Measurement of Support 简称 AMS）来计算其措施的货币价值，并以此为尺度，逐步予以削减。

1.“绿箱”措施　农业协议规定：政府执行某项农业计划时，其费用由纳税人负担而不是从消费者转移而来，没有或仅有最微小的贸易扭曲作用，对生产的影响很小的支持措施，以及不具有给生产者提供价格支持作用的补贴措施，均被认为是“绿箱”措施，属于该类措施的补贴被认为是绿色补贴，可免除削减义务。主要包括以下几项：

（1）由公共基金或财政开支所提供的一般性农业生产服务。具体内容为农业科学研究,包括环境项目研究和特定农产品研究;病虫害控制,包括一般性控制和针对具体产品的控制,例如自然灾害的预报服务、检疫和抗灾行动等;农业科技人员和生产操作培训,包括建设培训教育设施;技术推广和咨询服务,如向生产者和加工者提供生产技术、传播信息和研究成果等;检验服务,包括一般性检验和出于卫生、安全、分类或标准的目的而对特定农产品进行的检验;市场促销服务,如提供市场信息和营销咨询及承担促销策划等,但这类支持不能导致本国产品对他国(地区)产品进行低价竞争;农业基础设施建设,如电网、道路;市场、港口、供水、防洪、排水及环保项目的建设等,但这类支持措施的资金支出只能用于基础设施工程项目的建设,不得用于对农业生产者提供直接的现金补贴。

(2)为保障粮食安全而支付的储存费用。粮食的安全供应问题对任何国家(地区)的政府来说都是至关重要的,但粮食的生产周期长(通常为1年),因此粮食储备对任何社会都是必需的。由于各国(地区)政府都必然致力于稳定粮食价格,导致私人储存一般无利可图,从而使政府负担粮食储存费用成为必然。因此,无论是政府直接以财政开支来维持粮食储备,还是为私人储备提供财政补贴,都是"协议"所允许的,但这类开支或补贴均不得表现为高价收购储备粮食或低价销售储备粮食。并且,储备性补贴必须保持充分透明和符合储备需要(即粮食储备性补贴不得过度)。

(3)粮食援助补贴。赈济本国(地区)饥民是每个政府所必须承担的责任,而为低收入居民保障粮食供给也是许多政府需要承担的义务。为此目的而作出的财政开支或对非政府援助行动减免税收均是正当的补贴。粮食援助补贴只能采取向符合受援资格的居民提供粮食或以补贴价格供应粮食的方式,政府所采购的援助粮食必须按市价采购(即不得高价采购),并且粮食援助行动还必须保持充分透明。

(4)单亲家庭农场补贴。许多国家(特别是发达国家)的农业基本生产单位是家庭农场,在那里如果由于某种原因而成为单亲家庭农场,其农场收入便会大打折扣,因此,对这类农场的最低收入提供保障性补贴是合理的,但这类补贴的发放必须基于合理的和明确的标准(如收入标准、农业生产者身份或土地所有者身份标准、生产水平标准等),并且要保证不会使接受补贴者获得额外的生产优势。

(5)一般性农业收入保障补贴。在农产品贸易自由化的环境下,市场变动或其他原因都有可能严重减少农业从业者的收入,这对农业生产肯定不利,为此政府实施适当的补贴是正当的。但这类补贴必须符合以下规定:接受补贴的生产者收入损失量必须为全体农业生产者平均收入的30%以上;接受补贴的生产者收入损失量必须超过其正常年份收入的30%以上;有关补贴应仅针对收入的减少,而不应针对产品或产量;若收入减少有自然灾害因素,则可同时适用收入保障补贴和自然灾害补贴，但补贴总量必须低于收入损失量的100%。

(6)自然灾害救济补贴。这类补贴在符合以下规定的情况下属"绿箱"补贴，即必须基于实际发生的灾害(包括一切不可抗事故)，补贴必须基于实际损失(包括收入损失、牲畜损失，土地及其他生产要素损失等)，补贴量不得超过实际损失量。

(7)农业生产者退休或转业补贴。这属于农业生产结构调整性补贴。小型家庭农场主的退休或转业，有利于农业集约化生产和提高生产效率，但补贴的发放必须基于合理的和明确的标准。

(8)农业生产资源闲置补贴。这类补贴应按照退出农业商品生产的资源，确立明确的受援标准，例如基于土地休耕的补贴应仅发放给休耕三年以上的土地。这类补贴措施不得以将有关资源投入特定的农产品生产作为受援条件，或以干预农产品市场价格为目标。

(9)农业生产结构调整性投资补贴。这类补贴可根据政府的农业生产结构调整规划而进行相应调整，但补贴应基于明确的结构调整规划和受援标准，并不得以有关农产品的市场价格作为补贴措施的目标。

(10)地区发展补贴。这类补贴是向农业生产条件明显不利的地区所发放的，受援地区应基于明确的和合理的标准加以认定，所谓"不利的生产条件"必须是长期性的。为此而发放的补贴必须是受援地区农业生产者普遍能够获得的，补贴额应限于该地区的平均生产成本高出一般平均生产成本的部分。

2."黄色"(要求予以减让承诺)的政策范围　农业协议规定需要减让承诺的"黄色"政策包括价格支持，营销贷款，面积补贴，牲畜数量补贴，种子、肥料、灌溉等投入补贴，某些有补贴的贷款计划。但这些政策中也有些措施被免予减让。如按固定面积或者产量提供的补贴，根据基期生产水平85%以下所提供的补贴，按牲口的固定头数所提供的补贴。

(1)综合支持量(Aggregate Measurement of Support。简称AMS)。根据农业协议，综合支持量是指"给基本农产品生产者生产某项特定农产品提供的，或者给农产品生产者全体生产非特定农产品提供的年度支持措施的货币价值"。综合支持量是从经合组织(OECD)常用的PSE，(生产者补贴等值)演化出来的，两者基本相似。作为衡量国内支持的尺度或标准.两者均等于国内价格与世界市场价格的差额乘以生产量，再加上不按产量或价格提供的国内补贴的总和。农业协议要求各成员方以减让基期的综合支持量为尺度。作出减让承诺。

(2)减让基期。1986—1988年。

(3)国内支持减让承诺。农业协议规定对具体农产品(或所有农产品)的支持，只要其国内支持总额不超过该产品生产总值、(或农业生产总值)的5%(发展中国家为10%),就无须削减其国内支持;总综合支持量(总AMS)必须以1986—1988年的平均水平为基础,自1995年开始,发达国家在6年内逐步削减20%的AMS,发展中国家在10年内逐步削减13%的AMS。协议执行期间,任何国家每年的总AMS不能超过已经减让了的上年的水平;为满足某些生产限制需要而给予的直接支付(如美国的差额补贴),应计入总AMS中,但这不会对该国每年容许的AMS产生不利影响。该国可以自行决定政策的调整以便按要求减让AMS。

(4)信用。协议规定,如果一国自1986年以来已经减少了某些特定产品的支持,则该国可以对这些产品免予减让承诺。这一点是根据美国的要求而设立的。美国认为,由于在1985及1990年的美国农业法及预算法中,美国已经削减了对许多产品的支持,因而美国不需另外再作出减让以满足乌拉圭回合农业协议的要求。

(5)特殊和差别待遇.在国内支持承诺上,农业协议对发展中国家作了特殊规定。发展中国家只需削减13%的AMS,且实施期限增加到10年(发达国家需削减20%,实施期限为6年);发展中国家的一些"黄色"政策也列入免予减让的范围:如农业投资补贴;为鼓励生产者不生产违禁麻醉作物而提供的支持;对低收入或缺乏财力的生产者提供的农业投入品补贴等。

(三)出口补贴条款 出口补贴指依出口行为而给予的补贴,是最容易产生不公平竞争(贸易扭曲)的政府政策,乌拉圭回合之前的各轮谈判只是成功地对工业品出口补贴进行了限制,本轮谈判才在削减农业出口补贴上取得进展,并达成了以减让基期的出口补贴为尺度,在一定的实施期内逐步削减的有关协议。

(四)动植物卫生检疫措施条款 农产品贸易中的环境保护和动植物卫生措施是指各国(地区)出于保护居民、动物和植物的生命安全和健康的需要,而采取的某些限制农产品进口的措施。这类进口限制措施有其一定的合理性,但近年来在农产品贸易中存在着滥用这类措施以构筑贸易壁垒的现象。对此农业协议特别规定如下:

(1)不得以环境保护或动植物卫生为理由,变相限制农产品进口。

(2)对进口农产品的卫生检疫措施必须以科学证据(国际标准和准则)为基础,但在科学证据不充分时,成员方可根据已有的有关信息,采取临时卫生检疫措施。

(3)所有这类进口限制措施都必须在充分透明的前提下实施。

二、农业协议国内支持规则

(一)国内支持规则的内容 WTO农业协议涉及国内支持规则的条款较多,农业协议以"政府执行的农业政策和计划是否对生产和贸易产生扭曲作用"为标准,将各种国内支持措施划分为要求减让承诺的和可免除减让承诺的国内支持措施。

1. 要求减让承诺的国内支持措施　农业协议将那些对生产和贸易产生扭曲作用的政策称为“黄色”政策(Amber Polices),要求对其做出减让承诺。要求各成员方用综合支持量(AMS)来计算其措施的货币价值,并以此为尺度,逐步予以削减。

农业协议第 6 条第 1 款规定,成员减让表第四部分中的国内支持削减承诺是以“综合支持总量”及“承诺约束年水平与最终水平”的形式表示的。

2. 可免除减让承诺的国内支持措施　农业协议规定,一些国内支持措施可免除减让承诺,包括:“绿箱”措施,符合“最低减让标准”(De Minimis)的措施,“蓝箱”政策措施,符合“特殊和差别待遇”(Special and Differential Treatment,简称 SDT)的措施。

3. 其他国内支持规则

(1)和平条款。为了防止或避免单方面采取补贴或反补贴措施并形成贸易战,农业协议第 13 条规定了“必要的克制”条款,称“和平条款”。

(2)国内政策通报要求。农业协议第 18 条规定,所有 WTO 成员应将执行期中每一年份现行综合支持总量、绿箱措施、特殊和差别待遇以及蓝箱政策的任何措施作出通知,并就其符合有关标准的情况作出说明。

(二)农业国内支持水平的计算　根据世贸组织有关通知义务的规定,申请加入世贸组织的国家应履行农产品国内支持的通知义务。农产品国内综合支持量的通知是一项重要的内容。农业协议规定,各成员国必须用综合支持量(AMS)来反映各种国内农业支持措施的货币价值。

1. 综合支持量　所有有利于农业生产者的国内支持措施的货币价值和支持等值计为总综合支持量,即:总综合支持量=所有特定农产品的综合支持量+所有非特定农产品综合支持量+所有特定农产品支持等值。

2. 特定农产品综合支持量　政府通过市场价格支持,非免除直接支付等手段向具体农产品提供的货币支持均应计人特定农产品支持等值。

3. 非特定农产品综合支持量　没有或不能包含在特定农产品综合支持量中的措施,则应计算其非特定农产品综合支持量。通过累计投入补贴(如肥料和运输补贴)、信贷以及其他财政上的投入援助等所有非免除特定农产品的措施价值,得出非特定农产品综合支持量。

4. 特定农产品支持等值　对所有特定农产品,在存在市场价格支持而计算其综合支持量不可行的情况下(比如有关农产品的国际市场价格不能确定),根据农业协议附件4的规定，应计算其支持等值。在实际中可用“应用的管理价格（第一销售点或次销售点的市场价格）”乘以“有资格获得管理价格的生产量”计算其支持等值，如果此方法不可行，则用维持生产者价格的预算支出来计算。

第十三章 SPS 协议和 TBT 协议

第一节 卫生与植物卫生措施实施协议

一、SPS 协议序言

卫生与植物卫生措施实施协议(Agreement on the Application of Sanitary and Phytosanitary Measures)简称 SPS 协议。在序言中 SPS 规定:

(1)各成员,重申不应阻止各成员为保护人类、动物或植物的生命或健康而采用或实施的必需措施,但这些措施的实施方式不得构成在情形相同的成员之间进行任意或不合理歧视的手段,或构成对国际贸易的变相限制;

(2)期望改善各成员的人类健康、动物健康和植物卫生状况;

(3)注意到卫生与植物卫生措施通常以双边协议或议定书为基础实施;

(4)期望建立有关规则和纪律的多边框架,以指导卫生与植物卫生措施的制定、批准和实施,从而将其对贸易的消极影响减少到最低程度;

(5)认识到国际标准、准则和建议可以在这方面作出重要贡献;

(6)期望进一步推动使用各成员协调的、建立在有关国际组织制定的国际标准、准则和建议基础之上的卫生与植物卫生措施,这些国际组织包括食品法典委员会、世界动物卫生组织以及在国际植物保护公约框架下运作的有关国际和区域性组织,但不要求各成员改变其对人类、动物或植物的生命或健康的适当保护水平;

(7)认识到发展中国家成员在遵守进口成员的卫生与植物卫生措施方面可能遇到特殊困难,进而在市场准入及在其领土内制定和实施卫生与植物卫生植物方面也会遇到特殊困难,期望协助他们在这方面所做的努力;

(8)因此期望对适用 GATT1994 关于使用卫生与植物卫生措施的规定,特别是第 XX 条(b)项的规定详述具体规则,特达成如下协议。

二、SPS 协议正文

在协议正文中,本书基本上是按条款顺序原文登录,以便于相关单位在实施中具体适用。

第 1 条　总则

1. 本协议适用于所有可能直接或间接影响国际贸易的卫生与植物卫生措施。此类措施应依照本协议的规定制定和实施。

2. 就本协议而言，应使用附件 A 中规定的定义。

3. 各附件为本协议的组成部分。

4. 本协议的任何规定不影响各成员在《贸易技术壁垒协议》中享有的、本协议措施之外的权力。

第 2 条　基本权利与义务

1. 各成员有权采取为保护人类、动物或植物的生命或健康所必需的卫生与植物卫生措施，但此类措施不得与本协议的规定相抵触。

2. 各成员应保证任何卫生与植物卫生措施仅在为保护人类、动物或植物的生命或健康所必需的限度内，并根据科学原理实施，如无充分的科学证据则不再维持，但第 5 条第 7 款规定的情况除外。

3. 各成员应保证其卫生与植物卫生措施不在情形相同或相似的成员之间，包括在成员自己领土和其他成员的领土之间构成任意或不合理的歧视。卫生与植物卫生措施的实施方式不得构成对国际贸易的变相限制。

4. 符合本协议有关条款规定的卫生与植物卫生措施应被视为符合各成员根据 GATT 1994 有关使用卫生与植物卫生措施的规定所承担的义务，特别是第 XX 条(b)款的规定。

第 3 条　协调

1. 为在尽可能广泛的基础上协调卫生与植物卫生措施，各成员的卫生与植物卫生措施应根据现有的国际标准、准则或建议制定，除非本协议、特别是第 3 款另有规定。

2. 符合国际标准、准则或建议的卫生与植物卫生措施应被视为为保护人类、动物或植物的生命或健康所必需的措施，并被视为与本协议和 GATT1994 的有关规定相一致。

3. 如存在科学依据，或一成员依照第 5 条第 1～8 款的有关规定，确定卫生与植物卫生的保护水平是适当的，则各成员可采用或维持比根据有关国际标准、准则或建议制定的措施所可能达到的保护水平更高的卫生与植物卫生措施。尽管如此，所有不同于国际标准、准则或建议所规定保护水平的卫生与植物卫生措施，均不得有悖于本协议的任何其他规定。

4. 各成员应尽其所有，全面参加有关国际组织及其附属机构，特别是食品法典委员会、世界动物卫生组织以及在国际植物保护公约框架下运作的有关国际和区域性组织，以促进在这些组织中制定和定期审议有关卫生与植物卫生措施的各方面标准、准则和建议。

5. 第 12 条第 1 和第 4 款所述的卫生与植物卫生措施委员会（本协议中称“委员会”）应制定程序，监督国际一体化进程，并在这方面与有关国际组织协同努力。

第 4 条 同等待遇

1. 如出口成员客观地向进口成员证明其卫生与植物卫生措施达到进口成员相当的保护水平，即使这些措施与进口成员自己或其他成员在同一产品贸易中采用的措施不同，各成员仍应同等地接受其卫生与植物卫生措施。为此，应根据请求，给进口成员进行检查、检验及其他相关程序的合理机会。

2. 各成员应根据要求进行磋商，以便就具体的卫生与植物卫生措施的同等待遇问题达成双边和多边协议。

第 5 条 风险评估及适当卫生与植物卫生保护水平的确定

1. 各成员应确保其卫生与植物卫生措施，要以对人类、动物或植物的生命或健康风险实情进行适当评估为基础，并应运用有关国际组织制定的风险评估技术。

2. 进行风险评估时，各成员应考虑现有的科学证据，相关加工程序和生产方法，相关检查、抽样和检验方法，特定病虫害流行情况，现有的无病虫害区，相关生态环境条件，以及检疫或其他处理方法。

3. 各成员在评估动物或植物生命或健康风险，并确定为实现适当的卫生与植物卫生保护水平以防止此类风险所采取的措施时，应考虑下列有关经济因素：病虫害传入、定居或传播造成生产或销售的潜在损失；进口成员控制或消灭境内病虫害的费用；以及采用其他方法控制风险的相应成本效益分析。

4. 各成员在确定适当卫生与植物卫生保护水平时，应考虑降低贸易负面影响这一目标。

5. 为适当运用卫生与植物卫生保护水平这一概念，达到稳定的防止人类生命和健康风险，或动植物生命和健康风险的目的，各成员不应强调情形不同，而任意或不合理地实施其认为适当的保护水平，歧视或变相限制国际贸易。各成员应根据第 12 条第 1、2 和 3 款规定在委员会中相互合作，制定准则，促进本规定的实际实施。委员会在制定准则时应考虑所有有关因素，包括人们自愿承受人类健康风险的例外特性。

6. 在不违背第 3 条第 2 款的前提下，各成员在制定或实施卫生与植物卫生措施以实现适当的卫生与植物卫生保护水平时，应保证此类措施对贸易的限制不超过为达到适当卫生与植物卫生保护水平所要求的限度，同时考虑其技术和经济可行性。

7. 在有关科学证据不充分的情况下，某成员可根据现有的相关信息，包括来自相关国际组织及其他成员实施卫生与植物卫生措施的信息，临时采用一些卫生与植物卫生措施。在此情况下，各成员应寻求获得必要的补充信息，以更加客观地评估风险，并在合理期限内据此审议卫生与植物卫生措施。

8. 如某一成员有理由认为另一成员采用或实施的特定卫生与植物卫生措施，正在限制或可能限制其产品出口，且该措施不是以有关国际标准、准则或建议为依据，或此类标准、准则或建议根本不存在，则可要求实施此类卫生与植物卫生措施的成员解释理由，且该成员应予解释。

第 6 条　适应地区条件，包括适应无病虫害区和低度流行区的条件

1. 各成员应保证其卫生与植物卫生措施适应产品的产地和目的地的卫生与植物卫生特点，无论该地是一国的全部或部分地区，或几个国家的全部或部分地区。在评估某地区的卫生与植物卫生特点时，各成员应特别考虑特定病虫害的流行程度、现有扑灭或控制计划及相关国际组织制定的适当标准或准则。

2. 各成员应特别承认无病虫害区和低度流行区的概念。确定这类地区时，应根据地理、生态系统、流行病监测以及卫生与植物卫生控制的有效性等因素。

3. 出口国声明其境内某地为无病虫害区或低度流行区时，应向进口成员提供必要的证据，客观证明该地区目前且有可能继续属于无病虫害区或低度流行区。为此，应根据请求，使进口成员获得进行检查、检验及其他有关程序的合理机会。

第 7 条　透明度各成员变更其卫生与植物卫生措施时应予通报，并根据附件 B 的规定提供其卫生与植物卫生措施的相关信息。

第 8 条　控制、检查和批准程序各成员在实施控制、检查和审批程序时，包括审批食品、饮料或饲料添加剂或污染物限量的国家制度时，应遵守附件 C 的规定，并保证其程序不与本协议规定相抵触。

第 9 条　技术援助

1. 各成员同意以双边形式或通过适当的国际组织，向其他成员特别是发展中国家成员提供技术援助。此类援助可特别针对加工技术、研究和基础设施等领域，包括建立国家管理机构；也可采取建议、信贷、捐赠和转让等方式，包括寻求专门技术、培训和设备等，使这些国家调整并遵守必要的卫生与植物卫生措施，并使其出口市场达到适当的卫生与植物卫生保护水平。

2. 当发展中国家出口成员为达到进口成员的卫生与植物卫生要求而需要大量投资时，后者应考虑提供此类技术援助，使发展中国家成员保持并扩大有关产品的市场准入机会。

第 10 条　特殊与区别待遇

1. 在制定和实施卫生与植物卫生措施时，各成员应考虑发展中国家特别是最不发达国家成员的特殊需要。

2. 适当卫生与植物卫生保护水平可允许分阶段引入新的卫生与植物卫生措施，对发展中国家成员有重要影响的产品，则应给予更长的调整期，使之符合要求，从而维持其出口机会。

3. 为确保发展中国家成员能够遵守本协议规定，委员会有权根据请求，并视这些国家财政、贸易和发展需要，对其全部或部分承担本协议规定的义务，给予特定的、例外的期限。

4. 各成员应鼓励和帮助发展中国家成员积极参与有关国际组织。

第 11 条　磋商与争端解决

1. 由《争端解决谅解》详述和适用的 GATT1994 第 XXII 条和第 XXIII 条的规定，适用于本协议磋商和争端解决，另有规定的除外。

2. 本协议涉及科学或技术问题的争端，解决小组应征求其选出的专家的意见，与争端各方磋商。为此，只要认为适当，解决小组可主动或应争端任何一方请求，设立一技术专家咨询小组，或咨询有关国际组织。

3. 本协议条款不得损害各成员在其他国际协议中享有的权利，包括向其他国际组织或任何国际协议下建立的斡旋或争端解决机构求助的权利。

第 12 条　管理

1. 为给磋商提供一经常性场所，特成立卫生与植物卫生措施委员会。委员会应履行必要的职能，按本协议规定，推动其目标，特别是协调一致目标的实现。委员会应经协商一致作出决定。

2. 委员会应鼓励和促进各成员之间，就特定的卫生与植物卫生问题进行专题磋商或谈判。委员会应鼓励所有成员使用国际标准、准则和建议，为此，委员会应主办技术磋商并开展研究，以提高在审批使用食品添加剂或确定食品、饮料或饲料中污染物限量的国际和国家制度或方法方面的协调性和一致性。

3. 委员会应同卫生与植物卫生保护领域的有关国际组织，特别是食品法典委员会、世界动物卫生组织和国际植物保护公约秘书处保持密切联系，以获得执行本协议的最佳科学和技术意见，并保证避免不必要的工作重复。

4. 委员会应制定程序，监督国际协调进程及国际标准、准则或建议的采用。为此，委员会应与有关国际组织联合，制定一份委员会认为对贸易有较大影响的与卫生与植物卫生措施有关的国际标准、准则或建议清单。清单应包括各成员用作进口条件或产品准入市场所依据的国际标准、准则或建议。若某一成员不将国际标准、准则或建议作为进口条件，则应说明理由，特别是其是否认为该标准不够严格而无法提供适当的卫生与植物卫生保护水平。若某一成员在说明其用作进口条件的标准、准则或建议后又改变立场，则应对其改变作出解释，并通知秘书处以及有关国际组织，除非此类通知和说明是根据附件 B 中的程序作出。

5. 为避免不必要的重复，委员会可适当决定采用有关国际组织运作程序特别是通知程序生成的信息。

6. 委员会可根据某一成员的倡议，通过适当渠道邀请有关国际组织或其附属机构，审查某一特定标准、准则或建议的具体问题，包括根据第 4 款未采用标准的解释。

7. 委员会应在《WTO 协议》生效之日起 3 年后，并在此后需要时，对本协议的运作和实施情况进行审议。适当时，特别是在本协议实施过程积累了相应经验后，委员会应向商品贸易理事会提议修正本协议文本。

第 13 条　执行

各成员有责任全面履行本协议规定的所有义务。各成员应制定和实施积极的措施和机制，支持中央政府以外的机构遵守本协议规定。各成员应尽可能采取合理措施，保证其境内的非政府实体以及其境内为成员的地方机构，遵守本协议相关规定。此外，各成员不得采取措施直接或间接要求或鼓励此类地方或非政府实体、或地方政府机构，采取与本协议不一致的行动方式。

各成员应确保只有在非政府实体遵守本协议规定时，才可依赖这些实体为执行卫生与植物卫生措施提供服务。

第 14 条　最后条款

最不发达国家成员对影响其进口或进口产品的卫生与植物卫生措施，可推迟到《WTO 协议》生效 5 年后执行本协议规定。其他发展中国家成员对影响其进口或进口产品的现有卫生与植物卫生措施，如由于缺乏技术专长、技术基础设施或资源而妨碍执行的，可推迟到《WTO 协议》生效 2 年后执行本协议规定，但第 5 条第 8 款和第 7 条规定的除外。

三、SPS 协议附件

附件 A　定义

1. 卫生与植物卫生措施——指用于下列目的的任何措施：

(1)保护成员境内的动物或植物生命或健康免受虫害、病害、带病生物或致病生物的传入、定居或传播所产生的风险；

(2)保护成员境内的人类或动物生命或健康免受食品、饮料或饲料中的添加剂、污染物、毒素或致病生物所产生的风险；

(3)保护成员境内的人类生命或健康免受动物、植物或动植物产品携带的病害或虫害的传入、定居或传播所产生的风险;或

(4)防止或控制成员境内因虫害的传入、定居或传播所产生的其他损害。

卫生与植物卫生措施包括所有相关法律、法令、法规、要求和程序,特别包括:终产品标准;加工程序和生产方法;检验、检查、出证和审批程序;检疫处理,包括与动植物运输有关,或与运输过程中为维持动植物生存所需物质材料有关的要求;有关统计方法、抽样程序和风险评估方法的规定;以及与食品安全直接相关的包装和标签要求。

2. 协调——不同成员共同制定、承认和实施的卫生与植物卫生措施。

3. 国际标准、准则和建议

(1)对于食品安全,指由食品法典委员会制定的与食品添加剂、兽药和农药残留、污染物、分析和抽样方法有关的标准、准则和建议,以及卫生惯例的法典和准则;

(2)对于动物卫生和人畜共患病,指由世界动物卫生组织主持制定的标准、准则和建议;

(3)对于植物卫生,指由国际植物保护公约秘书处及其框架下运作的区域性组织合作制定的国际标准、准则和建议;以及

(4)对于上述组织未涵盖的事项,指由委员会确认的、向所有成员开放的、其他相关国际组织发布的有关标准、准则和建议。

4. 风险评估——指根据可能实施的卫生与植物卫生措施,对病虫害在进口成员境内传入、定居或传播的可能性,及相关的潜在生物学和经济后果进行的评估;或对食品、饮料或饲料中存在的添加剂、污染物、毒素或致病生物,对人类或动物的健康所产生的潜在不利影响进行的评估。

5. 适当卫生与植物卫生保护水平——指成员在制定保护其境内的人类、动物或植物的生命或健康的卫生与植物卫生措施时,认为适当的保护水平。

注:许多成员也称此概念为"可接受的风险水平"。

6. 无病虫害区——指由主管当局认定无特定虫害或病害发生的地区,该地区可以是某一国家的全部或部分地区,也可以是几个国家的全部或部分地区。

注:某一无病虫害区可以包围、毗邻另一发生特定病虫害的疫区,也可以被该疫区包围。该疫区不论是某一国家的部分地区,还是包括几个国家的部分或全部地理区域,都应采取区域控制措施,如建立控制或扑灭所相应病虫害的保护区、监测区和缓冲区。

7. 病虫害低度流行区——由主管当局认定的,特定虫害或病害发生水平低,

且已采取有效监测、控制或扑灭措施的地区，该地区可以是一国的全部或部分地区，也可以是几个国家的全部或部分地区。

附件B 卫生与植物卫生法规的透明度

法规公布

1. 各成员应确保及时公布所有已采用的卫生与植物卫生法规，以使有关成员知晓。

2. 除紧急情况外，各成员应在卫生与植物卫生法规的公布和生效之间留有合理的期限，使出口成员、特别是发展中国家成员的生产商，有时间根据进口成员的要求调整其产品和生产方法。

咨询点

3. 每一成员应确保设立一个咨询点，负责答复有关成员的所有合理询问，并提供下列有关文件：

(1)其境内已采用或提议的任何卫生与植物卫生法规；

(2)其境内实施的任何控制和检查程序、生产和检疫处理方法、农药限量和食品添加剂审批程序；

(3)风险评估程序适当的卫生与植物卫生保护水平及相应因素的确定；

(4)在本协议范围内，该成员或其领土内相关机构，在国际和区域性卫生与植物卫生组织和体系，及双边和多边协议与协定中的成员资格和参加情况，以及此类协议和协定的文本。

4. 各成员在相关成员索取文件副本时，应确保按其国民相同的价格(如有定价)提供，但递送成本除外。

通报程序

5. 若没有国际标准、准则或建议，或提议的卫生与植物卫生法规的实质内容与国际标准、准则或建议不一致，并且该法规对其他成员的贸易有重大影响时，则各成员应：

(1)及早发布通告，使有关的成员熟悉该特定法规。

(2)通过秘书处通知其他成员该法规所涉及的产品，并对提议法规的目的和理由作出简要说明。此类通知应在仍可进行修正和考虑提出意见时及早作出。

(3)应请求，向其他成员提供所提议法规的副本，可能情况下，应标明与国际标准、准则或建议有实质性偏离的部分。

(4)应无歧视地给予其他成员合理的期限作出书面评论，并根据请求对评论进行讨论，充分考虑评论和讨论结果。

6. 但是，如某成员面临健康保护的紧急问题或面临发生此种问题的威胁时，则该成员可在必要情况下，省去本附件第5款所列步骤，此时该成员应该：

(1)立即通过秘书处通知其他成员所涉及的特定法规和产品，并对该法规的目的和理由包括紧急问题的性质作出简要说明；

(2)根据其他成员的请示提供该法规的副本；

(3)允许其他成员作出书面评论，并根据请求对这些评论进行讨论，充分考虑评论及讨论结果。

7. 提交秘书处的通知应使用英文、法文或西班牙文。

8. 发达国家成员应根据其他成员的请求提供文件副本。若文件卷数较多，则应提交英文、法文或西班牙的专门通知并附文件摘要。

9. 秘书处应迅速向所有成员和有关国际组织散发通知副本，并提请发展中国家成员注意任何有关其特殊利益产品的通知。

10. 各成员应指定一中央政府机构，代表国家负责执行本附件第5、6、7和8款有关通告程序的规定。

一般保留

11. 本协议不要求：

(1)各成员以本国以外的语言提供文稿或副本、或公布文件内容，本附件第8款规定的除外；或

(2)各成员披露可能阻碍卫生与植物卫生立法或会损害企业合法商业利益的机密资料。

附件C　控制、检查和审批程序

1. 对于检查和保证卫生与植物卫生措施实施的任何程序，各成员应确保：

(1)此类程序的执行和完成不得有不当的延误，且进口产品待遇不得低于国内同类产品；

(2)公布每一程序的标准处理期限，或应请求，告知申请人预期的处理期限；主管机构在接到申请后迅速审查文件是否齐全，并以准确和完整的方式通知申请人所有不足之处；主管机构尽快以准确和完整的方式向申请人传达程序的结果，以便在必要时采取纠正措施；即使在申请存在不足之处，如申请人提出请求，主管机构也应尽可能继续该程序，并根据请求，将程序的执行阶段告知申请人，对任何延误应作出解释；

(3)信息要求只限于控制、检查和审批程序所必需的限度，包括食品、饮料或饲料中添加剂使用审批和污染物限量的确定；

(4)在控制、检查和审批过程中，尊重进口产品的相关信息机密，待遇不低于本国产品，并保护其合法商业利益；

(5)对某一产品控制、检查和审批所需的样品数量应有合理和必要的限定；

(6)对进口产品实施控制、检查和审批程序而征收的任何费用，应与国内相同产品或来自其他任何成员的相同产品所征收的费用相当，且不得高于其服务的实际成本；

(7)程序中所用设备的设置地点和进口产品抽样，应采用与国内产品相同的标准，将申请人、进口商、出口商或其代理人的不便降低到最低限度；

(8)在根据确定的法规进行控制和检查后，若产品规格发生改变，则对改变规格产品的实施程序的审查，应只限于其是否仍然符合有关规定的必要方面；并应

(9)具有此类程序运行的投诉审议程序，并对合理投诉采取纠正措施。

在批准使用食品添加剂，或制定食品、饮料或饲料中污染物限量，以禁止或限制未获批准的产品进入国内市场而运行某系统时，进口成员在作出最后决定之前应考虑使用有关国际标准作为市场准入的依据。

2. 如某一卫生与植物卫生措施规定在生产阶段进行控制，则在其境内进行生产的成员应提供必要帮助，以便于此类控制及控制机构工作。

3. 本协议任何条款不阻碍各成员在各自境内实施合理的检查。

第二节　贸易技术壁垒协议

一、TBT 协议序言

贸易技术壁垒协议(Agreement On Technical Barriersto Trade)简称 TBT 协议。TBT 协议在序言中规定：

各成员，考虑到乌拉圭回合多边贸易谈判；期望进一步实现 GATT 1994 的各项目标；认识到国际标准和合格评定体系能为提高生产效率及促进国际贸易作出重大贡献；期望鼓励制定此类国际标准和合格评定体系；但是期望这些技术法规和标准，包括对包装、标志和标签的要求，以及为符合技术法规和标准而制订的合格评定程序不要给国际贸易制造不必要的障碍；认识到不应阻止任何国家采取必要措施，在其认为适当的程度，保证其出口产品质量，或保护人类、动物或植物的生命或健康，保护环境，或防止欺诈行为。但不能利用这些措施，作为对情形相同的国家进行任意或无理歧视或变相限制国际贸易的手段，而应遵循本协议的规定；认识到不应阻止任何国家采取必要措施保护其根本安全利益；认识到国际标准化在发达国家向发展中国家转让技术方面可以作出的贡献；认识到发展中国家在制定和实施技术法规、标准、以及为符合技术法规和标准而制订的合格评定程序方面可能遇

到的特殊困难，希望对他们在这方面所作的努力给予帮助；特达成如下协议。

二、TBT协议正文

在协议正文中，本书基本上是按条款顺序原文登录，以便于相关单位在实施中具体适用。

第1条　总则

1. 标准化及合格评定程序的通用术语，常应根据联合国系统及国际标准化机构采用的定义来确定，同时应考虑其上下文以及本协议的目的和宗旨。

2. 但就本协议而言，应使用附件1中规定的定义。

3. 所有产品，包括工业产品和农产品，均应符合本协议各条款。

4. 政府机构为其自身生产或消费需要而制订的采购规范不受本协议各条款的约束，但应执行《政府采购协议》的规定。

5. 本协议各条款不适用于《卫生和植物卫生措施实施协议》附件A中规定的卫生和植物卫生措施。

6. 本协议中的技术法规、标准和合格评定程序，应理解为包括其修正本及对规则或产品范围的任何补充件，无实质意义的修正和补充除外。

技术法规和标准

第2条　中央政府机构对技术法规的制定、批准和实施

对于中央政府机构：

1. 各成员应确保在技术法规方面，给予从任一成员境内进口产品的待遇，不低于本国生产的或来自其他任何国家的相同产品的待遇。

2. 各成员应确保技术法规的制定、批准或实施在目的或效果上均不会给国际贸易制造不必要的障碍。为此，技术法规对贸易的限制不应超过为实现正当目标所必须的程序，并考虑到正当目标无法实现的风险。这些正当目标尤其是指：国家安全要求，防止欺诈行为，保护人身健康或安全，保护动植物生命或健康，或保护环境。在评估上述风险时，尤其需要考虑到下列因素：现有科学和技术信息，相关加工技术或产品的预期最终用途。

3. 如果某技术法规实施的环境或目的已不复存在，或者因环境或目标发生变化而能用对贸易限制程度较低的方式加以处理，则不应继续保留该技术法规。

4. 若需要制定的技术法规和相应的国际标准业已存在或其制定工作即将完成时，成员须使用这些标准或其相应部分，作为制定其技术法规的基础，除非这些国际标准或其相应部分对实现其正当目标无效或不适用，例如由于基本气候或地理因素或基本技术问题等原因。

5. 制定、批准或实施可能对其他成员的贸易产生重大影响的技术法规时，应另一成员要求，该成员须根据本条 2～4 款的规定对其技术法规的合理性作出解释。凡是为实现第 2 款所述的某一正当目标，并根据相应国际标准制定、批准和实施的技术法规，均应推定为没给国际贸易造成不必要的障碍。

6. 为尽可能广泛地统一技术法规，在相应国际标准化机构就各成员已采用或准备采用的技术法规所涉及的产品制定国际标准时，各成员应在其资源许可的范围内充分参与。

7. 只要其他成员的技术法规能够充分体现与自身法规相同的目标，即使这些法规与自身的不同，各成员也须积极考虑接受这些法规为等效技术法规。

8. 只要合适，各成员应按产品的性能要求，而不是按设计或描述特性来制定技术法规。

9. 当不存在相应的国际标准、或提议技术法规中的技术内容与相应国际标准的技术内容不一致，且该技术法规对其他成员的贸易可能产生重大影响时，各成员应：

(1)在早期适当阶段，在出版物上刊登准备采用此技术法规的通告，使其他成员的各方获悉；

(2)通过秘书处，将该技术法规涉及的产品清单通报其他成员，并简要说明其目的和理由。这种通报应尽早发出，以便仍可进行修改并考虑提出的意见；

(3)如有要求，应向其他成员提供提议期限技术法规的细节或副本，如可能，应标出与相应国际标准不尽一致的地方；

(4)应无歧视地给各成员留出合理的期限，便于他们提出书面意见，并根据请求与他们讨论，书面意见和讨论结果应予考虑。

10. 在第 9 款引导部分规定的情况下，如某成员出现有关安全、健康、环境保护或国家安全的紧急问题，或遇到此类威胁时，该成员如认为必要，可以省略第 9 款规定的步骤，但该成员在批准技术法规时：

(1)立即通过秘书处将该技术法规涉及的产品清单通报其他成员，同时简要说明该技术法规的目的和理由，包括该紧急问题的性质；

(2)根据其他成员的请求提供该技术法规的副本；

(3)无歧视地允许其他成员提出书面意见，并根据请求与他们讨论，书面意见和讨论结果应予考虑。

11. 各成员应确保尽快发布或通过其他方式公布业已批准的所有技术法规，使其他成员中的有关各方获悉。

12. 除第 10 款所述紧急情况外，各成员应在技术法规的发布和生效之间留出合理的期限，使产品出口成员中的生产者，特别是发展中国家成员中的生产者有时间依照产品进口成员的要求调整其产品或生产方法。

第3条　地方政府机构和非政府机构对技术法规的制定、批准和实施，对于成员境内的地方政府和非政府机构：

1. 各成员应尽可能采取合理的措施，确保这些机构遵守第2条的规定，但第2条9款(2)项和10款(1)项所述的通报义务除外。

2. 各成员应确保根据第2条中的第9款(2)项和第10款(1)项的规定，对直属中央政府的地方政府技术法规进行通报。但对实质内容与中央政府业已公布的技术法规实质内容相同的地方技术法规不必进行通报。

3. 各成员可要求通过中央政府与其他成员进行接触，包括第2条中第9和10款提及的通报、提供资料、提出意见和进行讨论。

4. 各成员不得采取措施要求或鼓励地方政府机构或非政府机构在其境内违背第2条之规定。

5. 根据本协议，各成员对遵守第2条的各项规定负全部责任。各成员应制定和实施积极的措施和机制，支持非中央政府机构遵守第2条的规定。

第4条　标准的制定、批准和实施

1. 各成员应确保其中央政府标准化机构接受并遵守本协议附件3“关于标准制定、批准和实施的良好行为规范”(在本协议中称为“良好行为规范”)。他们应尽可能采取适当措施，确保其境内的地方政府和非政府标准化机构，以及他们或其境内一个或多个机构作为成员参加的区域性标准化机构，接受并遵守该“良好行为规范”。此外，各成员不得采取措施，直接或间接要求或鼓励这些标准化机构违背此“良好行为规范”。不论某一标准化机构是否已接受“良好行为规范”，各成员均有义务促使标准化机构遵守该“良好行为规范”。

2. 业已接受并遵守“良好行为规范”的标准化机构是否符合本协议的各项原则，应由各成员进行认可。

技术法规和标准的符合

第5条　中央政府机构的合格评定程序

1. 当要求提供符合技术法规或标准的确实保证时，各成员应确保其中央政府机构对源自其他成员境内的产品实施下述规定：

(1)制定、批准和实施的合格评定程序，在相似的情况下，以不低于源自本国或其他任何成员境内的相同产品供应商的条件给予源自其他成员境内的相同产品的供应商以准入机会；该准入应使产品供应商根据该程序规则享有合格评定的权利，包括当程序允许时，在生产所在地进行合格评定并得到该体系标志的可能性；

(2)合格评定程序的制定、批准或实施在目的和效果上不应对国际贸易制造不必要的障碍。这特别意味着:合格评定程序不应当比让进口成员对产品符合相应的技术法规或标准有足够的信心,而制订或执行的更为严格,同时也应考虑产品不合格导致的风险。

2. 当执行第 1 款规定时,各成员应确保:

(1)尽快执行并完成合格评定程序,对于源自其他成员境内的产品,应在顺序上给予不低于本国相同产品的待遇;

(2)每项合格评定程序的标准处理时限应予以公布或应要求,将预期处理期限告知申请人;收到申请书时,主管机构应立即检查文件是否齐全,并将所有不完备处准确、完整地通告申请人;主管机构应尽快把评定结果准确、完整地通知申请人,以便可以采取必要的纠正措施;即使申请书存在缺陷,应申请人要求,主管机构也应尽可能进行合格评定;如申请人请求,应向申请人通报程序进行的阶段,并对任何延误作出解释;

(3)索取的资料应限于合格评定及确定费用所必须的范围内;

(4)为合格评定程序提供的或通过合格评定程序得到的,源自其他成员境内的产品资料,在保密方面应与国内产品享有同等待遇,以合法保护商业利益;

(5)除因申请人与合格评定机构地理位置不同而引起通讯、运输以及其他花费的差异外,对源自其他成员境内的产品进行合格评定征收的费用,应与本国或任何其他国家征收的费用相同;

(6)合格评定程序所用的设施地点及样品选择不应给申请人或其代理人造成不必要的不便;

(7)当已被确认符合技术法规或标准的产品规格发生改变时,对改变规格产品的合格评定程序仅限于那些能证明该产品仍符合有关技术法规或标准的必要部分;

(8)应设立程序,审查合格评定程序运作方面的投诉,如投诉合理,应采取纠正措施。

3. 第 1 和 2 款的任何规定,均不得阻碍各成员在其境内进行合理的现场检查。

4. 在要求以肯定方式确保产品符合技术法规或标准,且相应的准则和建议已经国际标准化机构发布或即将发布时,各成员应保证其中央政府机构使用他们或其相应部分作为合格评定程序的基础,除非根据要求作出解释,说明这些准则、建议或其相应部分特别是由于下述原因对成员不适合:国家安全要求,防止欺诈行为,保护人类健康或安全,保护动植物生命或健康,或保护环境,基本气候或其他地理因素，基本技术或基础设施问题。

5. 为尽可能广泛地统一合格评定程序，各成员在其资源许可的条件下，应尽可能参加相关国际标准化机构，就合格评定程序而开展准则和建议制定工作。

6. 当国际标准化机构尚未制定相应的准则或建议，或提议中的合格评定程序技术内容与国际标准化机构制定的准则或建议不一致，且此合格评定程序可能对其他成员的贸易产生重大影响时，该成员应：

(1)适当提前在某一出版物上发布其拟制定合格评定程序的通知，使其他成员的有关各方获悉；

(2)通过秘书处将此合格评定程序涉及的产品清单通报各成员，并简要说明其目的和理由。该通报应尽早发布，以便对此程序进行修改，有关意见仍可考虑在内；

(3)根据其他成员请求，应向其提供提议中的程序细节或副本，如可能，应指明与国际标准化机构制定的准则或建议的基本不同之处；

(4)无歧视地给予各成员提出书面意见的合理期限，并根据其请求加以讨论，书面意见和讨论结果应予考虑。

7. 在6款引导部分规定的情况下，如果某成员出现了涉及安全、健康、环境保护或国家安全等紧急问题或由此而对国家产生威胁时，该成员如认为有必要，可省略第6款规定的步骤，但该成员在批准此程序时应：

(1)通过秘书处，立即将此程序及其涉及的产品通知其他成员，同时简要说明此程序的目的和原因，包括紧急问题的性质；

(2)应根据其他成员的请求向其提供该程序规则的副本；

(3)无歧视地允许其他成员提出书面意见，应要求与他们讨论这些意见，并对书面意见和讨论予以考虑。

8. 各成员应确保迅速出版或以其他方式发布业已批准的所有合格评定程序，使其他各成员有关各方获悉。

9. 除第7款所述的紧急情况外，各成员应在合格评定程序发布和生效之间留出合理的期限，使产品出口成员的生产者，特别是发展中国家成员的生产者有时间调整其产品或生产方法，符合产品进口成员的要求。

第6条　中央政府机构对合格评定的认可

对于各中央政府机构：

1. 在不违背第3和4款的前提下，各成员只要认为其他成员的合格评定程序与其自身程序一样可以保证产品符合相关的技术法规或标准，就应确保接受。应认识到有必要进行事先磋商，以便就下述内容达成相互满意的谅解：

(1)出口成员相关合格评定机构具有充分持久的技术能力，保证其合格评定结果的连续可靠性；为此，可以考虑对其技术能力进行验证的作法，例如根据国际标准化机构制定的相应准则或建议进行认可；

(2)只限于接受出口成员指定机构出具的合格评定结果。

2. 各成员应保证其合格评定程序尽可能按第 6 条第 1 款规定执行。

3. 鼓励各成员应其他各成员请求进行谈判，就多边认可的各自的合格评定程序达成协议。各成员可以要求此协议应符合第 1 款之规定，并就促进相关产品贸易方面达到各方满意。

4. 鼓励各成员，允许其他成员境内的合格评定机构以不低于给予自己境内或其他国家境内机构的优惠条件下参加其合格评定程序。

第 7 条　地方政府机构的合格评定程序

对于各成员境内的地方政府机构：

1. 各成员应尽可能采取合理措施，确保地方政府机构遵守第 5 和 6 条的规定，但第 5 条 6 款(2)项和第 5 条 7 款(1)项中对外通报的义务除外。

2. 各成员应确保按第 5 条 6 款(2)项和第 5 条 7 款(1)项规定，对直属于中央政府的地方政府合格评定程序进行通报，但对实质技术内容与中央政府业已通报的合格评定程序相同的地方政府合格评定程序，则不必通报。

3. 各成员可要求通过中央政府与其他成员就第 5 条 6 及 7 款所述的通报、提供资料、提出意见和讨论等事项保持接触。

4. 各成员不得采取措施，要求或鼓励地方政府机构在其境内采取违背第 5 条和第 6 条的行动。

5. 根据本协议，各成员对执行第 5 条和第 6 条的规定负有全部责任。各成员须制定并执行积极措施和机制，监督非中央政府机构执行第 5 条和第 6 条的规定。

第 8 条　非政府机构的合格评定程序

1. 各成员应尽可能采取合理措施，确保其境内开展合格评定程序的非政府机构遵守第 5 条和第 6 条的规定，但对外通报提议中的合格评定程序的义务除外。此外，各成员不得采取任何措施，直接或间接地要求或鼓励这些机构采取违背第 5 条和第 6 条规定的行动。

2. 各成员应确保只有在非政府机构遵守第 5 条和第 6 条规定的前提下，中央政府机构才可依赖这些非政府机构实施合格评定程序，但对外通报提议中的合格评定程序的义务除外。

第 9 条　国际和区域性体系

1. 当要求提供产品符合技术法规或标准的确实保证时，只要可行，各成员应制定和采用国际合格评定体系，并成为该体系成员或参加其活动。

2. 各成员应尽可能采取合理措施，确保其境内参与或作为成员参加国际和区域性合格评定体系的机构遵守第5条和第6条的规定。此外，各成员不得采取任何措施，直接或间接要求或鼓励这些体系采取违背第5条和第6条规定的行动。

3. 各成员应确保其中央政府机构只依靠那些遵守第5和6条适用规定的国际和区域性合格评定体系。

资料和援助

第10条　关于技术法规、标准和合格评定程序的资料

1. 每个成员应确保设立一个咨询点，能够答复其他成员及其境内有关方面提出的所有合理询问，并提供下述有关文件：

(1)中央或地方政府机构、对技术法规有执法权的非政府机构、或上述机构参与或作为成员参加的区域性标准化机构在其境内批准或提议的任何技术法规；

(2)中央或地方政府机构、或上述机构参与或作为成员参加的区域性标准化机构在其境内批准或提议的任何标准；

(3)中央或地方政府机构、或对技术法规有执法权的非政府机构，或上述机构参与或作为成员参加的区域性机构在其境内执行或提议的任何合格评定程序；

(4)该成员或其境内的中央或地方政府机构，在国际和区域性标准化机构、合格评定体系、以及本协议框架下双边和多边协议中的成员资格和参加情况；并应能够提供这些体系和协议有关规定的合理资料；

(5)根据本协议发布通报的地点，或提供能够得到这类资料的地址；以及

(6)第3款所述咨询点的地址。

2. 如某成员因法律或行政原因设立一个以上咨询点时，该成员应向其他成员提供每一个咨询点工作范围的清晰完整信息。此外，该成员还应确保将任何错投咨询点的询问件立即转送到对口咨询点。

3. 每一成员均应尽可能采取合理措施，确保设立一个或多个咨询点能够回复其他成员及其境内有关方提出的所有合理询问，并提供或告知从何处可以得到下述文件或信息：

(1)非政府标准化机构或其参与或作为成员参加的区域性标准化机构在其境内批准或提议的任何标准；

(2)非政府机构或其参与或作为成员参加的区域性机构在其境内运作或提议的任何合格评定程序；

(3)其境内非政府机构在国际和区域性标准化机构合格评定体系、以及在本协议框架下双边和多边协议中的成员资格和参加情况；并应能够提供这些体系和协议有关规定的合理资料。

4. 在其他成员或其他成员的有关方根据本协议规定索求文件副本时，各成员应尽可能采取合理措施，确保按提供给本国或其他任何成员国民的相同价格（如有定价）提供，但实际递送成本除外。

5. 发达国家成员应根据其他成员的请求，提供特定通报文件的英、法或西班牙文译本，如果文件卷数过多，应提供文件摘要。

6. WTO 秘书处按本协议规定收到通报时，须将此通报副本分发给所有成员和有关的国际标准化和合格评定机构，并提请各发展中国家成员注意任何有关他们特殊利益产品的通报。

7. 当某一成员与其他任一个或多个国家就技术法规、标准或合格评定程序达成可能对贸易产生重大影响的协议时，至少协议一方应通过 WTO 秘书处通知其他成员该协议所涉及的产品清单，包括对该协议的简要说明。鼓励有关成员应其他成员请求进行磋商，以达成类似的协议，或安排他们参加此类协议。

8. 本协议的各项规定不得解释为要求：

(1)以非成员语言出版文本；

(2)除第 5 款规定外，以非成员语言提供草案细节或副本；或者

(3)各成员提供他们认为泄露后会违背其基本安全利益的任何资料。

9. 发往 WTO 秘书处的通报应使用英、法或西班牙文。

10. 各成员应指定一个中央政府机构，代表国家负责执行本协议关于通报程序的各项规定，附件 3 的规定除外。

11. 如果因法律或行政原因，由两个或多个中央政府机构负责通报程序，该成员应将每个机构的责任范围清晰完整地提供给其他成员。

第 11 条　对其他成员的技术援助

1. 根据其他成员特别是发展中国家成员的请求，各成员应向该成员就技术法规的制定提供咨询。

2. 根据其他成员特别是发展中国家成员的请求，各成员应向该成员就建立国家标准化机构和参加国际标准化机构提供咨询，并根据相互达成的条件向其提供技术援助。各成员还应鼓励本国标准化机构照此办理。

3. 根据其他成员特别是发展中国家成员的请求，各成员应尽可能采取合理措施，安排境内的管理机构就下述问题向该成员提供咨询，并根据相互达成的条件向其提供技术援助：

(1)设立管理机构或技术法规的合格评定机构；

(2)符合其技术法规的最佳方法。

4. 根据其他成员特别是发展中国家成员的请求，各成员应尽可能采取合理措

施，安排就该成员设立境内所用标准的合格评定机构提供咨询，并根据相互达成的条件向其提供技术援助。

5. 根据其他成员特别是发展中国家成员的请求，各成员应可能采取合理措施，就该成员设立其他成员生产厂进入该成员境内政府或非政府机构的合格评定体系的步骤提供咨询，并根据相互达成的条件向其提供技术援助。

6. 根据其他成员特别是发展中国家成员的请求，作为国际或区域性合格评定体系的各成员或参加方，应向该成员就参加或参与这些体系并履行其义务需建立的机构和立法框架提供咨询，并根据相互达成的条件向其提供技术援助。

7. 根据其他成员特别是发展中国家成员的请求，各成员应鼓励境内参加或参与国际或区域性合格评定体系的机构，向该成员就使其境内的有关机构履行成员或参与方义务所需设立的机构提供咨询，并考虑向其提供所需的技术援助。

8. 根据第1～7款规定向其他成员提供咨询和技术援助时，各成员应优先考虑最不发达国家的需求。

第12条　对发展中国家成员的特殊和区别待遇

1. 各成员应按下述条款及本协议其他条款对发展中国家成员给予有区别的和更优惠的待遇。

2. 各成员应特别注意本协议有关发展中国家成员权利和义务的条款，并应考虑到发展中国家成员在全国范围内履行本协议和实施本协议组织安排时，在发展、财政和贸易方面的特殊需要。

3. 各成员在制定和执行技术法规、标准和合格评定程序时，应考虑到发展中国家成员在发展、财政和贸易方面的特殊需要，以保证这些技术法规、标准和合格评定程序不对发展中国家成员的出口造成不必要的障碍。

4. 各成员认识到，即使可能存在国际标准、准则和建议，但在其特殊的技术和社会经济条件下，发展中国家成员仍可采用特定技术法规、标准或合格评定程序以保持与其发展需要相适应的当地技术、生产方法和加工工艺。因此，各成员认识到，不应期望发展中国家成员采用不适合其发展、财政和贸易需要的国际标准作为其技术法规或标准包括试验方法的基础。

5. 考虑到发展中国家成员的特殊问题，各成员应尽可能采取合理措施，确保国际标准化机构和国际合格评定体系组织和运作方式适于所有成员的有关机构积极和有代表性地参加。

6. 各成员应尽可能采取合理措施，确保国际标准化机构根据各发展中国家成员的要求，审查并制定对发展中国家成员具有特殊利益的产品的国际标准。

7. 根据第11条规定，各成员应向各发展中国家成员提供技术援助，以确保技术法规、标准及合格评定程序的制定和实施，不会对各发展中国家成员出口的扩大和多样化造成不必要障碍。在确定技术援助的内容和条件时，应考虑提出请求的成员，特别是最不发达国家成员的发展阶段。

8. 认识到发展中国家成员在技术法规、标准和合格评定程序的制定和实施、包括组织机构和基础设施方面，可能会遇到的特殊问题。进一步认识到各发展中国家成员的特殊发展和贸易需要及其技术发展阶段，可能妨碍其全面履行本协议规定义务的能力。因此，各成员应充分考虑到这一事实。为此，为确保各发展中国家成员能遵守本协议，根据本协议第 13 条设立的贸易技术壁垒委员会(本协议简称“委员会”)，应这些成员的请求，可授权在规定的一段期限内，全部或部分地免除其对协议应尽的义务。审查此类请求时，委员会应考虑到该发展中国家成员在技术法规、标准及合格评定程序的制定和实施方面遇到的特殊问题，及其在发展和贸易方面的特殊需要，及其技术发展阶段，所有这些都可能妨碍其全面履行本协议。委员会应特别考虑各最不发达国家成员的特殊问题。

9. 磋商过程中，各发达国家成员应牢记发展中国家成员在制定和实施标准、技术法规和合格评定程序时遇到的特殊困难，在考虑帮助各发展中国家成员时，发达国家应考虑发展中国家在财政、贸易和发展方面的特殊需要。

10. 委员会应在国家和国际水平上定期检查根据本协议规定给予各发展中国家成员的特殊和区别待遇。

组织机构、磋商和争端解决

第 13 条　贸易技术壁垒委员会

1. 应设立一个由各成员代表组成的贸易技术壁垒委员会。委员会应选出自己的主席并在必要时举行会议，为使各成员有机会就执行本协议或促进本协议目标实现的有关事宜进行磋商，会议至少每年召开一次。委员会应执行本协议或各成员赋予的职责。

2. 委员会应设立工作组或其他适当机构，执行委员会根据本协议相应条款可能赋予他们的职责。

3. 各政府根据本协议开展工作，应避免与其在其他技术机构的工作产生不必要的重复。委员会应审议这一问题，以减少此类重复。

第 14 条　磋商和争端解决

1. 应在争端解决机构的主持下，按照《争端解决谅解》阐述和适用的 GATT 1994 第 22 和 23 条规定，对影响本协议实施的任何事项进行磋商和争端解决。

2. 应争端一方提出的请求，或经自行倡议，专案组可设立一技术专家组协助解决技术性问题，各位专家应对相应的问题进行仔细考虑。

3. 技术专家组应按附件2的程序管理。

4. 当某成员认为另一成员没有按照第3.4.7.8.9条之规定达到满意结果,并使其贸易利益受到重大影响时,可援引上述争端解决规定。在此方面,将把成员境内的机构视为成员等同对待。

最后条款

第15条 最后条款

保留

1. 未经其他成员同意,不得对本协议中的任何规定提出保留。

审议

2. 在《WTO协议》生效后,各成员应立即向委员会通报其现行或将采取的实施和管理本协议的措施。此后,这些措施的任何变动也应通报委员会。

3. 委员会应参照协议的目标,每年对协议的实施和运作情况进行审议。

4.《WTO协议》生效之后的第3年年底前及此后每3年年底前,委员会应对本协议的实施和运作情况进行审议,包括有关透明度的各项规定。为确保共同的经济利益及权利和义务的平衡,在不违背第12条规定的前提下,委员会可以根据需要对权利和义务的调整提出建议。适当情况下,委员会可根据执行本协议所取得的经验,向商品贸易理事会提出对本协议文本进行修改的提案。

5. 本协议附件是本协议不可分割的一部分。

三、TBT协议附件

附件1 本协议规定术语及其定义

ISO/IEC第2号指南第6版:1991年"关于标准化及其有关活动的一般术语及其定义"中所述的术语在本协议中使用时,其含义应与上述"指南"中给出的定义相同,但服务业不在本协议范围内。

但就本协议而言,使用下述定义:

1. 技术法规

指规定产品特性或其相应加工和生产方法并要求强制执行的文件,包括可适用的行政管理规定。技术法规也可包括或用于专门规定产品、加工或生产方法的术语、符号、包装、标志或标签要求。

注:ISO/IEC第2号指南中的定义并不是采用独立定义方式,而是基于所谓的"搭积木"系统。

2. 标准

指规定产品或其相应加工和生产方法的特性、准则或条例的文件,该文件由认可机构批准，不具备强制性，但可通用或反复使用。标准也可包括或专门用于规定产品、加工或生产方法的术语、符号、包装、标志或标签要求。

注：ISO/IEC 第 2 号指南规定的术语包括产品、加工和服务。本协议只涉及产品或其相应加工和生产方法方面的技术法规、标准和合格评定程序。ISO/IEC 第 2 号指南定义的标准可以是强制性的也可以是自愿性的。本协议中的标准定义为自愿性文件，技术法规则定义为强制性文件。国际标准化团体制定的标准是建立在协商一致基础上的。本协议还包括建立在非协商一致基础上的文件。

3. 合格评定程序

指任何直接或间接用于确定是否达到技术法规或标准相关要求的程序。

注：合格评定程序特别包括取样、测试和检查程序，评估、验证和合格保证程序，注册、认证和批准程序，以及他们的组合。

4. 国际性机构或体系

指至少允许本协议所有成员的有关机构具备成员资格的机构或体系。

5. 区域性机构或体系

指仅允许本协议部分成员的有关机构具备成员资格的机构或体系。

6. 中央政府机构

指中央政府、中央政府各部和部门或其有关活动受中央政府控制的任何机构。

注：欧洲共同体适用于中央政府机构的规定。但欧洲共同体内可建立区域性机构或合格评定体系，此时应适用于本协议关于区域性机构或合格评定体系的规定。

7. 地方政府机构

非中央政府的政府机构（如州、省、郡、镇、市等）及其各部或部门，或其有关活动受此类政府控制的任何机构。

8. 非政府机构

非中央政府和地方政府机构，包括具有合法权利执行技术法规的非政府机构。

附件 2 技术专家组

下述程序适用于根据第 14 条规定设立的技术专家组。

1. 技术专家组受专案组管辖。其工作职责和具体工作程序应由专案组决定，技术专家组须向专案组报告工作。

2. 技术专家组参加人员应限于在该争议领域享有专业名望和经验的人士。

3. 未经所有争端当事方的一致同意，争端当事方的公民不得参加技术专家组，除非专案组认为因特定科学知识方面的需要非他们参加不可。争执方的政府官员不得参加技术专家组。技术专家以个人身份参加技术专家组，既不得作为政府代表，也不得作为任何组织的代表。因此政府或其他组织不得就技术专家组处理的事项向他们下达指示。

4. 技术专家组可以向其认为适当的任何机构寻求资料和技术咨询。当技术专家组向某成员管辖的某一机构寻求这类资料或咨询时,应事先通知该成员政府。若该技术专家组认为必要和合适,任何成员应就技术专家组为此类资料而提出的任何要求作出迅速和全面的答复。

5. 除保密资料外,争端当事方有权获得提供给技术专家组的全部有关资料。凡向技术专家组提供的保密资料,未经提供该资料的政府、组织或个人的正式授权不得公布。如向技术专家组索取没有授权公布的这类资料时,应由提供该资料的政府、组织或个人提供其非保密性摘要。

6. 技术专家组须向有关成员提供报告草案,以征求意见,如果意见适当,最终报告中应予考虑。最终报告提交专案组的同时,还应分发给有关成员。

附件 3 关于标准制定、批准和实施的良好行为规范

通则

1. 本协议附件 1 中的定义适用于本规范。

2. WTO 成员境内的任何标准化机构,无论是中央政府机构、地方政府机构,还是非政府机构;有一个或多个 WTO 成员参加的任何政府性区域标准化机构;WTO 成员境内有一个或多个机构参加的任何非政府性区域标准化机构(以下统称"标准化机构"和"各标准化机构"),都适用本规范。

3. 各标准化机构接受或退出本规范,均须通报位于日内瓦的 ISO/IEC 情报中心。通报内容应包括该机构的名称、地址以及现在和预期的标准化活动工作范围。通报可直接送 ISO/IEC 情报中心,或通过 ISO/IEC 的国家成员机构,或通过 ISO 情报网(ISONET)的有关国家成员或其国际分支机构转交。

实质性规定

4. 在标准方面,各标准化机构给予源自 WTO 其他任何成员境内产品的待遇,不得低于本国及其他任何国家相同产品的待遇。

5. 各标准化机构应确保其标准的制定、批准或实施,在目的或效果上不得给国际贸易造成不必要的障碍标准。

6. 国际标准业已存在或即将完成时,各标准化机构应将这些标准或其有关部分作为其制定标准的基础,除非因其保护级别不够,或因基本气候或地理因素或基本技术问题使这些标准或其有关部分显得无效或不适用。

7. 为尽可能广泛地统一标准,在有关国际标准化机构就某一标准化机构已采用或即将采用的标准制定国际标准时,该标准机构应以适当方式在其资源允许的范围内尽可能参与。对于某成员境内的各标准化机构,只要可能,应派遣一代表团,

代表其境内所有已采用或准备采用与该国际标准化活动有关的各项标准的标准化机构，参加某一特定的国际标准化活动。

8. 成员境内的各标准化机构应尽可能，避免在工作上与境内其他标准化机构或相应国际或区域性标准化机构相重复或重叠。他们还应尽一切努力使其制定的标准在国内达成协商一致。同样，区域性标准化机构须尽可能避免在工作上与相关国际标准化机构相重复或重叠。

9. 只要合适，各标准化机构应按产品性能而不是按设计或描述特性编写产品要求方面的标准。

10. 各标准化机构应至少每 6 个月出版一次工作计划，包括其名称和地址、正在制定的标准以及前一段时间已批准的标准。标准在制定过程是指某标准从决定制定时起到其批准为止。应要求，某项标准草案的标题应以英文、法文或西班牙文提供。工作计划的通报应在国内标准化活动出版物上公布，或在适当情况下，在区域性标准化活动出版物上公布。

根据 ISONET 规则，该工作计划应对每项标准标明主题分类、标准制定过程中所处的阶段，以及作为其基础的国际标准的引用情况。各标准化机构应在其发布工作计划前，将此类情况通报给日内瓦 ISO/IEC 情报中心。

通报中应包括标准化机构的名称和地址、发布工作计划的出版物名称和版次、工作计划适用的期限、出版物的价格以及索取此出版物的方法和地点。通报可以直接寄给 ISO/IEC 情报中心，或在必要时通过 ISONET 有关国家成员或 ISONET 国际分支机构转交。

11. ISO/IEC 国家成员应尽可能参加或指派一机构参加 ISONET，并争取最高类型的成员资格。其他标准化机构应尽可能与 ISONET 成员保持联系。

12. 在批准某一标准前，标准化机构应留出至少 60 天的期限让其他 WTO 成员境内有关各方对标准草案发表意见。但在出现或可能出现危及安全、健康或环境的紧急问题时，这段期限可以缩短。该标准化机构应在征询意见期限开始前，在第 10 款提及的出版物上公布征求意见的期限，并应尽可能标明此标准草案是否偏离有关国际标准。

13. 应 WTO 成员境内的任一方要求，标准化机构应立即提供或安排提供其已提交征求意见的标准草案文本。提供此类服务的任何费用，除实际运费外，应与向国内外各方收取的费用相同。

14. 该标准化机构在对此标准作进一步处理时，须考虑征求意见期间收到的意见。对已接受本良好行为规范的各标准化机构所提出的意见，应尽快给予答复。答复内容应包括对标准偏离有关国际标准的原因作出解释。

15. 标准一旦批准，应立即发布。

16. 应 WTO 成员境内任一有关方的要求，各标准化机构应立即提供或安排提供最新的工作计划或其制定标准的副本。提供此类服务的任何费用，除实际运费外，应与向国内外各方收取的费用相同。

17. 各标准化机构应对业已接受本“良好行为规范”的其他标准化机构提出的，有关本“规范”实施的问题或意见，给予共鸣性考虑并提供充足机会磋商。应尽一切努力客观地解决任何申诉。

图书在版编目(CIP)数据

动物卫生法学/陈向前,汪明主编.—北京:中国农业大学出版社,2002.4(2017.12重印)

ISBN 978-7-81066-256-7

Ⅰ.动…　Ⅱ.①陈…②汪…　Ⅲ.动物-卫生法-世界
Ⅳ.D912.1

中国版本图书馆CIP数据核字(2002)第015016号

出版发行　中国农业大学出版社
经　　销　新华书店
印　　刷　北京时代华都印刷有限公司
版　　次　2002年6月第1版
印　　次　2017年12月第6次印刷
开　　本　16　15印张　277千字
规　　格　787×980
定　　价　21.50元

图书如有质量问题本社负责调换

社址　北京市海淀区圆明园西路2号　**邮政编码**　100193
电话　010-62732633　**网址**　www.cau.edu.cn/caup/